LOCUS

LOCUS

from

vision

from 129

財富背後的法律密碼
法律如何創造財富與不平等

The Code of Capital:
How the Law Creates Wealth and Inequality

作者：卡塔琳娜・皮斯托（Katharina Pistor）
譯者：趙盛慈
責任編輯：吳瑞淑
封面設計：三人制創
校對：呂佳真
排版：林婕瀅
出版者：大塊文化出版股份有限公司
台北市 10550 南京東路四段 25 號 11 樓
www.locuspublishing.com
電子信箱：locus@locuspublishing.com
讀者服務專線：0800-006689
TEL：(02) 87123898　　FAX：(02) 87123897
郵撥帳號：18955675　　戶名：大塊文化出版股份有限公司
法律顧問：董安丹律師、顧慕堯律師

總經銷：大和書報圖書股份有限公司
地址：新北市新莊區五工五路 2 號
TEL：(02) 89902588 (代表號)　　FAX：(02) 22901658
初版一刷：2019 年 11 月

定價：新台幣 480 元
Printed in Taiwan

The Code of Capital
How the Law Creates Wealth and Inequality

財富背後的法律密碼
法律如何創造財富與不平等

Katharina Pistor　卡塔琳娜・皮斯托　著
趙盛慈　譯

目　次

推薦序　**法律的密碼，發大財的神奇鑰匙**
黃士洲
6

推薦序　**法律應該為民主社會的公眾服務**
超級Y
11

前言
15

1　法律王國
如何編碼「一切合法」的「生財條款」
21

2　編碼土地
土地如何編碼為土地資本
47

3　複製法人
公司如何編碼為企業資本
76

4　創造債務

債務如何編碼為債務資本

111

5　納自然法則為己有

無形資產如何編碼為智慧資本

147

6　全球法則

談維持全球資本主義的法律秩序

175

7　資本密碼大師

創建法律條款在全球風起雲湧

204

8　新密碼誕生

法律編碼的競爭對手及保護私有財產的數位技術

233

9　你以為的「依法治國」其實是「資本治國」

當既得利益者以合法手段巧取豪奪

258

注釋

292

推薦序
法律的密碼，發大財的神奇鑰匙

黃士洲

在擔任財稅法科的教職之前，我曾有過兩年的商務與稅務律師的工作經驗。回憶當時二十出頭，單單純純地把一件件的契約撰擬、併購專案與稅務訟案，認做是交待老闆與磨練自身專業的任務，任務解完一件算一件。多年後，有幸協助多項財稅立法、受邀報章雜誌撰寫社論，過程中慢慢發覺到，每項重大財經與立法決策的背後，都有著利益團體運作的斧鑿痕跡。所謂「天下攘攘，皆為利往。天下熙熙，皆為利來」，誠如本書《財富背後的法律密碼》所指出，利益團體之所以用盡洪荒之力運作也好，一份一份法律契約也好，各所企求者，莫不是將自己的利益與資產，設法編碼（encode）入法律制度，成為受保護、壟斷的資本，為其創造源源不絕的財富。

本書作者卡塔琳娜・皮斯托教授擅長公司治理、法治與法律對社會的形塑與影響，學貫大陸法系與英美法系的厚實學養，即便是抽象的理論說明依舊字字珠璣，值得品味再三，更別說是從有形資產、法人說起，貫穿智慧財產權與數位科技的區塊鏈與ＡＩ契約，輔以眾多知名案例（如第三章中的雷曼兄弟與蘋果公司），鮮明地佐證了法律制度如何決定／扭曲市場競爭規則。最後，回歸到民主制度的存續關鍵，乃是法律制度及資本密碼的掌控必須重回國家政體的手中，全書起承轉合，架構鮮明有序。

皮斯托教授在本書的寫作方法論與觀察取向，明顯有別於個人在傳統法學教育之中，所看重的法釋義學（即字斟句酌的法官裁判觀點），作者在書中許多處如同抽絲剝繭般地直搗財富與社會現況的核心。閱讀過後，過去所學雜亂又破碎的民事財產法、商事法、智慧財產權，還有稅法等，彷彿被打通任督二脈一般，開始有了貫串彼此的思想主軸，同時也觸發反問自己先前身為律師，現為法學教授，是否也只是資本編碼工具下一名混吃混喝的編碼奴隸？此類珠璣晨語，諸如「資產」（assets）≠「資本」（capital），個人擁有的「資產」必須透過法律條款的適當「編纂」（英語codify，同時有予以法典化與編碼化的雙重關聯），才成為受保護、創造財富的「資本」；用法律來規範資本是一種巧妙的做法，若規範過程相當不透明，法律在帶來財富的過程中，隨之即造成不平等，更威脅到今日民主社會體系的結構；資產持有者之所以可以逆風前行、長久累積財富、占盡優勢，往往都是靠著資產的法律規定，深化自身財富權利，同時也讓他人丟失財富；更別說是資本國際移動，讓公司可以自由地變換國籍、身分，按照自身需求選擇或排除法律，連稅率、繳稅與否，都可以自由決定，差別只在律師的文書作業而已。

論起我國財富分配惡化問題，眾人視野多聚焦低薪與高房價問題。個人觀察，低薪與高房價充其量不過是結果、病徵而已，絕非原因或病因。倘若有請本書作者來為台灣經濟把脈，或許皮斯托教授會指出低薪源自最低工資不足、勞動法令並未落實、非典型勞動（派遣工）的法令保護不足，以及外勞開放等四項政策法令；或許也會點名房地產市場不夠透明（實價登錄揭露訊息有上下其手的空間）、沒有開徵囤房稅，遺贈房產的稅負還有地價稅、房屋稅也偏低等法律制度，這些讓擁房者、炒房者可以穩賺不賠、義無反顧地投入資源炒作的法律密碼；或許也會發現大老闆們之所以可在股海翻騰、左手股利、右手證交所得賺得盆缽滿溢，無非靠的是證券交易所得免稅（其間接阻斷股票買賣的透明性）、股利所得百分之二十八的分離課徵，利用投資公司操作則全都免稅，更別說就算被抓到內線交易，定罪率不高，不少實例中只要涉案人願意吐出非法利得，多可輕判緩刑。

最近，立法院翻修公益信託法制，設法矯正財團、富商將股票、土地灌入公益性質的信託基金，也就是為人詬病的「假公益之名，行避稅之實」。但是相關修法草案裡，攸關透明與監督的機制，顯然並不到位，光是捐贈人資訊就可選擇不公開，更別說是關係人交易的揭露，以及新法理當溯及既往適用到現存的信託基金，也都付之闕如。倘若這樣漏洞百出的立法通過了，如皮斯托教授所言，反倒為這些巨富財團躲避監督、納稅義務的「租稅天堂」，多蓋了一道堅不可摧的「一切合法」的護城牆！

此外，如果我們把眼光轉向近年蓬勃發展的跨境電商模式，一一拆解它們的營運環節，也會發現臉書、Uber、Foodpanda及Booking等，這些利用線上平台模式營運的跨境電商，其營運模式很大一部分正是利用法律、契約的取巧安排，將風險推卸給消費者、供應商、協力廠商，且利用國際稅務的漏洞，享受幾乎不繳稅的待遇。近來新聞不斷披露，如跨國訂房網個資外洩，讓消費者被詐騙集團盯上，損失金額數千萬；又如新加坡知名訂餐外送平台向消費者收款後，境外停止營運，倒債連累國內餐飲業者也是數千萬之鉅；又如個人加入線上服務平台，提供送餐、送貨、客運服務，發生人身事故，境外的線上平台應不應該承擔起雇主責任？這些法律風險，境外電商也都設想到了，並利用契約與法律制度，設下兩道保護傘：(1)單向契約關係：不論消費者也好、協力與供應廠商也好，都是與境外平台營運商簽訂所謂的「跨國契約」，一旦有事，跨境追訴困難；(2)特意在台灣境內不設置固定營業場所，更可迴避我國各種法令的管制，並減輕稅負。

最後，皮斯托教授在書裡最末一章提出七點建議，告訴我們如何讓國家拿回資本密碼的掌控權，此番諍言務必銘記在心。大多數的我們每日兢兢業業（過勞加班如家常便飯）、低著頭過著自己的小確幸日子，不時抬頭一看，卻有人不學無術每日開著超跑滿處跑。對此，我們可以選擇當鍵盤酸民在同溫層取暖，更可選擇平心靜氣思考，想清楚才智努力均不如己的這些人何以一路發大財？除了是幸運的精卵（有富爸爸）之外，究竟還隱蔽了什麼樣的法律密碼（如閉鎖性公司）？當人開始思辨之後，解碼程序才能啟動，找到程式碼被偷植入的木馬（這並不難！），同時累積重新編碼的社會共識與政治壓力（改革的決心！）。

民眾如果沒有思維上的免疫力，一味耽溺於小確幸，對政府、財團冠冕堂皇的鬼話（例如宗教財團法人財務不宜公開、高科技減稅會讓全民發大財）照單全收或無感冷漠，到頭來就是讓大家陷入被各種資本、利益財團所俘虜、收買，變成活在假冒民主法治之名的壓榨、剝削之下，苟延殘喘度日的順民。

（本文作者為台北商業大學財政稅務系副教授、台灣大學公法學博士）

推薦序

法律應該為民主社會的公眾服務

超級Y

在今年五月，資本主義的一級玩家華倫・巴菲特（Warren Buffett）說：「沒有教科書能夠預測到我們今天的奇怪經濟。」（no textbook could have predicted the strange economy we have today.）回顧過去二十年，這個「奇怪的經濟體制」有著各式各樣的複數型態：生態資本主義（Lester Brown, 2001）、災難資本主義（Naomi Klein, 2007）、慈善資本主義（Matthew Bishop, 2008）、技術資本主義（Luis Suarez-Villa, 2009）、大數據資本主義（Viktor Mayer-Schönberger, 2018）、監控資本主義（Shoshana Zuboff, 2018）、沒有資本的資本主義（Jonathan Haskel, 2019），這些多樣變形看似反映社會變遷的加速進展，人們每天都求新求變以應付社會要求，但在這些變化中始終保持不變、我們每天身處其中的「資本主義」到底是什麼，各領域的學者們卻鮮少有一致共識。

我們因此發現自己像活在水裡的魚一樣，魚可以明白魚缸裡不斷變色的水是怎麼一回事，但那始終不變的、魚每天身處其中的水到底是什麼？魚必須跳脫出來，到沒有水的世界進行反思。同樣的，要認識資本主義，一種方法是讓自己的思維進到資本主義尚未成形的階段裡進行反思，從歷史的演變中認識它的本質。事實上，這就是十九世紀的馬克思在《資本論》中對資本主義進行「症狀分析」的方法；他從資本主義出現前的封建社會中考察，發現商品的價值原本取決於人跟人之間的社會關係（如農奴與領主），但資本主義社會中的人卻以為商品價值源自商品本身（商品的使用價值），因此馬克思得出結論：資本主義的特徵是人們對商品的幻覺——商品拜物教——遮掩了資本主義的本質建立在剝削的社會關係上。

二〇〇八年金融海嘯過後，許多學者開始像馬克思一樣，從更長遠的歷史演進思索資本主義的本質與未來，較著名的像是人類學家大衛．格雷伯（David Graeber）寫的《債的歷史》，考察人類債務關係的演變後指出資本主義制度化的「欠債還錢」並非理所當然、自古如此，或是經濟學家托瑪．皮凱提（Thomas Piketty）的《二十一世紀資本論》，從歷史數據中得出資本家用錢滾錢的資本報酬率永遠大於勞工階級用勞力賺錢的經濟成長率，必然導致資本主義走向貧富不均的社會。

如今，卡塔琳娜．皮斯托（Katharina Pistor）的這本《財富背後的法律密碼》提供了讀者一個思考資本主義的新方向。這本書讓我感受到當初讀《債的歷史》與《二十一世紀資本論》的大歷史感，前半部介紹過去四百年來資本主義社會中法律編碼的演變，土地如何變成可擁有的財產？公司如何變得如此無所不能？金融機構如何合法地以貸養貸？公有的知識如何變成私人財產？這些都是資本主義過去四百年來的成就。後半部則分析當代全球資本主義是如何合法地讓頂層階級人士維持既得利益。

皮斯托在本書中的基本論點是：資本主義造成了財富不平等，但是皮凱提所說的「資本報酬率大於經濟成長率」不是原因，而只是結果。真正不平等的根源在於，有錢人的資產有法律撐腰。因為資本主義的遊戲規則是必須透過法律編碼將資產轉變為資本，所以最懂得善用編碼策略的人，才能夠持續「合法地」創造財富，一個簡單的例子：透過法律編碼程序，自己開公司就可以適用較低稅率。而既然資產的價值取決於法律編碼，那麼財富的創造與分配也將取決於法律編碼，所以是資本社會的法律使得財富不平等得以可能。

光是這樣簡潔有力的論調，就可以延伸到本書作者的另一個核心論點：「國家－資本－法律」三位一體，自由市場的資本主義是個神話。因為資本必須透過法律程序才得以運作，而法律的力量根基於國家的強制力，若無國家在背後維護，資本主義就不會存在！例如二〇〇八年次級房貸風暴的債務市場就完全是在法律編碼下形成的，而在雷曼兄弟倒閉後，最後出來紓困拯救資本主義的仍是國家。因此，若要扭轉資本主義造成的財富不平等，關鍵就在於，法律不該借助國家力量為資本服務，法律應該為民主社會的公眾服務。

雖然本書中舉的例子多半是西方的歷史，但是與台灣的脈絡對照之下仍高度具有參考價值，無論是《海峽兩岸服務貿易協議》爭議、亞泥採礦權展延爭議、原住民族傳統領域爭議、一例一休修法爭議，台灣近年各種社會議題都顯示出「國家－資本－法律」三位一體的連動關係，卡塔琳娜．皮斯托提供的許多案例分析都非常值得台灣的讀者借鏡。

如果巴菲特說「沒有教科書能夠預測到我們今天的奇怪經濟」，那我願意說讀者手上的這本《財富背後的法律密碼》就是理解「我們今天的奇怪經濟」一點也不奇怪的一本教科書，不僅如此，它還是一本刺激想像力的指南，讓我們想像：一個法律不再為資本服務而終將與人民站在同一邊的社會，會是什麼樣子？

（本書作者為YouTuber）

前言

我一直有寫出這本書的念頭。構想最早出現在二〇〇七年秋天，全球金融體系開始搖搖欲墜、瀕臨崩潰邊緣之際。當時危機來得如此迅速，沒有人能多加思考，而風暴過去後，我和許多人士想要探討，近幾十年來，金融體系的擴張快得驚人、驟然崩盤是何原因。我和跨領域人士合作，一次針對一個金融市場區塊，解析金融市場的制度架構。儘管新穎奇特的資產才出現不久、金融體系也無比複雜，但研究發現令我深受啟發的一點是，金融體系的基本組成要素竟如此熟悉。隨著一點一滴深入探索各種資產，我們發現了私法的核心制度：契約、財產、擔保、信託、公司和破產法。這些制度推動金融資產市場的擴張，最後也成為市場崩盤的關鍵決定因素。當資產的實際收益開始不如預期時，資產持有者行使法律權利：他們依照約定，執行擔保品追繳、信用額度、附買回交易契約、破產避風港等措施，進而導致危機愈演愈烈。有些人還能及時逃出來，然而更多人發生資產無人接手的情形，而僅某些國家的央行願出面解決。

我從錯綜複雜的金融體系找出核心模組，追查過往淵源。我調查了財產權及簡單債務工具的演變、擔保債務憑證的各種抵押品和擔保品形式、用益權和信託的演進，公司型態和破產制度的歷史，以及在經濟生活中做出生死攸關決策的重大時刻。資料讀得愈多我就益發相信，從調查全球金融體系的出發點，我找到了財富生成的源頭，也就是資本創造。

本書是我的研究成果。我在書中提出，資本是經過法律編碼的產物（編譯注：Capital is coded in law，在中文法律用語上並沒有「法律編碼」這個詞，通常我們也不會說「法律編撰」，譯為法律制定〔並施行〕應該更貼近法學領域的本意，但考慮英文語脈及雙關的含義，以凸顯、呼應創造資本與財富背後法律密碼的模組、元素、手段與作用，讓書中提到legal coding、decoding的行為，能更具象地幫助讀者理解與體會，因此全書以「法律編碼」指稱）。普通的資產就只是一片土地、一個在未來收到款項的承諾、親朋好友集資的創業，或是個人的能力和知識。但這些資產都能在法律模組的包裝下成為資本，而派上用場的法律模組，也對近幾十年金融活動興盛的關鍵「資產擔保證券及其衍生商品」進行了編碼。這些法律模組（契約、財產權、擔保、信託、公司、破產法）能為某些資產持有者帶來比他人更多的優勢。數百年來，私人律師創造並改寫這些法律模組，使其能適用於日新月異的資產項目，並為客戶增加財富。國家則透過強制力執行資本享受的法律權利，以支持資本編碼。

本書從資產的角度出發，講述關於資本法律編碼的故事。這些資產有土地、商業組織、私債、知識，甚至包含自然界的基因密碼。我並未逐一回顧法律的每個演變（即確保舊有編碼技術能適用於新資產所必須歷經的轉折）。對律師們而言，應該會對種種細節感興趣，但對圈外人來說，該內容將變得太過瑣碎複雜，反而會掌握不了法律創造財富與不平等的基本概念。此外，已有諸多文獻討論特定法律制度的演變，例如信託、公司型態、擔保法等。想要深入了解的讀者，可參考注釋裡的引述資料。我認為有必要予以簡化，讓非律師背景的讀者也能讀懂本書，所以還請法律歷史學者及相關領域的法律專家海涵。本書的目標讀者是一般大眾。這些讀者可能因為害怕法律書籍太枯燥複雜，或是覺得不相干，而從未讀過任何一本法律書籍。我除了讓內容好理解，也試著讓法律制度讀起來有趣，並與當今探討的不平等現象、民主制度，以及治理議題產生連結。法律是維持社會秩序的強大工具，若能善加運用，將有助於達成諸多社會目標，但我接下來要談的是法律由於各種原因，成為只為資本服務的工具。

這段寫書的歷程，有許多人伴我走過。四年前，我在教師工作坊首次提出構想時，哥倫比亞法學院的同仁鼓勵我不要只寫文章，更要寫成一本書。每當我有新的點子，總是會先和法學院的學生分享。大抵而言，我教授錯綜複雜的公司法、金融資產與相關規範，以及法律在西方資本主義經濟外的角色發展。學生都很聰明，不吝提出想法和評語，這幾年我從他們身上學到許多。我也從正在執業、成就斐然的畢業學生得到諸多幫助。有些從前的學生和校友，甚至來到課堂上，與我們分享唯獨法律工作者才有的高見。

此外，我在哥倫比亞法學院全球法律轉型中心（Center on Global Legal Transformation）擔任主任。在中心支持下興辦的研究計畫和工作坊，也令本書受益良多。我要特別感謝基金創辦人，特別是新經濟思維研究所（Institute for New Economic Thinking）以及德國馬克斯普朗克協會（Max Planck Society）連同亞歷山大洪堡基金會（Alexander von Humboldt Foundation）。

寫書可能是件孤單的事，所幸我有許多機會，與不同的聽眾分享並檢驗剛萌生的點子。對象包括西北大學的巴菲特全球研究所（Buffett Institute）、香港中文大學、蘇黎世聯邦理工學院（ETH Zurich）、法蘭克福歌德大學、柏林洪堡大學、以色列台拉維夫的賀茲利亞跨領域學院（Interdisciplinary Center Herzliya）、天主教魯汶大學（二〇一六年，我有幸在該校擔任迪特赫爾曼斯〔Dieter Heremans〕法律經濟講座教師）、倫敦政經學院、牛津大學、台拉維夫大學法學院，以及年度全球經濟地理會議（Global Conference on Economic Geography）、全球公司治理協會（Global Corporate Governance Institute）、世界跨領域制度研究網絡（World Interdisciplinary Network for Institutional Research）的參與者。在這幾個場合收到學界同仁和學生的意見回饋，均有助釐清論點，為我省去許多不必要的錯誤。

我也很慶幸，許多交情深厚的同事和朋友一路鼓勵我。已故同事羅伯特・弗格森（Robert Ferguson）始終堅信我會成功，真希望能與他分享成果。凱蘿・葛拉克（Carol Gluck）讀過我的寫作計畫，在她的敦促下，我知道要抵擋誘惑，盡量放眼當前、不迷失於過去。布魯斯・克拉瑟斯（Bruce Carruthers）、珍・寇恩（Jean Cohen）、哈諾克・德干（Hanoch Dagan）、緹莉・德干

(Tsilly Dagan)、霍斯特・艾登穆勒(Horst Eidenmüller)、湯姆・金斯柏格(Tom Ginsburg,及其學生)、梅芙・格拉斯(Maeve Glass)、馬丁・海威格(Martin Hellwig)、霍赫・卡明(Jorge Kamine)、凱希・卡普蘭(Cathy Kaplan)、達娜・內克修(Dana Neacsu)、德芬・努格赫德(Delphine Nougayrède)、凱西・昆恩(Casey Quinn)、安納莉絲・萊爾斯(Annelise Riles)、比爾・賽門(Bill Simon)、沃夫岡・史崔克(Wolfgang Streeck)、馬西米里阿諾・瓦提耶羅(Massimiliano-Vatiero)、艾莉絲・王(Alice Wang),都讀過書中的章節,或早期幾版書稿,由於他們提供有建設性的評語,成書才能有如此進益,非常感謝他們付出的時間和心力。

我也要大力感謝兩位匿名為我審書的人士,他們提出想法和建議,加強書中論點,同時不負寫給大眾閱讀的宗旨。當然,若尚有謬誤之處,仍然由我個人完全負責。

我也由衷感謝編輯喬・傑克森(Joe Jackson)給我自由揮灑的空間,並在我需要修改內容結構和文字敘述時,隨時為我提供建議。我也很幸運有凱特・賈博(Kate Garber)擔任教師助理,她不僅幫助我寫出更好的文句,也指出哪裡太複雜拗口,連聰明如她都覺得不易理解。同時我也要謝謝哥倫比亞法學院的圖書館員,他們不辭辛勞為我尋找需要的資料,還有凱倫・弗德(Karen Verde)的細心潤稿。

我還要將本書獻給我的先生卡斯騰・鮑曼(Carsten Bönnemann)。他從最初就與我一起對寫書計畫懷抱熱情,讓我試驗新的點子是否行得通。他從未抱怨這本書占據了我們相處的時光,有好幾次我們待在一起，我卻還在想書的事；有好幾次我要在課堂或海外演講上，談論書中的核心論點，而不能待在他身邊；就連此時此刻，本書即將大功告成，我們的暑假依然有這本書的蹤影。他是我最嚴格的讀者，總是打破砂鍋問到底，鞭策著我，即使冒著失去潛在盟友的風險，也要讓論點形成符合邏輯的結論。最重要的是，他不時提醒我，寫書之外還有人生要過。

謝謝你。

1 法律王國

如何編碼「一切合法」的「生財條款」

一九八〇年到二〇一七年間，世界上不同所得族群的財富成長率與數量的曲線，看起來就像一顆大象的頭，而它有一個相稱的名字，就叫大象曲線（elephant curve）。①大象的寬闊額頭代表五成的世界人口，過去三十五年來，這些人口只掌握全球財富成長的一成二。從額頭開始，一路往下延伸到象鼻，銜接陡峭的鼻尖。大象鼻代表世界人口裡，掌握兩成七新財富的「百分之一」，比大象額頭人口加起來所掌握的財富，多出不只一倍。額頭和鼻子之間的凹陷區塊，代表西方先進市場經濟的所有低薪家庭，也就是經濟體中「底層受壓榨的九成人口」。②

結果本來不該如此。一九八〇年代經濟急遽成長，已開發市場和新興市場都在進行法律改革，透過著重經濟而非政府層面，分配經濟資源。共產鐵幕瓦解、社會主義傾頽，更是在過程中推了一把。③創造人人都能享受富裕的條件，是該改革的背後概念。照理說，產權清楚、合約有效執行，能使個人行為獲得保障，確保稀有資源分配給最能有效運用的人，進而提升整體利益。競爭或許尚未完全公平，但社會普遍相信，透過對個人免除國家監管的枷鎖，全民都將因此受益。

三十個年頭過去了，我們並未歡慶普天同富，反倒開始討論起，人類社會是否重蹈法國大革命前不平等的覆轍（或是也近乎接近）。發生這種現象且自詡為民主國家者，不採菁英統治，努力以多數決來實行人民自治，他們的偉大抱負，實在很難與法國舊制度特有的不平等相提並論。

解釋當然不少。馬克思學派認為資本家剝削勞工；④全球化懷疑論者主張，過度全球化導致國家失能，無法透過社會福利計畫或累進稅制，將資本家的部分利得重新分配出去。⑤新的解釋則說，成熟經濟體的資本成長速度比其他經濟體快，因此過去已經累積財富的人，其財富增長程度，將比他人更勝一籌。⑥這些或多或少都能解釋一部分原因。但卻無法回答資本起源的根本問題：⑦財富一開始如何形成？再者，經濟的循環和衝擊，令許多人載浮載沉，失去早先賺到的利潤，但資本為何往往能夠戰勝經濟的循環和衝擊呢？

我認為，這些問題的答案，在於資本的法律密碼。基本上，資本的形成包含兩大要素：資產和法典（編按：法典，A code of law, also called a law code or legal code，本書翻譯時輔以「法律密碼」的雙關含義互用）。我用「資產」一詞泛指各式各樣的物品、主張、技術或概念，無論其形態為何。這些純粹的資產，就只是一片土地、一棟建築物、一個在未來收到款項的承諾、一種新藥品的概念或一串數位代碼。透過適當的法律編碼過程，這些資產都會轉變成資本，為持有者創造財富的可能性也隨之提高。

法律所載的資產清單，隨著時間而歷經演變並持續變化。在過去，土地、商號、債務、技術知識都曾透過法律編碼成為資本，從這份清單來看，資產的本質一直在改變。即使不經過法律編碼，土地也能生產食物和提供庇護，但金融工具和智慧財產權只存在於法律，數位資產則是只存在於二進位代碼，而且這個代碼本身也是一種資產。儘管如此，將種種資產編為資本的法律手段，從以前到現在幾乎都沒變。最重要的法律手段包括契約法、財產權、擔保法、信託（編按：本書所稱「信託」是指普通法上的信託，由信託人將財產轉讓給受託人經營管理，並由第三方即信託受益人享受經營管理的收益）、公司、破產法——這些是資本編碼的模組，能賦予資產某些重要特質，使持有者掌握特殊權利，包括：在同一資產上主張具有優先排序的**優先權**（priority）、延續優先主張時效的**耐久性**（durability）、使主張橫跨空間的**普遍效力**（universality），以及保證持有者能夠要求將私人債權轉換成國家貨幣（簡稱國幣），以此保障資產名目價值的**可轉換性**（convertibility）；關於可轉換性，唯有法定貨幣才能真正做到名目價值的保存，詳細理由會在第四章解釋。[8]

資產經過法律編碼，可以為持有者創造財富。用法律密碼組成資本是巧妙的做法。少了這種做法，世界便不會如現在這般富裕。但是這個過程非常不透明。我希望在書中披露，法律為何同時帶來財富，卻又造成不平等。找出不平等的源頭至關重要，不只是因為不平等的嚴重程度已經威脅到今日民主體系的社會結構，更是因為以稅制重新分配財富的傳統手法已經沒有什麼作用。其實，保護資產免於被課稅，正是最受資產持有者歡迎的編碼策略。而精通資本密碼的大師，也就是律師，收取高額費用，在國家法律的保障下，幫助資產持有者規避債主的追討，連稅務機關都不能置身事外。⑨

資產如何經過挑選、在法律編碼下成為資本？由誰挑選及編碼？保障誰的權益？這些問題直搗資本和資本主義政治經濟的核心，但嘗試回答問題的著述不豐。原因在於看見問題的人，多半認為法律只是附帶議題，但實際上，資本其實是法律的衍生物。本書將帶你了解，普通資產究竟是由誰以及如何轉變成資本，還有律師是如何將各種資產轉換成資本的。有錢人常說他們現在擁有的財富，來自於他們自己、父母或祖先的過人才能、辛勤工作和個人付出。這或許是他們家財萬貫的原因，但若少了法律編碼，這些財富大都無法長久。要想長期累積財富，還有賴國家以強制力支持法律編碼的規定。

現代經濟成長速度比過去一千年快上許多，財富也更加穩定，而依法建立社會秩序的民族國家，與此經濟成就幾乎同時興起，此二者經常被看成是一種巧合。⑩不少評論家宣告私有財產權的世代到來，認為這是約束國家權力的關鍵，以及西方國家崛起的原因。⑪但比較正確的說法是，因為國家願意支持私人用法律為資產編碼，不只是狹義上的財產權，還包括將優先權、耐久性、可轉換性、普遍效力等賦予資產的法律特權。事實上，大家在討論市場經濟時，往往忽略了資本其實更關乎國家權力，並且也仰賴公權力。契約和財產權是自由市場的兩大支柱，但實現資本主義需要更多條件配合——也就是，賦予某些資產法律特權，使資產持有者在財富累積上擁有比較優勢。⑫

托瑪・皮凱提（Thomas Piketty）在巨作《二十一世紀資本論》（*Capital in the Twenty-First Century*）曾經提出一個待解之謎。⑬了解資本的法律結構，還有一個作用，就是解開這個謎題。皮凱提表示，先進經濟體的資本平均報酬率，高於平均經濟成長率（r>g），但他沒有解釋這個現象，僅是寫出這個不可思議的規律經驗。但其實在他提供的數據裡，有解謎的寶貴線索。在〈資本的形態轉變〉（The Metamorphoses of Capital）那章，皮凱提指出，直到二十世紀初期，鄉下的土地都是人們最重要的財富來源，⑭在那之後，就被股票、債券、其他金融資產和都市房產取代了。

從書中的分析內容可知，隨著資本發生形態轉變，編碼模組也會同時轉移到新的資產，有時也會剝奪某些資產的關鍵法律模組：鄉下土地這個數百年來，個人賴以累積財富的手段，與其他資產相較，長久以來具有較強的耐久性，十九世紀晚期，卻在英國和其他地方失去優勢。當時，公司開始廣泛運用法律模組組織產業，並以此醞釀財富。公司型態和信託法也是發行金融資產（包括股份及其他衍生性金融商品）的重要法律手段。最後，也是最重要的一點，智慧財產權在過去幾十年崛起，成為當今許多公司的主要市場價值所在。

當我們破解資本編碼，不受其外在表象影響，並挖掘出為資本提供基礎的法律密碼時，便能看出並非所有資產都是平等的——法律編碼較具優勢的資產，地位比其他資產「平等」。已故法律歷史學家伯納德・魯登（Bernard Rudden）提過相同的觀點。他在資產的形成中，觀察到法律扮演要角，能令資產持有者擁有力量並累積財富。魯登的話引述如下：

> 關於普通法下財產傳統概念的形成，其推動者及保障對象均為當時的統治階級，且其資本多以土地為主。今時今日，股票、股份、債券等成為主要財富來源，它們不僅可以移動，還具有流動性，只消在鍵盤上動動手指，便能橫跨大海踏上旅程，尋找財富的理想國。（……）然而，就法律理論與技術而言，很少人討論過前述的演變——即原本為不動產設計的概念與其原本的目標分離，僅在其當成一種處理抽象價值的方法而存續並繁盛。封建時代的算計存續了下來，然其棲身之所已非土地，而是財富。⑮

我將在本書證明「封建算計」的確長盛不衰，就連以法律之前人人平等自豪的民主社會，也都無法倖免——差別只在於，有些人比其他人更懂得如何善用法律。封建算計可見於資本的法律編碼模組，而熟諳此道的律師則掌握模組，將平凡資產化為資本。資產持有者獲得保障，能在日常商業循環逆風前行、長久累積財富，進而長期占據優勢，但其源頭並非資產本身，而是資產經過法律編碼的手段。藉由去除資產的法律模組，或將模組轉移到其他資產上，來改變資產背後的法典，能使人擁有或失去財富。我們會發現，土地財富興起和殞落、法律編碼方法依公司調整、貸款變成一種能在央行兌換現金的可交易金融資產，以及資本成為一門顯學。這種種現象，都有法律編碼的身影。終究是法典（也是法律密碼）在決定，資產能否為持有者帶來財富。也是法典，讓資產持有者在面對質疑聲浪時，能強力捍衛自己：「一切合法。」

法律的指引之手

一般人可能看不出資本有哪些法律密碼，但不表示資本密碼不存在。比起花時間破解資本的法律結構，或許有些人還比較願意相信，亞當．斯密的知名論點——市場裡有一隻「看不見的手」——是真的有一隻手。⑯可是，法律結構改弦易轍，會從根本上改變「看不見的手」的運作方式。我們都知道，亞當．斯密主張，追求個人利益終將造福社會。但人們往往忽略了，看不見的手之所以強大，背後有它的機制存在。亞當．斯密解釋：「每個人都會努力善用住家附近的資本，進而努力支持國內產業，前提是，他能因此獲得資本可賺取的正常利潤，或不低於正常利潤。」⑰為何如此？因為「他比較了解自己信任的人有什麼性格和狀況，若是不幸被騙，**比較清楚能透過國內法律得到哪些補償**」。⑱有鑑於傳統觀念會影響市場上看不見的手如何運作，說不定我們也能由此判斷，商業行為的運作法則孰優孰劣。看不見的手在脆弱的制度裡運作，一旦制度允許經濟個體在主張權利和利益時不受空間限制，看不見的手就成了一雙多餘的手。

現在的創業家，已經不需要在國內尋求補償了，財富的命運也不再繫於他們的原生社群。現在，他們可以從各種法律體系中選擇自己偏好的一種，不須將自己的所在地點、營業的場所、商品或資產，實際移至授權法律的國家，也能享受法律體系帶來的利益。他們可以選擇援引其他國家的契約法，或是在提供最佳稅率、法規鬆綁辦法、股東利益的司法管轄地區組成公司，用這些方式，來決定要用本國或外國法律為資本進行法律編碼。排除一種法律制度，而選擇另外一種，差別只在文書作業，或數位軌跡，並不會削弱法律密碼的力量，再怎麼說，也都會有某個國家在背後撐腰。

之所以會出現這樣的發展，原因在於，自從兩百多年前亞當·斯密寫出《國富論》，世界上便出現一個法律王國，這個王國以國內法為主，但一直鬆散地只繫於特定的國家或國民。政府積極移除法律上的進入障礙，為願意接受的人提供法律規範，因此資產持有者能任意揀選自身偏好的法律。大部分國家承認外國法，範圍包括契約、（金融）擔保品、公司及其發行的資產。政府運用強制力，執行外國法律，國民可以援引外國法律，同時享有當地法院的保障。在法律規範下，資產持有者不論身在何處都受當地法規保障，或在自由選擇下，得以援引外國法規，因此貿易、商業、金融等活動，才能在全球高度擴張。將進入障礙這個資本編碼模組，從法律體系當中去除，令資本持有者得以創造財富（這群人就是象鼻部位的人口）；但是這麼做，同時導致其他族群財富嚴重分配不均，因為他們無法運用繁複精巧的編碼策略。

明白資本的法律密碼居於核心地位、擁有力量，對了解資本主義裡的政治經濟至關重要，它能帶我們將焦點，從階級身分認同和階級鬥爭，轉向質疑誰有能力運用和掌控法律密碼，以及誰是法律密碼的專家。例如擁有土地的菁英分子，從事遠距貿易的人，商業銀行，在公司掩護下擁有生產設備或單純持有資產的股東，從事放款、信用卡發行業務、學生貸款業務的銀行，以及發行複合式金融資產（包括資產擔保證券和衍生性金融商品）的非銀行金融中介機構。他們的法律密碼專家，也就是律師，本領高超，能夠讓法律密碼順應不斷改變的資產名單。而資本具有創造財富的優點，說明了國家為何會大力維護和執行創新的法律編碼策略。

資產持有者請來一流的律師，在追求個人利益的過程中幾乎不受限制。他們聲稱自己有簽訂契約的自由，卻忽略了到頭來是國家在保障自由——縱使保障他們的，不必然是他們的母國。然而，並非每個國家的法律都能用來為資本編碼。全球資本主要受兩種法律制度支配：英格蘭普通法以及紐約州法。⑲這兩個司法管轄區裡，藏有全球金融重鎮倫敦和紐約市，而且全球百大法律事務所，也全數坐落於此，應該不是件令人意外的事。今時今日，在法律編碼下形成的資本，就屬這裡最多——特別是金融資本這種只存在於法律的無形資本。

歷史上，人類的王國曾以單一勢力或多重勢力統領全球。[20]法律王國不太需要軍隊，而是仰賴法律的規範權威，威力最強的叫陣口號就是「一切合法」。國家由「人民」組成，但這些國家卻樂於提供法律給外國資產持有者，透過本國法院執行外國法律，彷彿與本國法律並無二致，即便這麼做會減少國內稅收、無法依國人偏好執行政策，也在所不惜。[21]對全球資本家來說，這是全世界最棒的做法，因為他們可以挑選最有利的法律，而不需要下重本影響政策，就能讓法律和他們站在同一邊。

如過往許多王國，法律王國是東拼西湊的產物，沒有全世界一體適用的法律，而是根據規定，將選定的國內法拼湊在一起，包括確保國內法在他國受到承認、得以執行的排除衝突法則（Conflict-of-Law Rules），以及特定的國際條約。[22]為全球資本編碼的法律，在本質上是分權化的，能帶來許多優勢。即便沒有世界政府或全球法律，全球商業和金融活動也能欣欣向榮。此外，了解法律的人可以從中揀選符合自己或客戶利益的法規。如此一來，法律王國切斷了個人私利與社會考量之間的臍帶。拆解法律密碼可知，亞當・斯密那隻看不見的手，就是值得信賴的法律密碼（即便肉眼看不見，也仍然有形，在嚴密的法律基礎架構下，影響範圍涵蓋全球），但這隻看不見的手已無法發揮作用。幾乎每個地方，法律都提供了有效的保護措施，私部門不必回母國訴諸當地法律制度，就能積極發展私利。以可移動的法律為資本編碼，帶來了自由。人們在任何地方都能創造獲利，並將獲利納為己有。但資本所及之處，也留下虧損。

資本謎團

我們經常談到資本這個名詞，但資本的意思卻始終令人摸不清。[23]到大街上找個人來問問，她可能會回答你，資本就是金錢。但馬克思曾在《資本論》的序言裡解釋，金錢和資本不可混為一談。[24]他主張，資本產生的過程，包含以物品換取金錢和榨取勞動剩餘。

事實上，早在馬克思讓資本的概念永垂於世之前，資本這個詞彙就已經存在了。社會歷史學家費爾南．布勞岱爾（Fernand Braudel）指出，資本可追溯至十三世紀，當時的人用資本來表示金錢積蓄、商品或收取利息的本金，內涵可在這些項目間代換，[25]至少，在允許這麼做的地方，如此使用資本一詞。[26]傑弗．霍奇森（Geoffrey Hodgson）寫過一篇詳盡的文獻探討，根據他的描述，即便是現在，也有各種不同的定義。[27]對某些人來說，資本是有形的物體，或者說是某種「實體」。[28]直到今天，還有許多經濟學家和會計師堅持，資本一定要有形體，若是無法觸摸得到，那就不是資本。[29]有些人認為，資本是兩種生產要素中的一種，或者只是會計變數。[30]馬克思學派則認為，資本是造成社會關係緊張的關鍵，資本夾在勞工和把持生產手段、壓榨勞工的剝削者之間，是資本讓剝削者能夠榨取勞動剩餘。資本主義相關史料，也沒有提供清楚的脈絡。有些史學家認為，重工業出現以後才有「資本的存在」，但有些史學家認為，可以往前追溯到農業或商業資本主義時期。㉛至於我們身處的後工業化時代，其實也有不同的定義，有人說後工業化等於金融時代，也有人說等於全球資本主義時代。

資本和資本主義的概念之所以如此模糊不清，原因在於，資本的樣貌在這段時間出現劇烈變化，而支撐資本的社會關係也同樣大幅改變。少了這層認識，你可能會質疑，將互有基本差異的歷史時代一併納入「資本主義」的條目下，這麼做是否合理。本書將採取可一併納入的觀點，而我們也應該如此看待資本，但若要了解其中的緣由，就必須深入認識資本的形成。

首先重點在於，我們要明白資本不是一樣物品。它也無法定於某個特定年代、某個政權，或某種相對的社會關係，例如無產階級或有產階級。㉜資本和資本主義的展現形式變化劇烈，但資本的原始碼卻始終幾乎不曾改變。我們至今用來為資本編碼的法律制度，有許多仍是封建時代的產物，如本章開頭引述，魯登的觀察也指出這一點。

馬克思已經指出，一般物品必須轉變，才能進行金錢交易，進入賺取利潤的過程。他將這個過程稱為「商品化」。我們之後會學到，這是必經的過程，但不足以為資本編碼。除此之外，馬克思也認同，勞動可以成為一種商品。卡爾．波蘭尼（Karl Polanyi）不贊成馬克思將土地、勞動力、金錢歸類為商品。他認為，只有「為市場而**生產**」的東西才能算是商品，而這幾樣全都不是。㉝波蘭尼說商品是人為產物，這點正確，但他主張形態改變是人類造成的結果，那就不對了：關鍵不在實際生產過程，而是法律編碼。商品化本身涉及兩項法律屬性，一是優先權，二是普遍性。不過，要擁有最強大的法律保障，還得具備耐久性和可轉換性。結果就是，資本主義不僅僅是物品在市場經濟裡交易，而是市場經濟裡有某些資產施打了以法律為名的特效藥。㉞

現在，就連人都可以視為一種資本，這種觀點和波蘭尼以及許多經濟學家的看法大相逕庭。例如，新古典主義經濟學就認為，生產函數等於資本（K）加勞動（L），兩大生產要素產生商品（Q）。㉟在這個等式裡，K和L的單位都是數量，價格由相對稀少性來決定，忽略了法律密碼的作用力量。其實，只要在法律上動點手腳，L就能輕易變成K。舉個例子，許多自由工作者發現，他們可以透過成立公司來讓勞動「**資本化**」，他們付出實際勞動，卻不支領薪水，而是以公司股東的身分賺取股利，所以適用較低的稅率。㊱這間公司的投入資源只有人力，但在法律編碼下，人力變成了資本。將資本定義為非人類物品，也與概念、知識的相關財產權興起現象不符，例如專利、版權、商標這類統稱「智慧財產」的權益。這些不都是經過法律編碼的人類創造力嗎？

人類經常被排除在資本之外，還有一個原因，就是人類不能當做擔保品，人類勞動更是不能金錢化。㊲但我剛才說過，人類勞動可以用資本的形式提供給公司。法律具有可塑性，輕而易舉就能將人類勞動代換成實體貢獻。此外，在奴隸制曾經合法的年代，奴隸不僅僅是財產，以奴隸做為抵押品，更是一種普遍的債務擔保手段——在美國，反對蓄奴的北方州投資人經常採用這種方式，所以他們雖然公開譴責蓄奴，實際上卻出力延續不人道的體制。[38]最後，當奴隸制終於廢止了，先前被當做奴隸的男女和兒童得到了自由，曾經擁有奴隸的主人便失去了重要的經濟資產。[39]當然，他們的經濟損失，比不上被他們當做奴隸的人所經歷的遭遇，而當時，法律以不人道的方式將人視為財產並強制執法。[40]重點在於，奴隸制的歷史顯示，法律密碼具有力量（但不符道德！），可以塑造和賺取資本，但也剝奪了人的尊嚴。

想要完整認識變化多端的資本，我們不能只是區分何為資本，還要了解資本如何獲得其他資產所沒有的特質。傳統的「老」制度派經濟學家，其實給了我們相當接近的答案，但他們的貢獻卻經常被人遺忘。[41]舉例來說，托斯丹．范伯倫（Thorstein Veblen）指出，資本是資產的「所得產生能力」。[42]約翰．康門斯（John Commons）在巨作《資本主義的法律基礎》（*The Legal Foundations of Capitalism*），則將資本定義為「預期有益的他人行為之現值」。[43]根據他的說法，想要提升他人預期行為的可靠度，法律是重要關鍵。他在書中記載，十九世紀晚期，美國法院擴大了財產權的概念，從物體的排他使用權，延伸到保障資產持有者的未來預期收益。此後，預期利益不但可以課稅，也能交易和再投資，而且侵害利益的一方，包括政府，將會面臨損害求償。[44]

強納森・列維（Jonathan Levy）從這句論述推出合理結論，他認為資本的定義是「一種法律上的財產，具有金錢價值，預期可在未來產生金錢所得」。[45]簡而言之，資本是一種**法律**特質，能夠創造及保障財富。後面我們會談到資產究竟是如何獲得重要的法律屬性，以及做為編碼模組的關鍵法律制度，又是如何在數百年間創造新的資本資產。

一旦我們明白，資本的財富創造能力來自於法律編碼，我們就能看出，基本上，任何資產都能轉化成資本。從這個角度出發，「新資本主義」也就沒有什麼新奇之處。[46]資本主義之所以改變面貌（包括最近的「金融化」），原因在於過去的法律手段，對象從土地這類實質資產，轉移到了經濟學家常說的「法律假定」上，也就是以企業或信託為掩飾的資產，以及法律創造出來的無形物。[47]

資本的法律屬性

「某某法」通常表示，這是一本彙集法律規定的大部頭法律書籍。最顯著的例子，就是十九世紀的幾部重要法典，例如法國和德國的民法和商事法。[48]而我則是用「法律密碼」一詞來表示，某些法律制度已經整合或重新整合成高度模組化的形式，用來為資本編碼。一路來重要的法律模組當然不只一種，有契約、財產、擔保品、信託法、公司法以及破產法。我們會在後續幾章，詳細探討這些模組的運作方式。現在我們只要知道，法律模組使資產擁有某些創造財富的重要屬性，也就是優先權、耐久性、可轉換性和普遍效力。

優先權的作用就像一張王牌，能比排在後面的人，先主張自己的權利並占據優勢。假若欠債的人經濟出問題，所有債主都在同一時間湧入，要求取得債務人的資產，對債主來說，優先權就重要得不得了。此時財產所有權人可以要求取走財產，擔保債權人可以拿走抵押品，透過變賣抵押品來彌補損失，無擔保的債權人則只能請求剩餘資產。財產權給了所有權人資格，讓她可以從破產的債務人那裡，拿走屬於她的財產，不必去管其他債權人是否大聲抗議。擔保法的運作方式大同小異。抵押權人、質押權人或其他供擔保人，或許不能請求完整資產，但比其他不受這類保障的債權人（亦即**無擔保**債權人）擁有更高的權利。[49]我們可以說，早在破產隱憂出現之前就存在的法律權益，要到破產之時，才面臨到它們的終極考驗。

終身提倡將財產權賦予窮人的赫南多．德索托（Hernando de Soto）曾經表示，這些權益能將「死的土地」變成「活的資本」，因為所有權人可以抵押土地或其他資產，換取投資用的資本。[50]然而這並不是資本的全貌。少了其他法律保護措施，即使不是債務人的錯，只要債務人延遲付款，他們的資產就會落入債權人手中。翻開歷史書籍，可以找到一大堆例子，顯示經濟嚴重衰退時，債務人不只傳家寶被債權人取走，甚至賠上一切。因此，希望資產長存的持有者不只追求優先權，也會希望資產可以耐久。

耐久性能延展優先權的時效。以法律編碼的資產和資產池，可以延長存續期間，即便出現彼此競爭的索賠者，耐久性也能保障這類資產不會落入太多債權人的手中。只要債務人沒有喪失全部的土地所有權，在土地做抵押的情況下，土地仍然是可靠的財富來源，可以一代一代傳遞下去。以公司來說，只有以法人身分存在的公司，可以無限期存續在這個世界上；只要不清算公司，這些法人都能永遠營運下去，為經過改朝換代的負責人和股東滋生財富。若公司延遲繳付貸款，債權人可以取走公司資產；但如同我們之後會說明，公司的股東不能請求這些資產，股東的個人債權人也沒有請求資產的權力。[51]因為公司能夠保衛資產，只有直接債權人能夠申請索賠，就連股東都不能動這些資產一分一毫，所以公司成為資本主義最長壽的制度。

第三種屬性是普遍效力。普遍效力不僅能夠確保優先權和耐久性適用於同意受其約束的對象，也能確保這些屬性可以用在所有人身上，也就是拉丁文法律用語所說的「對世效力」（erga omnes）。普遍效力清楚顯示資本的本質，以及資本與國家權力之間的關聯性。雙方在單純合意下簽訂的合約僅能約束彼此，不得約束第三方。要有強大的第三方，才能將優先權和耐久性的適用對象擴及全世界，使他人不得不屈從。

可轉換性是資本密碼的最後一項屬性，能以明確或間接的方式，保障資產持有者在沒有人願意接手的情況下，將資產兌換成國幣。可轉換性意味著，持有者有權自由轉移資產。在過去，就連最單純的償債義務，都必須由原始締約方執行。可轉換性在單純的法律義務權利轉移

（或指派）之外，又多加入一個面向：資產持有者能夠取得國幣，而國幣是唯一能夠保存名目價值的資產（從通貨膨脹的歷史可知，其未必能保存實際價值）。52原因在於，國家發行的法定貨幣，有國家的強制力為後盾，包括單方面要求對方（即公民）履行義務的權力。國幣因此成為可靠的價值儲存工具，也說明了，比起人們創造的私幣（以法律編碼的私債，或近來興起的虛擬加密貨幣），國幣具有獨特的地位。53就金融資產而言，可轉換性比耐久性來得重要，甚至可以完全替代耐久性。當市場上的其他參與者不再重視某項資產時，持有者能憑藉可轉換性，保住先前的資產收益。

國家、權力與資本

資本的密碼是一種法律密碼，它的力量來自法律，有國家做為後盾和強制執行。即使法院不一定會執行，我們還是可以和他人協商合約內容，並將契約視同約束。假如我們過去許下的承諾，因故有可能無法完整履行，甚至可以找仲裁人來解決爭端。要是世界上只有這類單純的交易，法律就無足輕重，甚至顯得多餘。54對律師來說，這樣的世界未免無趣。

只有當同一項資產面臨到彼此競爭的主張，事情才會變得有意思起來。一般人會購買或租用汽車、租房子或為房子貸款、支領薪水、購買債券或股票，以及把錢存入銀行帳戶。創業家會買入「買權」、聘僱員工、租用廠辦、投資、簽訂水電合約、欠稅、出售商品賺錢、向債權人償還貸款。所有義務都履行了，每一筆帳單都在到期時繳款，許多法律問題就不會浮現。但若環環相扣的權利中，處於核心位置的個人或法人遲繳款項，或是債臺高築、資產價值下跌，顯然無法令所有人的最初立約條件獲得滿足，此時法律問題就會如火如荼地浮上檯面。若有破產的隱憂，便再也無法堅持履行合約，而是要決定誰能拿走多少，優先順序為何。

如果不解決這些問題，第一個到場的債權人就會把財產全部拿走，破產法發明以前，經常出現這種情況。制訂破產法的目的是，避免債務人的資產遭到擠兌。市場若是失靈，債務人的資產大都沒有機會重新整頓，或有效重新分配。㊺大部分的破產法採用簡單排序法。財產所有權人先取回資產，擔保債權人拿走擔保品，透過變賣彌補損失，再來才是無擔保債權人按比例拿走剩餘資產。

在理想世界中，權益效力較弱的債權人會自動放棄權益，但在面臨可能損失的情況下，債權人一般不太會放棄。要有效執行優先權，不只是要在協調賽局中找出一個解，還要有人出來主持大局，在必要時執行權益。事實上，現代經濟建立在由不同級別的法律權益所組成的複雜關係上，後盾是具有強制作用的國家權力。㊻

當交易和商業活動主要發生在組織緊密的群體裡，就不一定需要正式執行法律。每一個人都會知道誰的權益比較重要，畢竟，群體中的事務一向如此處理。只要團體裡大部分的人繼續遵從既定規範，複雜的法律體系、法院和執法能力，就沒有它們的用武之地。可是，當交易和商業活動超越了既定交易範圍，跳脫大家熟知的規範和根深柢固的階級制度，就必須要有不一樣的社會秩序維護模式，甚至要能對外來者強力伸張權利。[57] 政府和國家法律就是這類制度，資本主義的崛起，與政府和國家法律息息相關。

誠然，法律並非總是能夠發揮治理作用，國家有時候會缺少可靠執行法律所需要的資源。在許多社會裡，人們並不認為法律是一種正當手段，也不是很遵守法律。許多國家的正規法律體系來自殖民時代的強迫實施，而在帝國主義下建立的法律制度，往往會比由國家內部發展的法律制度來得疲弱。[58] 此時，編碼模組就沒有長久累積財富的效果，個人財富反而是靠武力保護、大量存在外國銀行，或是以外國法律模組形成財富，尋求外國法院的後盾。[59]

法律是有力的社會秩序維護工具，數百年來，法律將社會關係擴大到不只是緊密相連的社群，並確保彼此不認識的陌生人，不必面對面，就能冒險進行數十億美元的交易。這是因為，以強制執行為後盾的法律，能提高個人承諾的實現可能性，而個人獲得的特權，也會受到承認並加以執行，不必考慮事先存在的社會關係或互相競爭的規範，更有甚者，彼此不認識的陌生人也會尊重這些法律主張。究竟是什麼賦予法律這種擴大的力量。不同世代的社會學家和法律學家都研究過這個問題。[60] 其中一個答案是，法律的背後是政府的強制力；另外一個答案則是，法律能夠匯聚集體期待，盡量減少變異行為，對分權化的私部門執法具有激勵作用。

馬克斯・韋伯（Max Weber）解釋過法律的力量，他說，唯獨國家能夠實施強制手段。[61]透過法院、法警和警力，國家不但能執行命令，還能落實私有財產權，以及私部門對彼此做出的約束承諾。這意思不是指國家權力無所不在。不管什麼案子，只要法律的強制執行效力夠強，人們就會在不必動用法律的情況下，自動遵守規定。[62]有些人則是主張，沒有國家的強制力，法律體制依然能夠發展。[63]早在現代民族國家出現以前，人們就懂得管理自己。只要中央政府有能力針對規範和原則，發出具有約束力的解釋公告，就能實現有效自治。如此一來，可由私部門執行法律，因為他們有強大的自利動機，去按照已知或彼此遵守的規範，在利他的情況下執行主張，他們明白，自己有一天可能也會需要類似的支持。私部門裡或許沒有警長或監牢，但他們可以譴責、忽視或驅逐成員。

然而，這個協調賽局要充分運作，所有市場參與者的資產和利益最好要旗鼓相當。但在資本主義體系，並非所有資產都一樣，有些資產持有者的權利大過其他持有者。當彼此競爭的主張排序出現爭議，期待他人現在先保障我的權益，日後再予以回報，這種模糊的承諾便不太可能實現。資產愈是多元，分配愈是不平均，就愈需要強制執法。換言之，需要政府以及政府的強制力。這就是國家和資本息息相關的原因。

資本全球化並不否定國家權力對資本主義的重要性。支持資本主義的法律架構，以國家為終極後盾，而資本的全球流通，則是這種架構下的一種機制。許多國家按照本國法律或國際條約，致力於認可由外國法律創造的優先權。他們經常在本國法院執行外國法律，將強制力用來執行外國法院或仲裁庭的裁定。這樣的法律基礎架構成為全球資本主義的骨幹，也說明了，現在的商人為何不必冒險回家保護他們的戰利品。

過度特權

資本和資本的法律密碼有著什麼樣的故事，一切說來話長，因為資本的法律模組相當複雜，隱藏在神祕的法規或判例法裡，而且，情節常常在大型法律事務所門後出現新變化，鮮少在法庭或議會上公諸於世。法律密碼形成的資本屬性，令某些資產前景一片看好，幫助持有者比其他人更能累積財富——這是一種過度特權（Exorbitant Privilege）。[64]選出某些資產，使其具有優先權、耐久性、普遍效力和可轉換性，等於掌控社會財富的分配槓桿。

資本主義經濟體的定義為擁有自由市場，透過市場有效分配稀少資源，價格反映資產的基本價值，但前述那段話，卻與這樣的標準說法牴觸。[65]許多法律學者注意到，市場運作仰賴有利價格揭露的法律制度。[66]我要往下再推一步，主張資產的價值取決於法律編碼，所以財富的創造和分配，也取決於法律編碼。法律之外並不存在的金融資產和智慧財產權，更是明顯。但這個現象也適用於比較單純的資產（當做法律編碼原型的資產），例如土地或公司持有的資產池。

政府和國家法律是資本編碼的要角。國家不但如波蘭尼所指，去除了現有權益和特權，為市場力量騰出空間，[67]要是沒有國家的強制力，資本和資本主義也不會存在。[68]政府通常不會自己掌控資本的編碼過程，事實上，他們也沒有必要這麼做。確切來說，新的資本權益產生的場所，日漸轉移到法律事務所的辦公室，國家則退至二線。但是國家為律師提供法律工具，也為律師創造的資本提供了具體實踐的法律機構。編碼策略並非統統不會改變，有些策略之後會被去除。但是，許多策略從來沒有經過仔細檢視，有些則在挑戰中存續，被去除的少數策略，往往已經替策略運用者創造可觀的財富。

將資本密碼的模組轉移到千變萬化的資產上，擁有這種能力，讓律師成為精通資本密碼的大師。原則上，每個人都能請到律師，借助他們的法律編碼能力，但在提供法律服務的市場裡，只有出價最高的客戶能夠請到本事最大的律師。挑選資產進行法律編碼，細節鮮少經過詳細檢驗。在大家心目中，法律既穩健又近乎神聖，這種想法遮掩住一項事實，那就是，法律編碼工作正逐漸由議會甚至法庭退場，轉而落入私人法律事務所的手中。

國家願意認可並執行私下編碼的資本——甚至願意藉由認可創新編碼策略，和擴大能依法編為資本的資產種類，來培植資本——對大家來說，或許是件難以理解的事。許多國家真的認為，替某些人提供更多法律選擇，包括讓他們不受一般法律規範，並享有其他法律特權，可以把餅做大，為所有人創造更大的榮景。但之後往往發現，外溢的利益通常很少。更重要的是，資本創造的利益多半不會往下流動，而是往上流向資本持有者——他們會把獲利送回本國，或將獲利置於其他司法管轄區提供的法律屏障之後，讓財產不必課稅或落入債權人手中。[69]

還有一種解釋。國家支持私下編碼的資本，賦予這些資本特權，對國家本身利大於弊。國家會從經濟成長中受益，因為經濟成長帶來稅收，讓國家能夠舉債融通。民主國家的政府命運尤其繫於經濟成長的創造能力。民選政府的成敗，標準評判方法往往是經濟成長率和股市的攀升，而非財富分配或人類發展指數——足見資本對國家政體的觀感影響甚巨。許多國家已然發現，的確，徵稅這把利刃，因為法律編碼策略而鈍化，讓國家管不到某些資產。根本問題在於，普遍來說，提高資本利得會增加私人財富，卻不見得讓國家有錢，進而破壞平等。[70]若要了解箇中原因，就要拆解資本的法律結構。

重點歸納與提要

本章主要是引子，列出書中會談到的重要主題：資本在法律編碼下成形，具體而言是私法制度，包括財產、擔保、信託、公司、破產法、契約法。這些是讓特定資產具備關鍵法律屬性的法律模組。在創造新財富、保障舊財富方面，這些特定資產比其他資產更具優勢。經過適當編碼，資本資產擁有優先權和耐久性，能夠兌換成現金、法定貨幣，而且最重要的一點在於，這些屬性具有「**對世性**」（against the world），因此具備普遍效力。不論政府是否直接挑選資產的編碼策略，國家都會在背後支持，並在必要情況下強制執行資本的法律密碼。

資本是創造物，並非單純來自高超的能力。了解這件事以後，我們就會開始關注，特定資產在法律編碼下成為資本的過程，以及為相關法律模組背書、以強制力執行法律模組的國家。我會帶大家明白，這是一個權力分散的過程，雖然看似矛盾，卻愈來愈全球化。而且主要會由資產持有者的私人律師來代勞，至於國家，則會提供法律體系做為清單，由私部門從中揀選標的。因此，許多政體無法掌控財富的創造和分配。

接下來幾章，我會解釋不同的資產類別如何透過法律編碼成為資本，來闡述這個論點。首先會從土地開始（第二章），接著談公司（第三章）、債務（第四章），以及專門知識（第五章）。探討過這些資產，我們就打好基礎，可以進一步了解，沒有世界政府或全球法律體系，是什麼樣的法律規範在維持著全球資本主義（第六章），以及全球法律專家，也就是資本密碼大師，是如何崛起的（第七章）。雖然過去數個世紀，法律都是最重要的資本編碼手段，但法律不再是各個時空背景下主張權利的唯一方式，數位編碼已然成為了法律的勁敵。話雖如此，如第八章所述，數位編碼有力量的地方，不在於成為法律的替代選項，而是將法律密碼當做盾牌，保障私人利得。

書中會不時提及法律編碼力量的取得與分配，最後一章則說得比較完整。我將在最後一章談到，資本的編碼方式比馬克思學派所認為的要來得更加分權。資產持有者不需要直接掌握政府，當然更不用去贏得階級鬥爭或階級革命，只消請來對的律師，替他們用法律為資產編碼。社會用如此分散的方式來決定財富的分配，顯示出幾點基本的政治和規範問題。畢竟，法律是民主社會賴以自律的主要方式，但民主社會提供法律，私部門、資本資產持有者，以及資本資產持有者的律師，卻用來增進己方利益。隨著資本的編碼不受空間限制，也接管了看不見的手先前主宰的領域。在不平等日益嚴重下，政府及其法律的正當性正逐步遭受侵蝕，這樣的結果，來自於深植資本法律密碼的根本偏差。法律的正當性日漸薄弱，最後可能演變成有史以來最大的資本危機。

2 編碼土地

土地如何編碼為土地資本

二〇〇七年，貝里斯的馬雅後裔打贏了一場法律戰爭，該國最高法院承認，馬雅後裔的土地共用方式是一種財產權，受到憲法的保障。①我們可以從這個案例一窺財產權的生成。它所凸顯出來的是，在證明某種做法符合法律規定時，法院扮演至關重要的角色；只不過，要先歷經數百年的拒絕，以及數十年的法律戰爭。馬雅後裔對抗政府，這場法律之戰也呈現出，關於哪些權利主張應該受財產權保障，這個問題並未將國家權力排除在外，反而與之密不可分。②後續發展清楚顯示，馬雅後裔被迫學習到一課。這一課雖然經常發生卻不好受，那就是，若國家不願支持他們的主張，在法律戰爭上就只能取得片面勝利，甚至全盤皆輸。最後，這件案子證明，關於誰的資產利益優先，國家並非站在中立角度。當人們要求自治，或想要確保環境永續發展，比起這些權利主張，國家比較有可能支持未來的獲利承諾。

土地在人類歷史上扮演無可比擬的要角，它是人們維持生計的來源，也為我們提供文化身分認同，以及我們的社會、經濟、政治生活。到了今天，數十億人口依然靠土地為生，從土地採收水果、放牧牲畜、仰賴大地淌流的水，和地底蘊藏的資源。③即使是邁入二十世紀初的工業化國家，農村土地也是最重要的財富來源。④之後，金融資產和智慧財產權，這類無形資產的財富創造能力就勝過了土地。可是無形資產運用的法律模組，正是一開始用來為土地編碼，使其成為資本的法律模組。

這章介紹，最初將土地化做資本，而後又轉移到其他資產上的基本編碼技巧。土地編為私有財產之後，個人可以犧牲他人利益，換取土地的貨幣價值。但地主很快就發現，這樣的優先權無法幫助他們對抗其他債權人；他們得讓優先權具有耐久性，確保土地財富可以代代相傳，而且他們請律師設立信託或具有法人人格的公司，將資產交由信託代管或轉移到法人名下，進一步防止各式各樣的債權人把手伸向資產。但馬雅後裔要求用法律實踐他們的土地所有權主張，這件事情顯示，法律編碼的運用範疇，不僅限於私有財的最大化。從貝里斯最高法院的判決理由可知，財產權可以有各式各樣的形式，也可能用於保障集體使用權和資產的永續運用。

從使用到合法擁有

地球表面擁有豐富資源，供人類及其他生物使用。土地是大自然的一部分，不像金融資產、法人或智慧財產，土地在人類征服地球之前就已經存在。⑤千百年來，人類透過不同的形式征服地球，包括占領土地、種植作物、開挖、營建，以及最重要的一種，就是用法律加以編碼。不同的團體爭相使用同一塊土地，經常會大打出手。以法律解決爭端，或許是比較和平的產權釐清方式，只不過有時候，結果和動武一樣殘暴。土地的法律之爭，甚至經常涉及地面上的戰爭。

馬雅後裔和貝里斯政府的爭端，迫使馬雅原住民長久以來，與貝里斯政府對抗，占據貝里斯的國土。爭議核心在於，貝里斯政府許可伐木和採礦公司使用土地，卻未事先徵詢馬雅後裔的意見，也未提供任何損害賠償。馬雅人和他們的法務代表——美國某間法學院的法律實習事務所⑥——主張馬雅人擁有土地的優先權，而政府許可投資者開採土地的天然資源，侵害到他們的財產權。然而，馬雅人並沒有這片土地的法律所有權。貝里斯的法院必須裁決，數百年來非正式占據土地以及共用土地的做法，是否能依貝里斯的憲法構成財產權。

《貝里斯憲法》規定了人人都有權利「在保護下免於財產遭受任意剝奪」，⑦並進一步規定「任何財產皆不得非法強制取得」，依此原則侵害者必須賠償合理損失，且法院對涉及公共事務的財產具追索權。⑧貝里斯的憲法規定內容和《美國憲法》第十四修正案雷同——該修正案規定，不論對象如何，「未經適當法律判決，不得剝奪其生命、自由、財產」。⑨然而兩國憲法都沒有定義何謂財產，而且這種情況並非特例，大部分國家的憲法都假定人民有財產權，卻沒有定義什麼是財產，也很少在憲法提到，誰有權力定義新的財產權，或更改現有財產權。⑩

馬雅人主張，他們數百年來使用這片土地，因此擁有土地的優先權，可以按照自己的意思使用。他們提供證據，表示從祖先開始，就已經遵循類似的規範，只有團體內的成員，可以使用土地及其資源。儘管數百年來，馬雅人歷經殖民時期被迫遷徙、遭到屠殺等劇變，這套基本的治理架構，都始終維持原狀。或許，這種資產使用方式，看起來不像資本體系中，將簡單資產轉化為資本的私有財產權。但是《貝里斯憲法》裡，沒有說明財產權必須具備特定形式，換言之，並未規定以產生未來收益為目的而存在的權利，才符合財產特徵，而將其他權利排除在外。例如：保障人民生計和環境永續發展的權利。

最高法院的調查分成三個部分：首先，法院調查了馬雅人和這片土地之間，在本質上存在怎樣的關係；其次，了解這些關係，經過西班牙和英國相繼殖民統治，實際上是否延續下去；最後，進一步了解，依照貝里斯獨立後的憲法規章，馬雅人主張的權利實際上是否為財產權。馬雅人主張他們擁有財產權，所以他們要負舉證責任。人類學家搭飛機前往貝里斯，證明馬雅人從古至今採行共用的做法，歷史學家則忙著解析主權和私有財產權的差異。馬雅人運用土地的方式，「遵循非書面的習慣規則及價值觀，而在我們的群體中，社會、文化、政治組織也是這麼形成的」，這件事情沒有什麼爭議。⑪真正的問題在於，貝里斯政府是否具有土地的優先權，能夠依法許可採礦公司使用馬雅人的土地，而不必經過馬雅人的允許，也不必補償土地被取走的損失。

貝里斯政府主張，不論馬雅人在很久以前擁有怎樣的權利，經過英國的殖民統治，權利都已經消失了。殖民統治不僅消滅馬雅人的主權，也消滅了他們的財產權。貝里斯政府是英國王室政權的合法接掌者，因此，只要是未正式經法律歸屬的土地，貝里斯政府都具有排他權，得以任意許可業者進行伐木及採礦。⑫一九八一年才獨立的貝里斯政府自然會如此主張，但這個論點有其法律上的吸引力，因為根據英國和其他西方強權數百年來制訂的國際法，主權的確會隨著權力轉移而易手。⑬儘管如此，這卻不是有力的主張，因為法院明確區分土地主權和私人財產。⑭沒有記載顯示，英國王室明確掌管土地上的先住民或土地的集體使用權。法院表示，事先存在的財產權需要刻意去登記才會有完整記錄，此案沒有明確的文字記錄。英國王室在沒有考量既存權利的情況下，允許某些（英國）採礦公司使用土地——即便某些公司破產後，英國王室恢復對土地的掌控——都不足以證明，變更土地財產權的意圖存在。

有鑑於此，法院開始評估馬雅人主張擁有土地，符合哪些法律上的特質。貝里斯最高法院引用英國樞密院一九二一年的案例，以此為架構提出論點。當時大英帝國的另外一個前殖民地奈及利亞，也發生土地爭議事件。樞密院源自早先的國王議會，樞密院的司法委員會是大英國協國家的最高法院，即使在各國獨立之後，這裡依然受理前成員國提出的訴訟案。貝里斯一直受樞密院監督，直到二〇一〇年，才將司法監督權移交至加勒比海法院。

英國樞密院一九二一年的裁決為：

> 有時我們會有無意識之傾向，將僅適用英國法律扶植體系之權利概念挪用他處。然此傾向須加以遏止……群體得共享用益權，並在約定俗成下，賦予個體用益權，甚至可由生存者間指派或繼承，將權利移轉予其他個體。欲確認此類權利移轉之演變，必得詳細調查特定群體歷史及個案使用情形。先驗之抽象原則無甚助益，往往形成誤導。⑮

換言之，財產權具有許多不同的形式，必須由法院來分辨財產權的具體內容與意涵，方法則是觀察實際的做法，而非強加先入為主的看法。有鑑於此，貝里斯最高法院根據專家證人的供詞，認定土地使用方式具備法律特質。馬雅人共用土地「符合用益權的本質」，足以構成「占據土地、農場、獵區、魚群，以及自土地取用水果與資源的權利」。⑯這些權利並非屬於個人，而是屬於群體。

可是，這樣就能在貝里斯的憲法上構成財產權嗎？為了回答這個問題，法院訴諸《貝里斯憲法》的序文。序文寫道，政府應當保障所有貝里斯人民的「認同感、尊嚴，以及社會、文化價值觀」。除此之外，法院也引述了其他憲法條文，包括保障人民不受歧視的條文，最後，法院還提及貝里斯的財產法。這部財產法規定，財產「包括任何作用中的**事物**，以及任何不動產與個人財產權益」。[17]法院解釋，馬雅人的使用權符合「不動產權益」，但這項定義範圍極廣，令人好奇究竟哪些事物**不**構成財產權。

我們之所以詳細檢視貝里斯法院的說明，重點在於，這件案子清楚顯示財產權納入法律的過程——通常不會由上而下立法形成，甚至不會依照憲法形成。反而是，根據個案來協商討論，拿實際做法來和法律概念互相對照。比起相信「明確的財產權」能產生利益這樣的習慣主張，法律推論過程要來得開放許多，並且會援引不同法源。[18]有些論點會比其他論點說服力強，而且在許多狀況中，正確答案可能不只一個。實際派和批判學派法律學者早就提出過這個觀點。[19]法律是否只是掩飾赤裸裸的權力的障眼法，至今仍無定論。但我們不需要從如此激烈的觀點出發也能理解，財產權的法律形成過程，飽含價值判斷與權力的運作，是一個複雜的過程。

在馬雅人的例子裡，貝里斯最高法院努力為原住民伸張正義，最後，馬雅人終於在一九八九年的國際公約中，得到聯合國的支持。[20]法院參考了樞密院、美洲人權委員會（Inter-American Commission on Human Rights, IACHR），以及紐西蘭、澳洲和加拿大等他國法院的判例法，以開放的態度面對困境。而這些相關判例處理的，都是當代的類似法律議題。除樞密院判決外，其他法院判例對貝里斯的法院並無約束力，貝里斯最高法院明白表示，這些案例僅供參考。但貝里斯的法律和憲法，在詮釋上，絕對受到影響。

廣開聽證會後，貝里斯最高法院將勝利的果實遞給馬雅後裔，但貝里斯政府直接忽視最高法院的判決，繼續鼓勵業者在馬雅人的土地上採礦。馬雅人贏了這場法律戰爭，卻贏不了自己的政府，得不到政府依法保障自己的優先權。

土地轉為私有財

馬雅人希望法律能保障他們的土地權益，但是個人化的私有財產對他們來說卻是一個陌生的概念。他們對土地所有權的主張，遵循的是一套不一樣的邏輯，一套共用的邏輯、使用管理的邏輯、保護自己賴以為生的土地和資源的邏輯。他們毫無將土地轉為資本或從中取得貨幣價值的意圖。從歷史來看，這是一件矛盾的事。馬雅人要用財產權來保護土地，但在五百年前，英國的地主卻不是將財產權當做保障，而是用財產權去摧毀與馬雅人使用土地方式類似的集體權益：公共用地。

一五〇〇年代初期，英國人開始強行占有公共用地，僅在一七二〇年到一八四〇年間通過的圈地法案，則是標示了圈地運動的尾聲。㉑根據估算，一六〇〇年，英格蘭的可開墾土地大都已被強行占領，公共用地只剩約百分之二十四，而且多半是未開墾荒地。㉒要了解圈地是怎麼回事，我們必須跳脫龐雜的《圈地法》（Enclosure Acts），仔細看一看在《圈地法》制訂前，發生過哪些法律上和武力上的圈地戰爭。

在封建制度下，土地不能自由讓與他人，只能由貴族分封，換取軍事或其他服務，或是效忠。你不能轉讓完整的所有權，只能轉讓特定的土地使用權，包括採收土地上的水果，以及對耕種土地的農民進行裁判的權利。地主或佃戶都不能隨心所欲轉讓土地，更何況是農人。死後轉讓土地必須遵守長子繼承制，由第一個出生的兒子取得優先權。土地不能轉交給債權人，連擔保債權人也不例外。債權人可以要求採收土地上的水果，但是如果債權人持有占地執行令（writ of elegit，最早可追溯至一二八五年），則可占有絕大部分的土地，只不過，占有土地的意思僅限採收水果，來補償債務損失。㉓

當時的人因為不知道有其他做法，所以並不認為這是一種限制。諾曼人征服英格蘭以前，英格蘭早期訂立的條約承襲了羅馬法的傳統，土地與其他具有財產權的物品沒有兩樣。㉔依照羅馬法，財產權是絕對權利，包含使用、占有、轉讓資產之權。然而，在諾曼人征服英格蘭後，英格蘭的法律體系逐漸忽視這些條約。一二九〇年至一四九〇年，這兩百年間，儘管「財產」和「所有權」仍然使用於「動產」（即物品、動物）的相關訴訟案件，但土地訴訟案裡，已經看不到這兩個詞彙了。土地權利不是完整權利，也不是絕對權利，只有「比較強」或「比較高」的分別，除非你是國王，否則就沒有土地的絕對權利。一直到一六〇〇年代末期，事情才有了劇烈的轉變。「開始出現一條通則，就是擁有『整體』或『絕對』財產，任何人皆可對世界上其他人主張權益，若是擁有『特殊』財產（例如特殊使用權或擔保品），除不可對『整體』或『絕對』所有權人主張權益外，任何人皆可對他人主張擁益。」㉕

不動產的法律變革與圈地運動息息相關，地主主張，先前他們和公地使用者（耕種土地或以土地畜牧的農人）共享土地，現在則擁有土地的絕對權利。㉖為了擁有排他的權利，地主豎起圍籬，向當地法院請求土地的優先使用權。公地使用者則予以反擊，將圍籬拆除，挖開地主用來養羊的地，同時也向法院提出訴訟。

雙方都在法律上面臨很高的不確定性，沒有人擁有所有權，也沒有所有權註冊記錄（英國一八八一年才開始實施自發性土地登記，要到一九二五年，才強制實施土地登記）。㉗因此爭奪重點在，法院會判定誰的土地所有權主張比較有利，並提出判決的理由。雙方都訴諸慣例和法律傳統。長期占據和持續使用土地能說服法院認可優位權利，但從另一方面來看，土地的使用模式不斷改變，公地使用者無法主張自己長期使用土地，也有可能解讀為優位權利屬於他人。所以對地主來說，法律之爭不能取代將所有物圍起來的做法，對佃農來說，法律之爭也不能取代拆圍籬。在當時，以武爭地和以法爭地，二者並行不悖。

法院並非總是和帶頭圈地的地主站在同一邊。某些案件數十年懸而未決，橫跨幾個世代，判決在地主和公地使用者之間擺盪。㉘長期下來，地主在法院占據上風，也因為如此，最後由地主掌握了土地的支配權。而在公地使用者這邊，他們並未忽視法律策略的重要性，也往往請了律師來替他們打官司。可是，最後他們有幾項利益受到損害。地主指稱公地使用者是暴民，妨礙了新的土地使用方式。他們說，這種方式不但能為他們提高收益，還能讓大家繁榮起來——地主的說法，即便到了今天，聽在我們耳裡也很熟悉。

有幾件案子由普通法法庭審理，但大部分的案件，交到了星室法庭（Star Chamber）。這個十三世紀末國王議會的衍生物，日後轉變為大法官法庭。大法官法庭不受僵化的普通法拘束，而是以衡平法（equity）做為判決基準，換言之，遵循正義的大原則。而且從伊莉莎白一世（一五五八年至一六〇三年）開始，大法官法庭便逐漸成為普通法法庭之外的修正措施。普通法法庭採陪審團審判制，而大法官法庭則是遵循一套書面審理程序。原告或被告都不出庭，由倫敦的法院職員或鄉下的行政官審視案件。雖然這種制度可以彌補許多公地使用者識字程度不高的情形，但在法庭文檔中敘述公地使用者遭遇的職員和行政官，只要一念之差，便足以對他們造成重大影響。

最後一點，地主請到的律師可能比較優秀。早在十三世紀的英格蘭，就有律師為個人提供法律服務的例子，但是直到十六世紀末，律師才發展成一門專業。統計資料並不充分，且只有某些機構保有資料，但我們還是能看出大趨勢。舉例來說，一五九〇年代至一六三〇年代，倫敦四法學院（Inns of Court）的出庭律師人數增加了四成；一五七八年至一六三三年，高等民事法院（Court of Common Pleas）律師從三百四十二人，增加至一千三百八十三人，等於乘上四倍。還有一點也很重要。許多律師的社會階級和他們日後服務的客戶相同，所以總是會和他們抱持相同的世界觀。㉙

地主成功圈地，帶動了土地市場的興起——這些社會，在過去維持著穩定的土地關係，人們以土地維持生計、以土地為政治和經濟力量的基礎，而現在，出現劇烈的變動。一五〇〇年代晚期以後，土地交易筆數呈穩定增長，到了一六一〇年，交易筆數比五十年前高了兩倍半。㉚有一部分可歸因於，英國王室和教宗關係破裂，王室沒收修道院、教堂、主教的土地並拿到市場出售。不過，圈地合法化和土地用於商業的情形增加，也是一大原因。

土地私有財產權的法律之爭和學理之爭，幾乎橫跨整個十七世紀。大部分的財產權條約依然主張只有國王擁有絕對權利，但在某些條約奠定的基礎下，個人開始可以主張擁有類似權力。㉛一八〇〇年代初期，有一份判例法摘要認定，「絕對所有權人具有任意處分地產的絕對權力，唯其必須遵守《土地法》（Laws of the Land）」。㉜絕對私有財產權的法律概念，於焉誕生。

這個新的法律概念從此席捲世界。首先，英國殖民地開始採納，爾後，世界銀行（World

Bank）與其他機構也據此提出經濟政策。[33]英國殖民到哪裡，哪裡就有「第一批」與土地維持長久關係的人。只不過，這些人還沒有將土地視為私有財產的法律概念。英國王室主張對「移居者開拓的殖民地」擁有領土主權，包括北美、澳洲、紐西蘭等地，但是領土主權不一定會改變對土地的既存權利。儘管如此，法律上的不確定性，給了移居者充分空間，讓他們願意積極取得土地，以及採取積極的占領策略，因為他們認為，最後他們的土地所有權會受到認可，成為完整的法律權利。[34]

王室希望戰爭支出和殖民利益能達到平衡，通常會和當地原住民簽訂條約，劃分出一塊土地，做為原住民的自治區。王室擔心，移居者和原住民衝突，導致無政府狀態和失序，讓英國軍隊陷入無止境的紛爭，有時會禁止移居者越過和原住民族劃定的邊界。然而，王室缺少有效劃分界線的權力和資源，或是乾脆默許移居者「巧取豪奪」原住民的土地。至於移居者和獵地者（有個人也有公司），這些人懷有強烈動機，想要透過強占土地，或和當地人達成協議，來掌握土地資源。[35]可是他們在這些交易行為中獲取的權利，在本質上經常具有極大爭議。移居者主張擁有絕對財產權，而原住民卻主張，他們只讓出某種「使用權」。

正如十六世紀發生的英國圈地之爭，歐洲移居者和原住民之間的許多糾紛，最後都鬧上了法院。舉個例子，紐西蘭設有處理土地糾紛的特別法庭。一般來說，主審會是英國法官，另外有三位酋長在法庭上擔任法官，代表原住民。這些案件的記錄零零星星，每次爭議不可能都是移居者占上風。可是，整體而言是倒向移居者那一方，尤其是，他們提出兩項法律論點：發現和改良。理由是，第一民族（First Peoples）沒有私有權的觀念，他們或許可以主張，比歐洲移居者更早使用土地，但從任何法律觀點出發，都不可能算是「擁有」土地。而歐洲人**發現**土地、**改良**土地。[36]在與家鄉公地使用者的土地之爭中，地主經常聲稱自己使用土地的時間較長，現在卻改為訴諸發現和改良，在這樣的轉換下，法律推定的土地所有權，從第一民族落入移居者的手中。

有關「發現原則」，最詳盡的描述出現在，美國最高法院針對一八二三年《詹森訴密托許案》（Johnson v. M'intosh）所做的判決。當時馬歇爾法官（Justice Marshall）寫下：

> 美國……毫無疑義地同意，本國現已由已開化之住民治理，此為廣泛適用之大原則。此些國民主張及擁有應得之權利。不論取得方式為購入或占領，一如所有人主張，已開化之住民亦主張，發現土地使其擁有印地安人所不具之排他權；有鑑於此，已開化之住民亦擁有領土主權，並擁有執行之權力。[37]

根據這項法院判決，最早到達美國的第一民族，變成了強占土地的人，而且不久之前，他們還是當地的唯一居民。過沒多久，國會在一八三〇年實施《印地安人移居法》（Indian Removal

Act）。[38]美國印地安人被迫遷居保留區，他們的土地被劃分成一塊塊符合私有財產權的土地待價而沽。印地安人的土地變成了資本。後來密托許一案遭到駁回，但印地安人在美國的命運已然注定。扭轉優位權利的因果認定，造成了最嚴重的一次「法律征服」事件：發現和改良消滅了依先來後到主張權利的原則。發現和改良淪為移居者的制勝論述，他們從頭到尾打著強占土地終能獲得所有權的如意算盤。類似的做法後來導致「第二次圈地運動」，只不過這一次圈的不是土地，而是知識。[39]

保障掠奪物

擁有權利，能使個人和團體擁有力量；而「擁有權利的權利」，必然會牽扯到以國家為後盾的法令。[40]基於這個原因，權利是有附帶條件的，負有責任與義務。私有財產具有效率，論點核心就在這樣的交換關係上：唯有私有財產所有人，才會完全承擔資產的使用成本，進而將資產做最有效的運用。[41]畢竟，她會承擔過度使用的損失。財產所有人當然會比較希望，享受擁有資產的好處，而不必負擔成本，於是他們請來律師幫他們魚與熊掌兼顧。

正式取得土地的所有權後，英國地主享有排他使用權——法令規定侵入地界、破壞圍籬、砍伐樹木為可判死刑的重罪（而且不必有神職人員在場），排他使用權進一步得到鞏固。[42]現在地主可以自由使用土地來賺取私人收益，包括養羊和出售羊毛生產織品，或是種植可以賣給城市居民的莊稼。為了替新事業籌措資金，或是單純為了提高消費力，地主會將土地抵押給債權人。這麼做能得到資金，但也讓他們才獲得的財產權暴露在風險之中。

抵押貸款和其他擔保一樣，若債務人無力償債，債權人可以多一份保障，用擔保資產來彌補損失。莎士比亞在鬧劇《威尼斯商人》將擔保品的本質，深刻地烙印在世人心中。劇中安東尼奧向商人夏洛克借錢應急。他自己的資本在一艘駛向威尼斯的船上，但朋友急需一筆錢，用來向富有的財產繼承人波西亞求親。安東尼奧想幫朋友的忙。等船隻一抵達岸邊就能還錢。安東尼奧確信，自己資金不足只是一時的，便答應了夏洛克的要求。要是他無法在三十天內償還債務，夏洛克就有權從安東尼奧身上割下一磅的肉。

想不到安東尼奧的船竟然翻覆了，資金不足演變成一場破產危機。安東尼奧在無奈之下倒了債，夏洛克堅持拿走他的擔保品，報復安東尼奧經常當著他的面發表反猶太主義言論。威尼斯公爵拒絕介入此事——一言既出，駟馬難追。此時波西亞假扮的「**法律博士**」登場，憑藉法律上的解釋技巧，救了安東尼奧一命。㊸「依照文字，你只能取走『一磅肉』，不得取走一滴血」，僅此而已。㊹她說，夏洛克有權利「討債」。

若流淌一滴基督的血
便依威尼斯律法
將汝之土地、物品充公
交予威尼斯政府㊺

將土地拿去抵押借錢的英國地主，在面臨討債時，不會賠上自己的性命，但是他們擔心，這筆累積不久的財富，會沒有辦法傳給下一代。他們在鄉下的事務律師（solicitor）中找到願意幫忙的人。事務律師用舊有的法律制度「限定繼承」，防止家族不動產被「隨心所欲地出售、抵押或分割」。㊻對外界來說，沒有任何改變。但地主的不動產（土地和家族宅邸），相關權利卻經過重新編碼。戶長從資產所有人變成家族不動產的在世居住者，由地主的大兒子擁有這項權利。在世居住者是代表後代去持有家族不動產，所以不能將權利完全移轉給債權人。一二八五年的占地執行令，依照差別極大的政治和經濟秩序制訂出來，根據這項封建時代的舊命令，債權人可以占有大部分的土地。而限定繼承，將土地從可以自由轉售的商品，變成家族財富的「保險箱」。在不符合現代財產權原則的情況下，私有財產權結合中古封建時代的法律特權，使得財產權具有耐久性，並將土地轉變成私人財富，也就是資本。

這樣的法律架構有多大的吸引力，統計數字說明了一切。十九世紀中期，大約一半到三分之二的英國土地設為限定繼承，受嚴格的家族財產協議規範。㊼一八六六年，新聞雜誌《經濟學人》（*The Economist*）宣稱，這樣的體系，對正在快速發展工業的國家來說「荒謬至極」。㊽儘管如此，仔細觀察就會發現，工業化的時代展開以後，人們累積了可觀的財富，這些財富大都來自法律措施的保障，例如，保障資本不被債權人取走的限定繼承措施。「用益權」（the use）、「信託」以及後來的人成立「公司」，都是為了類似的目的。

話雖如此，就連最好的法律編碼策略，都不見得總是合情合理。土地關係是一種非常複雜而又不透明的體系，核心是財產權，但又嚴格防範債權人用財產權彌補損失。如此一來，這個體系所承受的壓力愈來愈大。隨著新技術日益普及，開採煤礦和其他天然資源加速推動工業化，透過法律限定後代土地繼承的做法，讓在世居住者無法從事需要的投資活動。在世居住者承諾為了下一代，維護不動產的完整性，但投資需求與這樣的概念違背，家族不動產應該要有所改變。

有一段時間，地主還是能找到願意借錢，或是願意讓他們以新債抵舊債的債權人。為了給這些債權人更有力的法律保障，律師建議在世居住者，放棄部分禁止將家族不動產讓與債權人的「限定繼承」。但有時候，律師會協助在世居住者將資產分離、交給信託，變成只對某些債權人有利——風水輪流轉，但用到的編碼技巧一模一樣。㊾銀行也想出自己的對策，他們要求在世居住者交出權狀，做為貸款的擔保，這樣地主就不能將土地抵押給其他債權人。「銀行貸款」就是這麼來的。[50]

但是，十九世紀中期，自由交易政策逐步發展，加上一八四六年，透過關稅保障農業不受國外競爭影響的《穀物法》（Corn Laws）遭到撤銷，遲早會出現一種經濟邏輯，發展出一套精心設計卻愈來愈不具競爭力的體系，最後會像紙牌搭成的房屋一樣垮下來：債權人拒絕再次讓地主以新債抵舊債，過度舉債的地主違約了，借貸體系停滯不前，農業也跟著停產。

一八七〇年代英國出現農業衰退，自一八三〇年代開始成形、一百五十年前北美殖民地成功實施的法律改革，終於引爆了。[51]儘管如此，若是沒有同時發生政治變動，英國的不動產法律改革計畫，很有可能再度以失敗告終。一八八〇年的時候，地主首次失去議會掌控權。一年後，制訂了《土地轉讓法》（Land Conveyance Act）和《土地限定繼承法》（Settled Land Act），規定在世居住者為不動產的正當持有人，債權人可以對家族不動產執行權利。只有家族宅邸維持特殊地位：出售需取得家族成員同意，但在扣押狀態下，法院可以批准出售。[52]

法院先前一直站在地主這邊，地主的律師為了替他們守護家族財富，而提出一些法律編碼策略，法院也會加以保障。而現在，法院轉而站在地主的另一方。[53]知名案例包括，法律改革發生幾年後，英國歷史非常悠久的不動產「薩弗納克森林」（Savernake Forest）的繼承人債臺高築，與叔叔們對簿公堂，因為叔叔想要阻止他，將托頓翰大宅（Tottenham Mansion）賣給健力士釀酒王國的大家長艾維勳爵（Lord Iveagh）。[54]官司一直打到上議院，上議院允許宅邸出售。上議員裁定，法律改革「是為了防止農業衰退」。因此，法院有義務考量爭議雙方的利益（即該名「揮霍無度者」和他的叔叔們），以及「不動產本身的利益，包含租用土地並支付租金的工業從事者」，也就是，同樣仰賴土地生產力維生的農民和其他工作者。上議員認為，私有財產也要為公眾服務，因此若私權有害此一目的，法院有權限縮私權（在這個案子裡，也就是叔叔們對出售宅邸的否決權）。

英國的不動產法律改革發生時，世界上最重要的私人財富來源「農村土地」也跟著愈來愈少，先是發生在英國，後來蔓延到世界各地。此一現象標示，土地的法律定義出現了改變。一八八一年改革之前，地主不但享有優先權，也可以動用複雜的法律編碼策略，確保不論在世居住者欠下多少債，家族財富都不會受到影響。法律改革有效去除了土地的其中一項關鍵資本屬性，也就是耐久性。不過一天的光景，數百年來被當成主要財富來源的土地，就變成了一般資產，不但可以自由買賣，而且一不小心就會被拍賣掉。事實上，法律改革在英國引發了，自圈地運動以降便未曾出現過的大規模土地重分配。改革後，二十年內有兩成土地易主。[55]

用法律為殖民地土地編碼

一百五十年前，英國的北美殖民地就出現了與一八八一年《土地限定繼承法》和《土地轉讓法》相當的法律。一七三二年，北美殖民地制訂了《國王陛下所屬美洲開墾地與殖民地之債務追討便利法》（以下簡稱《債務追討法》），賦予債權人依法占有整片土地的權利，家族莊園也包括在內，債權人可以拍賣土地。56這項法律實施沒多久，大片莊園就被分成一塊一塊的土地，在南方各州，這種現象尤其明顯。此外，債權人巧妙地將取消抵押品贖回權，用在所有設為擔保品的「資產」上，因而導致第一波大規模奴隸拍賣。57

一七三二年英國在北美實施這些改革，直到一八八一年，才在本土實施類似的改革措施，可從中看出意識形態，但是否用法律來為資本編碼，當中的政治經濟作用，或許還比意識形態的作用更強。事務律師替富裕家族拼湊出來的複雜土地轉讓制度，英國的立法者並非沒有概念，他們缺少的是實施制度的政治意志。58他們對殖民地有不一樣的盤算。在殖民地這邊，英國的立法機關並不擔心，權力會從地主落入債權人手中。說得白一點，債權人多半是英國人。

美國實施《債務追討法》導致莊園遭到分割，很有可能為更平等的財富分配方式打下了基礎，更貼近北美殖民地的共和精神。不久之後，這些北美殖民地便依憲法組成了美利堅合眾國。不過，新世界的資產持有者很快就學會一項技巧，他們像祖先在舊世界那樣，用法律為自己的私人財富編碼。此外，他們找到了願意收錢辦事的律師，以及耳根子軟的立法機關。其實，美國獨立後的那幾十年，曾經幫英國有錢菁英大忙的法律編碼技巧，都納入了美國的法律。有時候美國法律甚至會移植英國法律的特色，但那些特色在普通法的母國已經消失了。用法律歷史學家約書亞・蓋茲勒（Joshua Getzler）的話來說，美國法律悅納「朝代主義、舊勢力、永久持有、無產執行判決規避，且可設立天馬行空的信託，這些政策在英國法中，不是遭到遏阻，便是禁止」。[59]實證資料顯示，直到二十世紀之前，美國都比歐洲平等得多。[60]但是，這些做法早就為日後埋下種子，讓幸運擁有資產，又能請律師將資產用法律密碼轉化成資本的人獲致財富。

比較沒錢的人，有時候還是能透過政治手段，在大規模經濟衰退時，保護資產不會變得毫無價值，但即使在這種情況下，政治力量依然扮演關鍵角色。十九世紀，美國許多州級立法機關制訂債務延期償付法，作用在平衡各種犧牲債務人、保障債權人的法律權利，因為在商品市場反覆無常的情況下，債務人經常面臨錯不在己，卻失去一切的風險。[61]在某些經濟學家眼裡，延期償付是不具效率的做法，這麼做是為了未來事件而調整契約，而締約雙方都無法預見這些事件。透過政府介入和實施臨時寬限措施，或由政府監督資產買賣，立法機關得以促使契約「完整」，以經濟學家的話來說，讓契約可以「視階段調整」。[62]儘管如此，後來法院終止了大部分的延期償付措施，理由是根據憲法規定，州政府不得干預私人契約。[63]

在美國經濟史上，債務延期償付的故事，最重要的一點寓意其實在於，一開始導致這個決定的政治經濟因素。當時最有可能採取延期償付的州，是美國西部邊界設立的新州，最不可能採取的則是南方的「老」州。在南方，擁有土地的菁英分子累積了非常可觀的財富，就連經濟風暴都能安然無恙。事實上，他們經常有機會以非常低廉的價格，從再也無力向債主還債的農人手中買下土地，而債主往往就是擁有土地的菁英分子。

英國殖民地的農人所面對的，是非常詭譎多變的農業經濟體系，而他們再也不能選擇延期償付債務。舉例來說，英國殖民者在印度進行法律改革，讓債權人可以驅逐無法在到期日支付貸款的農民，以此提升債權人的權益。[64] 改革的立即目標是要打擊獨占市場的高利貸業者，降低債務通融的成本，並確保農民可以擴大生產，進而提高英國的稅收。只是，當全球棉花市場在美國內戰期間崩盤，這些力量強大的權利引發連鎖效應，威脅到了英國的政權。債權人用他們的權利大規模驅逐農民，而沒有土地的多數人，因而開始起義，對抗統治他們的人。他們起身對抗貧窮，王室報告卻直指這些人發動「叛變」。

這場引進財產權、鼓勵債務融通的大型實驗，在沒有保護新的債務人和所有權人不受外在劇變影響的情況下，最後以戲劇性的方式告終了。儘管如此，這項實驗依然可見於全世界的開發中國家，直到今天，土地所有權登記措施都有利於將土地價值貨幣化，比較不重視小農和其他土地使用者的生計。若欠債的人無力償債，債權人可以取走他們的資產，但是這些債權人會確保自己之後能掌握更強的耐久性，方式就是運用適當的編碼策略。

實證研究顯示，歐洲人會在可以定居的殖民地，建立與歐洲相似的財產權制度，有助於刺激殖民地經濟發展、創造私人財富。相反地，若是因為疾病，而導致殖民者無法大規模定居，殖民者就會建立以掠奪財富為主的制度，造成這些國家的發展遠遠落後其他殖民地。㊅研究者分析結果並指出，歐洲殖民統治和將財產權移植到殖民地的做法，刺激了殖民地的經濟發展。他們鮮少著墨殖民者與當地人民之間的財富分配情形，但我們都很清楚，歐洲殖民者在當地造成嚴重的不平等，影響至今仍然存在。㊅

破解信託密碼

地主最常用來提升財產權耐久性的法律制度是「信託」。這個強大的手段，從古到今，一再被有錢人拿來保護自己的資產。信託是英美法特有的制度，可說是英美法裡面最巧妙的資本編碼模組。源自羅馬法的大陸法，則對這種法律手段不屑一顧，原因在於，契約和財產法在信託裡混為一談。㊆但信託就是這樣才吸引人：大陸法規定，必須正式轉移財產權、遞交物品或登記所有權，但是按照英國法律，在私人律師事務所裡簡單立下契據，就能成立信託。辦理信託以後，不必向全世界宣告財產權變更，就能重新有效安排資產的財產權益，而且法院會認可這項安排。㊇

運作方式如下：設立信託時，財產所有人（稱為委託人），會將資產轉移到專門設立的法律外殼下。第二步，針對資產的相關權利，釐清哪些歸給擁有正式權利的受託人，哪些歸給收受（未來）經濟利益的受益人。信託證明文件擬好之後，資產就會轉移給受託人，此時委託人便不再擁有該項資產，他的個人債主不能再透過占有資產，來向債主索賠。信託財產由擁有正式權利的受託人管理，受託人可以賣掉資產，前提是一定要符合受益人的權益，而且要補上類似的資產。

受託人擁有信託資產的正式權利，但權利範圍不及於資產的獲利或其他經濟利益，而且受託人的債主也不得請求該信託資產。最後一點，受益人可望收到資產報償，但拿到的不是期滿權益。後來，受益人的債權人才說服法院，認定他們可以對這筆未來權益提出請求。⑲簡單來說，信託將資產與各種債權人隔開，發揮延長耐久性的魔法。難怪直到今天，想要保護資產不被課稅或被債權人拿走的有錢人，最喜歡用信託做為資產的法律編碼工具。信託也是將資產證券化的標準法律模組，同樣可以用在房貸上。至於房貸，我們留待第四章再討論。

信託的歷史顯示，私人法律編碼策略、立法機關的反擊、更新後的創新做法，以及最後，在法庭上證明私人法律編碼策略的正當性，種種作為之間，存在複雜的交互作用。信託的前身為十三世紀晚期出現的「用益權」。有資料顯示，信託源自方濟會禁止成員擁有任何資產。為了規避這項限制，修士將土地所有權交給小鎮或村子等組織，但土地由修士「使用」。⑳其他解釋指出，這麼做是為了規避長子繼承制，或是要在土地基本上不能轉讓的情況下移轉權益，或是單純為了避稅。普通法法院起初拒絕執行「用益權」，儘管如此，私下轉讓土地的做法一直存在。

一四八四年，理查三世頒布法令認可這種使用方式，目的在於，彰顯在這種使用方式下創設的土地權利。⑦1 法令規定，土地使用之受益人應當擁有轉讓財產的權力。簡而言之，應將他們視為完整的所有權人——四百年後，由於限定繼承土地讓在世居住者的債主不能把手伸向不動產，一八八一年制訂了《土地轉讓法》，以法律手段達到相同目的。然而，隨著用益權愈來愈受歡迎，英國王室的稅收也受到影響。因此，一五二六年，政府開始對希望設立用益權的人徵收費用，同時禁止未經授權使用土地。於是一五三五年制訂了《用益法》（Statute of Uses）和《登記法》（Statute of Enrollments），以法律途徑，更全面地管理用益權的運用情形。⑦2《用益法》的目的在恢復國王的土地所有權和特權，但計畫最後失敗了。私人交易進行了好幾十年，已經不可能取消。除此之外，律師很快就發現法令有漏洞，並且採用與用益權極其類似的新法律手段，來鑽這個漏洞。當法院下令禁止用益權，律師就用信託來取代。

以信託做為法律手段，目的在保障資產，服務對象是資產持有者，也就是有錢人。想當然，這是很重要的資本法律編碼模組。十九世紀初期，中產階級開始變得有錢，信託愈來愈受歡迎，受信託保障的資產也逐漸多樣化。除了鄉下的土地，信託資產往往還有都市的土地和房屋，以及公債和公司股份。⑦3 信託法不斷演變，信託從保護個人或家族財富的手段，變成公司資產的屏障。早在「設立公司」成為標準的資產保障手段之前，英國和北美地區的公司老闆就用信託來達到類似目的。⑭受託人比較有能力管理錯綜複雜的資產池——受託人成為一種專業，許多事務律師會以受託人的身分提供建議。因此，出現了以受託人為對象的新規定，內容包括信託人能不能收費，當然，也包括了受託人對受益人的負責範圍。最後，當法院批准受益人不能是個人，而必須是許多不同的投資人時，信託就成了集合資產和將資產證券化所必定訴諸的手段。這部分我們留待第四章討論。

以法定之

針對土地轉變成資本的過程，我們的描述和一般的描述不同。傳統認為，財產權是帶動經濟繁榮的典型制度。⑮對經濟學家而言，財產權的主要目的，在於以最具成本效益的資產使用方式，滿足資產持有者的利益。資產使用方式最佳化，在羅納德·寇斯（Ronald Coase）提出的知名例子裡敘述得非常生動。有兩名農夫比鄰而居，其中一人養牛，另外一人種穀物，想當然，穀物不是被牛吃了，就是遭到踐踏。⑯利益發生衝突時，有許多解決方式。其中一名農夫可以蓋圍籬、改到其他地方種植穀物、改養牛隻，另一名農夫可以賠償穀物損失，或是改種穀物。假如財產權經過明確分配，也就是說，雙方都知道各自有哪些權利，以及權利的金錢價值，就可以計算雙方會產生哪些成本，透過協商來解決爭議、達到最適解。至少，在沒有交易成本的世界裡，可以像這樣，產生具有效率的結果。然而，寇斯本人強調，在現實世界裡，交易成本無所不在，這就是**剛開始**以法律手段來分配財產權真的非常重要的原因。是的，如我們所見，地主不只會為了保障自身利益而與債權人討價還價，還會請律師將他們的利益納入法律，讓比賽規則對他們比較有利。

這就帶出一個問題，財產權和其他法律權益（例如，信託相關權益），一開始是怎麼來的呢？財產權並非賦予的權利，而是「既得權利」，亞當．斯密認為，「財產與公民政府唇齒相依。最初，財產權表現在人們維護財產以及不公平的占有情形，而財產的狀態，必然隨政府型態不斷改變」。[77]但是，依照法律建立正式的所有權，或認可某些主張為正式財產權，只不過是開端。一般認為，個人財產權賦予財產所有人任意使用、控制、轉讓資產的權利，並將他人排除在外，但這些權利經常會和其他人可能主張的同等合法權利發生衝突。沒有絕對財產權的界線永遠不會改變。就連布萊克史東爵士（William Blackstone）都認同這點。他說，財產是「所有英國人與生俱來的絕對權利……包括自由使用、享受、處置一切獲得物，而不受控制，亦不減損，**唯需遵守當地法律**」。[78]換言之，財產權受限於一般法律，因此其確切界線，必然會不斷在爭論中有所進退。[79]

總之，財產權和類似的法律權益，在政府、權力、法律之間的縫隙演變。當國家認可或拒絕某項資產享有受法律保障的財產權，政府通常是在扮演有權力的一方。賦予資產法律權益，而拒絕其他的類似資產，剝奪某些資產的特定保障，並將保障轉移到其他資產上，這些作為會製造或摧毀財富。話雖如此，假如國家只是建立財產權，而沒有其他作為，那麼累積出來的財富，大都不會長久，原因在於起伏循環的經濟和日新月異的科技。這麼一來，世界會公平得多，可是也很容易大起大落。第一個認識到變動會產生成本的人，通常都是資產持有者。他們取得優先權以後，必定會想提高保障，讓財富可以長長久久。所以，他們不只需要優先權，還需要耐久性，這兩樣特質，都必須要能普世適用。這不是私部門自己就能辦到的事，他們需要強而有力的政府和國家法律。

3 複製法人

公司如何編碼為企業資本

市場經濟圍繞著契約和財產權發展。但資本仰賴的，不只有可執行的契約，或可對全世界執行的明確財產權，還得具備耐久性，因此商業組織成為資產防禦手段，留住過去賺取的利潤，確保僅公司的直接債權人，可對資產池提出索賠請求。前一章談到，信託法如何在過去數百年成為資產的法律屏障，讓委託人本身以及受託人的債主都不能處分資產。公司法也可以達到相同目的，甚至給予更多保障。公司法還可以用在部分資產，以及整合經濟體的某個部分，方式為降低資訊成本，進而降低債務融通的成本，並盡可能減少稅務支出，甚至法規成本。事實上，愈來愈多人透過這種方式，利用公司法，將財務收益最大化。成立公司的主要目的，已經不是為了生產物品、提供服務，公司法反而成為虛擬的資本工廠。這在金融服務產業尤其明顯，但類似的做法，也已經在「實體經濟」的公司間蔚為主流。

一如大家所說，公司的確是為資本主義而生的重要發明，但是，我接下來會在這章談到，理由不見得統統正當。在經濟學家眼裡，公司是法律上的謬誤想像，隱藏在其公司背後的是「契約連鎖」（nexus of contracts）。①法律學者則抱持不同觀點，認為光是私人契約，不足以形成公司最重要的特色：防止股東及其個人債權人取得公司資產的能力。②儘管如此，大部分的律師和經濟學家一樣，認同公司可以提高稀有資源的使用效率，方式包括鼓勵承擔風險、擴大投資人基礎並動員募資、為公司發行的股票和債券創造有利市場深度和流動性的條件。因此，律師認為，這些資產的市場可以促進資訊的共享、監督，並將資金由效率較差的公司，重新部署至效率較高的公司。

我將在這一章，針對公司形式的運用，提出不一樣的觀點。我會說明，成立公司不只可以在商品和服務的生產上，將風險和報酬做最佳分配，公司還能變成一種創造資本的手段，因為公司可以分割資產，可以用環環相扣的公司名目掩飾資產，實現低成本債務融通，還可以參與租稅套利和法規套利。將組成公司的公司法，和資產創造功能分開，並非容易的事，而且功能經常會轉化成其他形式，但是，如果我們忽視公司法的資本創造能力，就很有可能會在這個股東價值最大化的時代，與私人財富的重要來源失之交臂。

為了說明，我將對雷曼兄弟事件進行「制度剖析」。③雷曼兄弟倒閉，使全球金融市場揮之不去的隱憂，演變成心臟病末期。但我們可以利用這個好機會，詳細分析雷曼兄弟的法律架構，從而了解這間公司的崛起、以倒閉告終，為何有可能與法律架構有關。

雷曼兄弟的命運

再也沒有其他名字，能比雷曼兄弟，更能讓人聯想到金融風暴。他們在二〇〇八年九月十五日申請破產，那一天，一年多來隱約浮現的金融危機正式展開——金融體系心臟病發、市場交易凍結，資產價格也隨之崩盤。來自德國巴伐利亞小鎮的三名移民，在一八五〇年成立了雷曼兄弟，雷曼兄弟宣告破產，他們的事業一夕之間宣告終結。④那個時候，他們在阿拉巴馬州的蒙哥馬利開了一間小公司，發展零售事業，以棉花為主要商品。這是一個以奴役勞工為主要獲利方式的經濟體系，而棉花生產正是經濟核心。除了身為奴隸主的棉花業者因此致富之外，從事棉花交易的人、放貸給棉花生產者的人、發行選擇權和期貨等避險工具的人，也都賺了不少錢。⑤

雷曼兄弟的大哥亨利．雷曼（Henry Lehman），一八五五年的時候到紐奧良旅行，罹患黃熱病而離世，他的弟弟們將公司經營得很成功，後來還把公司搬到紐約。他們在紐約加入其他棉花交易商，一起成立紐約棉花交易所（New York Cotton Exchange），這是將棉花生產金融化的重要過程。後來，雷曼公司開始涉足咖啡和石油交易，證明棉花和其他商品的交易具有吸引力，而雷曼兄弟有意擴大生意範圍。到一八八七年，雷曼兄弟的觸角甚至伸到紐約證券交易所。證券和商品交易，以及其他私人銀行活動，成為雷曼兄弟的核心業務。

隨著雷曼兄弟進化到第二代，他們轉型成一間投資銀行，幫其他公司在金融市場銷售股票和債券，同時也提供其他顧客服務。許多早期的承銷業務都是和高盛集團合作，而高盛集團的創辦人馬庫斯・高德曼（Marcus Goldman）同樣來自巴伐利亞。雷曼兄弟和高盛成立合資公司，由雷曼兄弟提供資金、高盛提供客戶名單。他們聯手幫許多客戶上市，在美國成為家喻戶曉的公司，包括西爾斯百貨、伍爾沃斯（Woolworth）、五月百貨（May Department Stores）、皮巴第公司（Peabody & Co.）。

經濟大蕭條和第二次世界大戰，使時局動盪不安，商業活動發展也因此減緩，但雷曼兄弟可說安然度過一切，到了一九五〇年代，商業活動再度興盛，雷曼兄弟依舊是美國數一數二的投資銀行。一九六〇年代初期，公司裡的最後一代雷曼家族成員選擇退出。雷曼兄弟沿用原本的名字繼續經營。後來，因為經營權之爭和投資銀行的激烈競爭，開始發展停滯。一九八三年，合夥人將公司賣給美國運通公司，這段期間雷曼兄弟短暫失去自治權，也失去法律上的合夥身分：雷曼成為法人組織，是一間由美國運通公司完全擁有的子公司。不過，一九九四年，兩間公司又分家了。雷曼的部分公開上市，將公司控制權交給股東，股東可以公開交易股份，有責任選出公司董事，並間接指派公司的管理人員。雷曼公司的法律架構經過兩次大改造，但一直使用相同的名字，始終以金融資產的交易和承銷做為公司的主要業務。

公司的形式在生命上沒有時間限制，而且組成這樣的架構以後，可以視需要，透過股票或債券，從大眾投資者募集資金。但雷曼兄弟以公司的身分存在，時間卻計算得出來。從一八五〇年到一九八三年，這間公司有一百三十多年的時間，歷經了非常脆弱的合夥階段，當時正值美國從農業社會轉變成首屈一指的工業國家，還發生了美國內戰、兩次世界大戰、多次重大金融危機，以及好幾次美國或全球貨幣體系變革。事實上雷曼兄弟的一生，經歷了全球貨幣體系從金本位制，轉換到布列敦森林體系，又從布列敦森林體系轉換到法定貨幣制；從嚴格管控的金融部門，到影子銀行在世界各地興起。雷曼兄弟成立為公司以後，這種可以永垂不朽的法律實體，只為雷曼兄弟增加了十四年的生命。

諷刺的是，東拼西湊得來的公司形式，就是導致雷曼兄弟垮臺的原因。後期，雷曼兄弟成為控股公司，旗下有兩百零九間子公司，分散在全世界二十六個司法管轄區：⑥光是美國德拉瓦州就有六十間，其他有三十八間設在英國，三十二間設在開曼群島，另外有十一間設在澳洲，九間設在香港和日本。⑦這些還不包括，成千上百間以信託或有限責任公司成立的特殊目的機構（Special-Purpose Vehicle）。母公司的法律王國往四方蔓延，正當巔峰之際，儘管雷曼兄弟成立公司，在法律上將子公司和母公司隔開，多數雷曼兄弟的子公司還是破產了。在法律的屏障下，子公司被綁在一起，形成一張由債務織成的網——母公司雷曼兄弟控股公司（Lehman

Brothers Holdings Inc.）持有子公司的股份，槓桿乘數非常高，又用這些股份做為擔保品。而子公司賺得的利潤，大部分都會轉回母公司，債權人能請求的資產少之又少。雷曼兄弟控股公司破產，發生經濟死亡（economic death），價值來到高點的擔保品也不存在了，結果子公司無法重新融通債務，像骨牌一樣紛紛倒下。雷曼兄弟的子公司接二連三出狀況，跟前一章提到的一八七〇年代英國經濟蕭條一樣，發生連鎖反應。一八七〇年代那一次，大災難是一步一步緩慢發生，而這一次，速度之快令人措手不及，反映出此時運用的債務工具，耐久性弱了許多。不過，資產（從前是土地，現在則是資本）的起落，邏輯卻一模一樣：法律架構中，累積債務超出可以承擔的範圍，在經濟環境不佳時，大家發現這一點，整個架構就垮了。

法人家族

成立公司意思就是創造一個實體、一個新的人。古時候羅馬人就有公司了，但目的在為公眾服務，而非經營私人事業。十二世紀的教律學者，將教堂視為公司，包括教宗在內的教士，都因此擁有某些法律權力，除此之外，教堂和修道院也擁有獨立於世俗權力之外的法律權力。國王依照類似的脈絡將特權賦予市鎮，使其具有法律上的人格，以及管理自身事務的權利。⑧現代商業公司擁有相似的權力：公司具有法人身分，因此可以擁有自己的資產，可以簽訂合約，可以提出告訴，也有可能被告。少了人類，教會、城市、公司都不能有所作為，但人類只是代理而已，法人才是主體。

對多數不是律師的人來說，分析世界上的商業行為，就是去分析公司行號——一種只為少數利益而設立的法律形式，或是更慘，一種將注意力從經濟實質轉移開來的事物。世世代代的經濟學家，都傾向於戳穿「法律上的謬誤想像」，認為這是投資人、經理人、員工、供應商和客戶，透過契約組織成的網絡。⑨但是這樣會看不清公司的本質：董事沒有和供應商、員工或客戶簽訂契約，簽訂契約的是公司；股東不持有公司資產，只持有股份；股東不能插手公司管理，但有責任將管理工作指派給他們選出的代表。要說契約連鎖存在，簽訂契約的是法人，不是公司股東。將此視為謬誤想像的關鍵，等於否定了設立公司這種法律手段的精妙之處——而公司，是為資本編碼的主要法律模組。

在單一法律架構下經營的公司，形式和功能的區別可能並不明顯。但是，愈來愈多人用公司來分割資產，將資產投入特定的資產池（包括與公司營運劃分開來的特定權利的應收款項），因此，一間公司可能包含數十種、甚至數百種法律上的外殼。成立單獨一間公司，並非沒有成本，但在多數法律體系中，進入成本已經減到不足為道的程度。文書作業的時間削減了，雖然可能要支付登記費或特許權利稅，但其他進入條件，例如最低資本適足或股東注資全額支付，已經被多數法律體系丟進了歷史的垃圾桶。

不管公司是不是真的或打算在成立地點做生意，假如公司遵守成立地點的規定，現在大部分的國家都認可公司的所有權力。簡單來說，公司法是大家都能使用的工具。但實際上，卻不見得總是如此。以前，如果公司的總部設在某個國家，或核心業務要在某個國家進行，許多國家都會要求公司採用該國的公司法。我們能夠從「真實所在地主義」（real seat theory）這個名稱望文生義。隨著資本自由流動變成政策制訂者的優先考量，所在地主義逐漸受到排擠，主權國家想要實施本地法規，會再次形成進入障礙。⑩在這些條件的影響下，當法規對公司設立形成太高的障礙，甚至與股東利益不一致，國家很難繼續實施。

雷曼兄弟和其他金融中介公司，在公司法的幫助下，將資產的法律分割變成一種藝術，成為一條龍式的全球金融服務供應商，但公司的營運、責任、利潤中心，則是劃分給數百個法律實體。⑪身為母公司，雷曼兄弟控股公司的資產，幾乎都是子公司的股份，所得則是來自股利，以及子公司轉讓給母公司的財產。

子公司幾乎無法以合理價格自行募集需要的資金。子公司需要舉債融通（向外部股東發行股份會稀釋母公司的控制權），所以為了用合理成本獲取所需要的資金量，子公司的債務大都會有母公司出面擔保。實際上，母公司是把股東享有的特權讓出去，也就是有限責任。在有限責任制度下，股東支付給公司的部分僅限於股價，不必把錢投入無底洞。母公司為了擔保，會對子公司的債務負責（其依據並非法律規定，而是契約）。但母公司雷曼控股公司的股東，在有限責任的形式下保有「所有權人屏障」，所以母公司的債務，或不斷擴張的子公司王國的債務，都不會影響到母公司的股東。沒錯，為了榨取報酬而將債務融通槓桿開到最大，主要的受益人就是這些股東。他們的損失只會有一開始的投資，只要整個集團的收益是正的，他們就能要求派發股利，或把股票賣掉賺取利潤。

簡單來說，雷曼兄弟的法律架構就像一個家庭，他們變賣家產來讓小孩上大學，給每個孩子一張信用卡，從父母的帳戶扣錢，之後再用小孩寄回家的錢來補。除非小孩裡面，至少有人是超級明星，否則這種做法很難產生好結果。成立公司能避開架構中的某些風險，所以母公司可以長存於世，降低提早滅亡的可能性，將整個架構翻轉過來。此外，這麼做可以將子公司的資產、債務，與其他子公司的資產、債務隔開，如果子公司倒閉，其他子公司也不會受到影響。最後，當新的機會出現，或有夭折的子公司要取代，母公司的繁衍能力沒有上限。

羅馬人沒有把公司的形式用在私人生意上，但他們發展出一種法律架構，在幾個重要方面，和商業公司非常類似，這種架構叫做「奴隸經營的公司」。[12]意思是，有兩名合夥人做生意，讓一名奴隸來經營，而他們是這名奴隸的共同主人。他們會分配並把某些資產集中在一起，表示這是做生意的**特有產**（peculium），合夥人生意損失造成的債務，只能從這些資產扣除。公司債權人不能對合夥人的個人資產提出索賠請求，相反地，合夥人的個人債權人也不能對「特有產」提出索賠請求。就算合夥人或經營公司的奴隸換人了，都不會影響公司的運作。

因此，奴隸經營的公司符合幾項現代商業公司的關鍵特徵。最重要的一點，是奴隸經營的公司利用資產分割和防禦措施，限定債權人只能對與其締約的一方請求資產，無法取得受法律防禦措施保障的資產。

現代商業公司密碼

現代商業公司誕生的時候，不具法律防禦措施、有限責任，或讓公司掌握優先權、普遍性、耐久性等法律屬性的其他特質。[13]隨著時間演變，歷經多次法律之爭，才獲得這些法律屬性。十九世紀，西歐和北美大部分的法律體系，都不需要政府許可就能成立法人。公司法還要再發展一百年，公司的創辦人才有各式各樣的選擇，法律學者說，這是「授權的」公司法，幾乎具有契約的特質——這裡說的，就是美國小州德拉瓦的公司法。[14]美國上市公司多半設在德拉瓦州，當地也變成了樞紐，吸引許多追求有利公司法（可解讀為對經理人友善）的外商機構。[15]

不過，並非所有公司特質都能透過契約來形塑。法人人格讓公司有權擁有資產，可以簽訂契約、提告或挨告，而法人人格只能由國家賦予公司。現代人成立新公司不必再取得政府許可，但還是要註冊，並遵守公司法的基本規範，從這種法律形式中獲得好處。在現代商業公司的各種特色中，可以說有三點是公司模式會成功的原因，而且這三點都不能單獨從契約中獲得：資產防禦、損失轉嫁、永續存在的可能性。

資產防禦措施能讓債權人對個別資產池擁有優先權，每個資產池有各自的債權人，債權人可以監督特定資產池，但不能動到其他部分。⑯損失轉嫁，讓資產所有人可以將做生意的風險轉嫁給其他人，達到控制己方損失的目的：轉嫁給與公司締結合約的債權人、公司侵權行為衍生的債權人，或是在政府擔心公司倒閉會拖垮整個經濟，而為公司紓困，將風險轉嫁給一般大眾。這類「賣權」在金融公司裡是常見做法，但在非金融公司中也並非聞所未聞。二〇〇八年美國發生金融危機時，為大型汽車製造公司紓困的做法，就是一個例子。⑰最後，永續存在延長了公司的生命週期，進而提高耐久性。公司和其他商業行號一樣，不是不會倒，但要經過破產程序，由債權人來終結公司的生命，或由股東自願解散公司。在以下章節，我們要逐一檢視這些特徵，認識雷曼兄弟如何利用這些特徵，讓母公司的股東占據優勢，卻罔顧了公司本身因此面臨風險，踏上提早死亡之路。

資產防禦措施

我們不難了解，資產持有者會想保護資產，不讓債權人取走資產。隱藏資產是非法行為，在債權人追上債務人的時候脫產也不合法。但事先採取資產防禦措施是合法的。其實，這就是資本密碼當中最強大的法律工具。羅馬人用特有產來分割資產，英國地主用信託，和類似信託的嚴格家族財產協議，防止債權人取走家族財富，而在文藝復興時期的北義大利，佛羅倫斯成為合夥制度的孕育之地，供國內外的合夥事業設立不同的資產池、債務池——這些事業由次要合夥人經營，並透過合夥協議，連結合夥事業與母公司。⑱現代的股東也依循類似脈絡，用公司的形式，創造不同的資產池來舉債融通，或將資產池設在法規或租稅套利上對他們比較有利的司法管轄區。

資產防禦並不是與生俱來的債權人對抗手段。公司負責人的個人債主，是有可能拿不到錢的，但借錢給公司的債權人具有優勢，因為債權人對公司資產有優先權。他們或許要和公司的其他債權人共享優勢，但資產防禦措施可以把公司負責人的個人債主擋在外面。如果成立的是合夥公司，在請求公司的資產之前，這些個人債主通常會先對負責人的個人資產求償，若是合夥人的資產不足，他們就有可能轉向公司的資產。但以股份公司的形式設立公司，這些債權人會被排除在公司的資產請求對象之外。他們只能拿走債務人在公司中的股份。如果他們想將股份轉換成現金，必須找到願意買下股份的人，或說服其他股東清算公司，先償付公司債務，再為自己請求剩餘資產。

分割和保護資產的新編碼策略，經常會加速信用擴張，提高資產持有者的收益。我們沒有可靠的資料，證明羅馬時代的奴隸經營模式是否帶來影響，但檢視佛羅倫斯的稅收資料可以看出，一三八〇年左右出現的合夥制度（sistema di aziende），導致信貸迅速大幅擴張。「產品旋風、匯票、信貸循環」以前所未見的規模產生金融流動性。⑲要了解箇中原因，就要分別考慮，有無資產防禦措施，將如何影響公司債權人和負責人的命運。

一名公司負責人可能會在同一間公司裡，經營不同的業務線：紡織品生產、紡織品交易、金錢貸款。其中一條業務線生意失敗，很容易就會蔓延到其他領域，甚至整個企業。因此債權人必須監督所有事業，也要緊緊盯著負責人（可能不只一名）。要是每一條業務線、每個部門、每個營業處，可以分別放在不同的法律屏障後面，那麼債權人就可以只管他們選擇投入的事業。因此，不同的事業成立不同的法人，可以為債權人提供最佳保障。債權人或許無法輕易拿到其他資產，但在沒有出錯的情況下，他們可以省下一大筆交易成本。⑳

關於資產防禦的力量，最明顯的例子就是從一四三四年到一五三〇年代，縱橫佛羅倫斯將近一世紀的梅迪奇家族（Medici）所採行的合夥體系。㉑梅迪奇家族事業包括紡織品製造、銀行事業和貿易，經營範圍遍及歐洲各地，遠至羅馬、安特衛普、倫敦、布魯日、巴黎都有梅迪奇家族的蹤跡。每一條業務線和當地生意都是單獨的合夥事業，有自己的帳本和會計帳。佛羅倫斯的主要合夥人會和管理事業的次要合夥人分別簽訂合約（常以五年為一期，到期可重簽）；㉒主要合夥人占據的資本比例，高達次要合夥人資本的五成或更多，牢牢掌控這些事業。當地次要合夥人扣除本身應得的份額以後，必須將利潤上繳給佛羅倫斯的大家長，至少每年結算一次帳目，並將帳本交給佛羅倫斯稽核。

這種合夥協議在本質上只能約束合夥人，但是，如下面的例子所述，至少有一些法院會去執行契約上針對外人設置的資產防禦規定。一四五三年，梅迪奇王國的倫敦紡織事業有一名買主，對布魯日的合夥人提出違約告訴。這名買主或許是相信，布魯日的合夥事業資產比較多，或是基於其他理由，認為在布魯日法院提告比較容易，他的主張是，梅迪奇事業王國實際上是「一間公司，老闆是同一人」。㉓法院駁回這項論點，認為這名商人是與倫敦的次要合夥人簽訂合約，由倫敦的次要合夥人首先負擔他的損失。㉔「首先」並非絕對的屏障，因此梅迪奇家族的合夥體系，只能說是疲弱的資產防禦措施。㉕

原告當然會對判決感到失望。梅迪奇事業王國採合夥制，還不是完全發展成形的商業股份公司（當時甚至沒有這種體制），再加上發揮資產防禦作用的因素，從本質上來看，只是合夥人之間簽訂的契約，原告會這麼想，確實有道理。他一定是認為梅迪奇家族名聲響亮，沒有想到，法律架構可以保障佛羅倫斯的主要合夥人，讓他們不會受到倫敦、布魯日和其他地方的次要合夥人的作為所影響。不過，布魯日合夥事業的債權人一定很高興。對他們來說，合夥體系及其資產防禦效力得到法律的證實。

雖然雷曼集團的法律架構，資產防禦作用大於梅迪奇王國，架構上也比較複雜，但兩者的相似度卻很高。而且就跟梅迪奇家族當時一樣，以大量法律防禦措施進行資產分割，也大幅助長了信貸擴張。可是劃分公司資產有個壞處：梅迪奇家族事業的次要合夥人，或雷曼兄弟的子公司，手上可能沒有足夠的資產。資產分割的做法有雙重效果，既能隔開分支機構的資產，也讓債權人不能伸向其他事業單位，包括主要合夥機構或母公司。所以聰明的債權人會要求主要合夥人或母公司提供個人擔保，這是一石二鳥之計，只要監督借錢的事業單位就好，還能向母公司求償、要求取得母公司的資產，包括母公司在整個事業體系裡的所有權持分。假如子公司倒閉了，他們還是可以決定要不要拿出終極武器，讓母公司或其他子公司全部倒閉。

但如果是母公司倒閉呢？那就沒戲唱了，這時大家就會想，用法律分割資產並不會讓公司的整體資產增加，就算這麼做能讓債權人誤以為母公司會代為償債，騙債權人多借一點錢也一樣。假如母公司名下只有子公司的資產，資產增加只是一場空想。基本上，經濟上完全整合的商業機構，其資產經過法律分割，只不過是讓債權人感覺好像比較有保障，其實這樣公司的整體債務更不透明，債權人和母公司都更難監督子公司的財務狀況。

損失轉嫁

資產價值增加的時候，資產持有者會得到好處，但資產持有者也會感受到資產價值下跌的強烈衝擊——如英國地主在一八七〇年代，以及許多屋主在二〇〇七年房地產泡沫化時學到的教訓。㉖市場衰退或前景看好的商業機會結果不如預期，創業家有可能會失去所有傳家寶，甚至賠上一切。把賭注押在未知的未來上是冒險的事。所以，經濟衰退自然有其把關作用，可以檢查公司長期維持和累積財富的能力。但是公司負責人找到方法，既能享受經濟成長的好處，又能將經濟衰退的壞處轉嫁給別人，也就是與公司存在契約關係的債權人，包括員工、侵權行為造成的債權人，以及社會大眾。

如先前所述，在羅馬時代，業主想出一個點子，將生意用特有產的方式移轉給奴隸，藉此限制某些事業遭到求償。㉗股東也在相同的動機下限定責任範圍。股東可能會損失一開始的投資，也就是他們購入股份的錢，但他們不需要替公司償債。他們可以用清算程序結束公司，並且展開新的事業。沒錯，假如公司遭到清算，股東排在最後一位，只能拿取剩下來的資產。但是股東並非兩手空空，畢竟他們可以獲得公司在存續期間賺取的利潤，不太需要留意這麼做對公司的債權人會有什麼影響，甚至也不必考慮公司的長期存續，只要能及早脫身就好。

股東有限責任是一種技術上的說法，意思是所有人不必承擔公司的債務。晚近的公司法裡都有這個標準規定，因為設想周到的立法機關擔心，野心勃勃的創業家會成立空殼公司，說服債權人貸款給公司，然後拿了錢就跑掉。事實證明他們的擔憂並非全無道理。十九世紀，各國的法律體系紛紛制訂可以自由成立公司的法令，人民不必事先取得核准就能成立公司。這些法令實施以後，可以說，必定導致新公司大幅增加，並以垮臺告終。㉘為了因應，有些立法機關試著撤回法令，但精靈一旦從瓶子放出來，就不太可能再關回去了。

公司法是否一定要納入有限責任，在英國反反覆覆，就是一個很好的例子。英國曾經阻止設立公司，卻不見成效，出現了各式各樣的稱為公司卻名不符實的商業機構，於是便在一八四四年，開放自由設立公司——當時，人們運用信託，將合夥法擴大到極限，遊說政府特許包含有限責任的產業，還與公司債權人簽訂合約，確保債權人不會對業主求償。這些突變的形式，或許還不能說是簡單的有限公司，但長久以來，一步步給了業主他們想要的法律保障。㉙

一八四四年，《股份公司法》（Joint Stock Companies Act）允許人們成立公司，不必事先取得政府許可，但法條內並未包含股東有限責任的特徵。股東有限責任在一八五五年《股份公司法》修訂時才納入，但股東濫用這項權利，所以存在時間很短。由於爆發一連串眾所矚目的醜聞，國會短短兩年就改弦更張，消滅這項法律特色。但更改做法的時間同樣不長。一八六二年，再度納入有限責任的概念，從此沒有再更改過。

在美國這邊，各州制訂的公司設立法，大部分都以有限責任為核心特色。最早採納的是一八一一年的紐約，加州則是直到一九三一年才納入。㉚顯示即使是工業化過程的必要投資，也有可能不具股東有限責任的特質。但過沒多久，有限責任便成為全球法規的標準特色，表示這個創新概念背後有強大的利益存在。

回到雷曼兄弟的案例。可以看出，雷曼有限公司的股東擴大運用這種損失轉嫁機制。雷曼兄弟有限公司為子公司的債務擔保，但母公司的股東保有「所有權人屏障」，與子公司債務脫鉤。母公司利用子公司的債權人牟利，母公司的股東從中享盡好處。只要有足夠的子公司帶來利潤，並按照內部協議，將利潤繳給雷曼兄弟有限公司，母公司的股東就能透過股利發放、股票變賣，或是透過庫藏股計畫將股份賣回公司，來實現盈利。

事實上，房市開始下跌、金融市場顯現壓力徵兆很久了，雷曼兄弟有限公司的股東還是拿到上百萬美元的股利。二〇〇六年房市開始下跌、二〇〇七年金融市場開始衰退，雷曼兄弟並非唯一一間將現金準備發放給股東的公司。勉強來說，雷曼兄弟跟其他公司相比還算發得少，以公司身分存續的兩個會計年度，雷曼兄弟「僅」發出六億三千一百萬美元的股利。同時期，花旗集團發放近一百六十億美元，緊追在後的J・P・摩根和富國銀行分別發放一百一十億美元和一百億美元。[31]雷曼兄弟（及其競爭對手）的做法導致資產緩衝減少，所以當資產價值縮水、子公司開始倒債時，母公司的損失吸納能力也跟著下降。最後，逼得政府必須決定，是否要讓雷曼兄弟倒閉，而且，雷曼兄弟倒閉後，整個經濟體系陷入失控危機，政府再度面臨抉擇，必須決定是否成為其他中介機構的防護網，防止美國和全球金融體系大崩盤。[32]

大部分公司法都對發放股利有所限制，目的在保護公司的資產基礎，並間接保護債權人，但限制愈來愈少。例如有人就說，德拉瓦的股利發放法規「投機取巧」。確實如此，德拉瓦的法律規定，股利不一定要從今年的利潤發放，如果今年沒有獲利，也可以從去年的利潤提撥。如此一來，公司管理階層就能順利發放股利，滿足股東的期待。只不過，這些規則也鼓勵大家，即使這麼做對長期經營不利，也要將公司的收益撥給股東。

到了二〇〇八年，許多雷曼兄弟的股東，當然都對大勢已去心知肚明。二〇〇八年一月，雷曼兄弟股價每股六十五美元，二〇〇八年九月，雷曼兄弟即將申請破產之際，股價大跌到每股四塊出頭，正是股民態度轉變的證據。㉝沒錯，後期加入戰局的股民，不是死到臨頭了還渾然不覺，就是在賭，政府會針對帳列損失進行紓困，但是有很多人，包括公司管理高層，早在公司垮臺之前，就把利潤換成現金了。雷曼兄弟的管理高層大都在公司下了重本，一部分是因為公司會配給他們股票選擇權，另外一部分則是因為他們的薪資相當可觀，累積了很多現金儲蓄，所以他們會用儲蓄購買公司的股票，將這筆錢再次投入公司。據估計，雷曼兄弟執行長理察．傅德（Richard Fuld），在一九九三年到二〇〇七年的任職期間，獲得五億美元的薪水和股票選擇權。㉞他可能沒有辦法及時將股份統統換成現金，即便如此，公司在他的管理下倒閉，他卻仍然能夠帶著可觀的財富走人。

所以雷曼兄弟垮臺的真正輸家，不是股東，而是債權人，他們比其他人損失得還要多一些。雷曼兄弟有限公司債權人每借出一美元，平均回收二十一美分，但實際上每個債權人拿回的金錢數額差異很大。㉟雷曼兄弟衍生性金融商品交易對象幾乎沒有任何損失，原因在於，破產成為避風港，讓他們可以排在其他債權人前面，先取走索賠款項。優先無擔保債權人拿回的資產，卻遠遠不及索賠款項的兩成。這證明了，若虧損發生，尤其是破產，優先權非常重要。

那債權人為什麼會合作，願意把錢借給雷曼兄弟及其為數眾多的子公司？要看透雷曼兄弟的組織，發現在成千上百個法律外殼之下，最大的贏家就是母公司的股東，並非一件難事。股東能取走公司利潤，而且有限責任成功保障他們不必負擔任何損失，他們損失的只會是一開始投入的資金。債權人會跳進去的原因，當然和股東一樣，為了賺錢。他們可能是受投資高風險資產的高收益所吸引。或是相信，只要操作遞延速度愈來愈快的短期貸款，就能及時抽身。或者是，指望母公司有傑出的理財能力。即使知道雷曼兄弟的資產，和高度槓桿化的子公司的命運，兩者之間密不可分，他們還是相信，子公司那麼多，母公司一定會欣欣向榮。

大家都知道，在沒有國民年金制度的貧窮國家，家庭傾向於生很多小孩，來確保存活下來的孩子人數夠多，能在父母年邁時照顧父母。借錢給雷曼兄弟子公司的人可能抱持類似的想法，相信有些子公司會繳回足夠的利潤，確保母公司至少能夠履行母公司向他們擔保的債務。儘管如此，少數債權人還是發現，必須採取更多保護措施，與子公司簽訂合約時納入條款，禁止子公司將利潤統統繳回母公司。[36]假如所有債權人都這樣做，雷曼家族的投機事業就不會一飛衝天了。

最後，也是很重要的一點，有些債權人可能賭政府不會讓雷曼兄弟倒閉。幾乎沒有政府敢讓大型銀行或高度依存的金融中介機構倒閉，除非外界迫使政府這麼做，譬如政府在存亡之際的求助對象國際貨幣基金（International Monetary Fund，以下簡稱ＩＭＦ）。舉個例子，一九九八年，避險基金「長期資本管理公司」（Long-Term Capital Management，以出了好幾位榮獲諾貝爾獎的創辦人和經理人自豪）破產，美國聯準會就為了他們進行紓困。二〇〇八年三月，貝爾斯登公司（Bear Stearns）被迫嫁給摩根大通（JP Morgan Chase），紐約聯邦準備銀行則是給了一筆可觀的嫁妝。聯準會將三百億美元當做結婚禮物，借給摩根大通合併貝爾斯登，並且承諾，倘若貝爾斯登本身資產不足，摩根大通便不必償還這筆借款。[37]

在雷曼兄弟的例子中，人們心中盤算，聯準會總是會在一旁待命，在大型金融中介機構失能的時候，以最後的王牌之姿相助。雷曼兄弟倒閉之後，差點讓全球金融市場停滯，此時各國政府才出手相救。[38]在美國，投資銀行可以轉型為控股銀行，使用聯準會的貼現窗口，提高現金流動率。二〇〇八年十月，包括美國在內的主要市場經濟體的政府，將數十億美元的新資本挹注給超大型銀行，也就是那些「大到不能倒」、「牽涉廣到不能倒」的銀行。

未來的投資人、股東、債權人從中學到的一課，或許是，分散投資各式各樣的風險事業，是件重要的事。但到頭來，能讓政府進行紓困的理由只有，假如這間公司倒閉，整個體系都會因此垮掉。換言之，他們需要創造超大的「賣權」（不救我試試看……），讓政府無法拒絕。

不死之身

法人可以長命百歲，但並非絕對如此。股份有限公司要長久經營，資產和負債必須取得平衡。股東可以解散公司，但是至少要有過半人數投票贊成清算法人。至於合夥公司，只要其中一名合夥人死亡或退出，單純的合夥關係就結束了。想要延續合夥公司的生命，必須在合夥人離開或死亡的時候更新合夥關係，或是簽訂合夥契約撤換合夥人。㊴少了這些延續生命的法律手段，雷曼兄弟最初在一八五〇年建立的合夥關係，就無法在亨利・雷曼英年早逝、由其他家族成員接掌後繼續存在。很有可能會在一九六五年，最後一名雷曼家族成員離開時解散。

上述法律手段固然有用，卻與長命百歲的訴求相差甚遠。除非所有合夥人都配合，而且公司擁有資源，能付錢讓合夥人退休或用其他理由退出公司，這些手段才有作用。因此，與股份公司相比，合夥是比較無法長久的商業型態。但從好處來看，正因為合夥人將個人資產投入其中，他們會比股份公司的經理人來得更加謹慎，股份有限公司的經理人投入的是別人的錢。一九八〇年代和一九九〇年代，投資銀行的財務槓桿大增，與合夥制轉變成股份公司幾乎同時發生，並非只是巧合。

法人人格是股份公司長命百歲的基礎，但另外一項重要的法律發明——股東鎖定（shareholder lock-in）——能大幅提高股份公司的存續機率。股東鎖定能防止股東撤走最初投入公司的資金。[40]因此，股東鎖定是有效防止股東個人債主取走公司資產的大前提。這項措施發明於一六一二年，當時荷蘭政府（荷蘭國會）變更荷蘭東印度公司的特許狀，用這個方法，禁止股東將先前挹注的創立資金在十年到期時撤回。

十年期限已經和早先的商業模式很不一樣了，更早之前，一趟航程完成，生意就結束了。十六世紀，商人通常會在出航前集合資金（所以稱為合資公司、股份公司），商船回來後會把掠奪物分給大家，之後公司就關門了。商人當然可以設立新的冒險事業，重新來過一次，但早期合資公司的意義在於集中資源、分散風險，而非打造耐久的資產池，為合資者長期製造財富。

但荷蘭東印度公司的野心遠大於單趟航程，這是商人和政府（荷蘭國會）的合資企業，明眼人都看得出來它要做生意，但它也銜國王之命獨占前往東亞的貿易路線，必要時還可出動武力。為了達成這兩項互斥的目標，荷蘭東印度公司需要充足的資金，所以他們強迫股東投資十年。股東要贖回股份時，政治菁英擔心大量抽走資金會影響荷蘭東印度公司的生存，而當時，遠東地區有高利可圖的貿易路線雖然掌握在荷蘭手中，但葡萄牙日漸壯大、形成一股威脅。[41]特許狀變更，強迫股東將最初投入的資金永遠留在荷蘭東印度公司。「股東鎖定」的做法，形成可耐久資產池的基礎，可以不受時間限制，長久累積和創造財富，除非公司因不可控外力或管理不善（可能性較高）結束營業；荷蘭東印度公司最後就是因管理不善告終。

股東沒有抗拒這項法令，同時身為荷蘭政治菁英的股東，甚至還有可能支持法令。但即便是那些只想賺錢的投資人，也沒有太多抱怨，因為股東鎖定不表示股東完全被綁死。㊷事實上，在最初以十年為期的時候，荷蘭東印度公司股份的次級市場就已經很熱絡了，新加入的投資人不必擔心，資本基礎因為其他股東撤資而減少，所以能形成對長期獲利的期待。無限期鎖定的新做法，讓資本基礎更加穩固，促使荷蘭東印度公司的股份成為有流動性的市場。

股東鎖定後，荷蘭東印度公司的擴張速度更快了。他們派出更多船隻前往亞洲，可以募新資金和舉新債，長期投資基礎建設。拿荷蘭東印度公司和最大競爭對手英國東印度公司比較，他們在這段期間成果非常驚人。當時，荷蘭東印度公司開始全力擴張，為了籌措資金而大量舉債，而英國東印度公司派出去的船隻數量較少、航行次數較少，投資金額也比較少，長期計畫的投資金額更少。英國東印度公司必須精打細算，確保公司有足夠的現金可以付給股東，以防他們隨時撤回資金。㊸

採取資產防禦措施、將損失轉嫁給債權人、成立可永遠存在的公司，成為現代商業公司的根基，促使這些公司興起和成為全球霸主。股東從這些法律發明中獲益良多，他們受到保護，損失不會超過投入的金額，還能操作槓桿讓公司的短期獲利大幅提升；而且股東會主張分配這些獲利。

挑選法律

經濟學家一直試著解釋公司的所有權和財務結構。為公司籌措資金時，債務和權益之間的最佳關係為何？㊹兩間以上的公司什麼時候該併成一間，一間公司什麼時候該拆開，分成不同的事業？㊺這些都是很重要的問題，但卻忽略了，法律工程往往會介入商業組織。替股東盡量累積財富的，不只是卓越的經營管理和生產力、服務能力，還有適當的法律套利行為。㊻法律規定改變，公司可以選擇願意受管轄的公司法，套利方法就更多了。

既然公司是法律的產物，那麼創造這間公司的國家，他們的國內法律、立法機關或法院判決產生的法律變動，都應該要能限制這間公司。但實際上，法規競爭侵蝕了國家的權力，使其對公司的法律效力減弱。沒有國內法，公司就無法存在，但現在公司多半可以自由選擇各國的公司法，從而選擇適用稅率和法規成本。一八三九年，美國最高法院確立，公司得以獨立於創造公司的國家（在美國，不是聯邦，而是各州掌握公司法的管轄權）。這項規定很有先見之明，而且暗示了公司的生命可以延續到司法管轄範圍之外：

的確，在公司設立的主權地區之外，公司就不能以法律的形式存在。公司的存在，仰賴法律上的意圖、法律上的執行，當法律不再有效力，或不再具有強制力，公司便不再存續。公司必須存在於創設地點，不得遷移至其他主權地區。然而儘管公司僅能存活和存在於該國，但無論如何，其他地方並不會否定公司的存在，而且存在於某一國，並不否定該公司於其他國家簽訂契約的權力。[47]

公司可以移動的祕訣在於，其他國家要認可公司這個依據外國法律組織而成的產物。愈多國家這麼做，大部分公司偏好的法律，其所及範圍就愈大，公司能選擇的監管地區和稅區就愈多，就連管轄公司發行或管理資產的財產法，選擇也愈多。

這個挑選遊戲有個名字，稱為「排除衝突法則」（Conflict-of-Law Rules），或「國際私法」。每個國家都有一套這樣的規範，在司法管轄區不只一個的時候，決定應當遵循什麼法律。[48]排除衝突法則不只適用於公司法，也適用於所有涉及多重司法管轄區的法律關係。締約雙方可以存在於不同的國家，原告可能要大費周章到另外一個國家去，資產可以從一個司法管轄區移至另外一個司法管轄區，公司可以在某個司法管轄區成立，但在另外一個司法管轄區做生意。案子告上法院以後，法官必須參考排除衝突法則來決定，是否依照買家或賣家那邊的法律來管理雙方的合約，是否依照侵害行為發生地的法律賠償損失，還是依照損害造成後續影響的地方的法律來賠償，或是，依照外國法律設立的公司，該不該承認為享有地主國一切法律特權的公司，不論其是否曾在母國做過生意。

選擇公司法

不久之前，當公司法與公司法之間發生衝突時，有兩項排除衝突法則：設立地主義（incorporation theory）及所在地主義，有些國家遵循前者，有些國家遵循後者。設立地主義允許公司自行選擇母國，而不損及公司在其他國家的法人身分，只要公司遵循設立地的規範，而其他國家也願意認可公司的法人身分，就能成立公司。相反地，所在地主義注重公司總部所在地或主要事業經營地點的法律。公司必須依照司法管轄區的法律成立，才能成為該司法管轄區的法人。用一般人的公民權來類比，應該能幫助你了解其中的關鍵：根據設立地主義，每個人都能選擇自己屬於哪個地方，並不考慮她是否想在該國定居。此人可以帶著護照，暢行各個允許此人所屬國籍進入的國家。相較之下，根據所在地主義，此人必須選擇一個國家居住和取得國籍，否則就有可能被剝奪公民身分。若她要到另外一個國家經營事業，必須先取得一本新的護照。自然人的移動所遵循的原則，相當於「所在地主義」。自然人可以暫時取得簽證前往其他國家，但若想要長期居住，就要有新的護照或永久居留權。大部分的法人則是可以根據設立地主義，在世界各地暢行無阻。

英國長久以來採取設立地主義。而美國，根據《憲法》中的商業條款，則是一樣堅持採取設立地主義。設立地主義禁止國家歧視他國公司，即使公司成立時所依據的法律與地主國的法律相衝突，也不能加以歧視。㊾再舉一個例子，在歐盟，歐洲法院（European Court of Justice）徹底排除所在地主義，但之前丹麥和德國等國家，採取所在地主義，依照其他歐盟成員國的法律所設立的公司，除非依照地主國的法律重新設立公司，否則不能將總部遷往新的地主國。㊿歐洲法院認為，採取所在地主義，違背了歐盟條約奉為圭臬的資本與人員（包括法人）自由移動原則。51

歐洲法院的理由是很有說服力。不過實際上，在挑選公司法的時候，並不需要移動位置，只要將註冊文件寄到另一個地址就行了。在其他地方重新設立已經存在的公司略微複雜，但擅長跨國合併的律師，做的就是這些工作。除此之外，從雷曼家族不斷擴張的例子，可知公司本身經常利用機會，在許多不同的司法管轄區設置獨立的法人。如果他們行得通，那麼，將生命注入公司的那個國家的法律，應該也行得通。

雷曼兄弟的法律架構底下，有好幾百個子公司，分散在二十六個不同的司法管轄區，這個架構的可行性，取決於雷曼兄弟經營事業的司法管轄區，是不是大部分都接受設立地主義。雷曼兄弟的事業主要在紐約和倫敦，只有七個法人設在紐約州，但有三十八個法人設在英國。身為母公司的雷曼兄弟有限公司，則是設立於德拉瓦，與其他五十九個子公司的設立地點相同。

有些人會認為，假如集團底下普遍設有很多法人，表示不是妥善的公司法。據說，就是法律沒有好好幫助股東對抗經理人，才會讓管理階層產生動機，把公司打造成錯綜複雜的集團，不受股東的干擾。52但這些說法不能解釋雷曼兄弟的法律架構。德拉瓦州的法律一向非常支持投資人，雷曼兄弟卻選擇將六十間子公司設在那裡——不是因為雷曼兄弟非常喜歡德拉瓦州，或當地的法律，而是因為這樣可以防止子公司資產被其他子公司的債權人拿走。他們也有好幾間子公司設在英國，證明倫敦的確是金融中介機構的重要樞紐。同一個集團，經常會在對股東非常友善的司法管轄區設置許多法人，顯示出，運用資產防禦措施對股東來說是有高利可圖的策略——與公司法本身的特質相去甚遠。選擇開曼群島設立三十二間子公司的理由則很直接，因為那裡是知名的避稅港。53

自己選擇稅率

一般人大都不能自己選擇稅率，他們可以將資產存放在外國銀行帳戶，但他們會擔心，即使是最嚴密的銀行保密法，也有可能被破解，讓他們被冠上逃漏稅的罪名。公司則是可以輕鬆選擇自己想要繳交的稅率。他們只要在低稅率的司法管轄區設立法人，將應課稅所得列入帳目就行了。即便國家要對某個大企業的全球所得徵稅，只要在國外子公司將所得匯入國內時，規定公司繳稅就沒問題。此外，母公司在不同的法律體系中重新設立公司，可以取得不同的國籍、依循不同的稅制。54舉例來說，可以使用一種稱為反向合併的技巧。在反向合併交易中，隸屬於高稅率司法管轄區的大公司，購入隸屬於低稅率司法管轄區的小公司，然後納入規模比較小的公司實體。就像新娘和新郎，雖然互不喜歡，卻用結婚的方式取得綠卡。兩者之間主要差在，只要組織架構適當，反向合併就合法。

近來，各國紛紛嚴格限制激進的避稅手段。歐盟委員會競爭總署（Directorate-General for Competition）針對蘋果等數間公司，調查他們採用的避稅措施。委員會認定，蘋果公司在歐盟地區販售產品，有效稅率僅百分之一至百分之五，而歐盟全境的稅率將近百分之二十。[55] 蘋果公司的避稅方式是在愛爾蘭設立兩間子公司。根據愛爾蘭法律，這兩間子公司的稅籍為「非居民」，所以蘋果公司連百分之十二的愛爾蘭企業稅都不用繳交。蘋果公司在歐盟成員國的銷售所得，幾乎都列在這兩間子公司的帳下。

歐盟委員會發出譴責，認定愛爾蘭為跨國公司提供的稅制是非法國家補助，並裁決追回蘋果公司欠愛爾蘭的稅款。[56] 蘋果公司提出上訴（最後還是付錢了事），但有趣的是，愛爾蘭政府不顧人民的抗議，也提出了上訴。愛爾蘭政府想要捍衛自己的經濟發展策略，用稅率競爭當做經濟發展的主要支柱。外資流入的確提升了愛爾蘭的ＧＤＰ數據，卻沒有轉換成人民的實質利得，因為利潤大都很快就從愛爾蘭轉出去了。[57]

蘋果公司只是許多案例中的其中一個，愛爾蘭也不是放棄有利稅制、爭取全球公司青睞最激進的國家。但是仔細研究這樣的避稅方式，可以看出，自行選擇公司法是關鍵的成功避稅方式。經濟合作發展組織（ＯＥＣＤ）的成員國誓言打擊避稅港，並將稅率不合理的國家列在黑名單上，但他們沒有去思考，自己也認可在世界各地設立的公司，而不顧該公司並未在設立地點營運、當地沒有員工，設立目的只是為了租稅套利。58

法規套利

二〇〇八年九月十五日，雷曼兄弟有限公司申請破產，幾個小時內，雷曼兄弟在英國的主要子公司——雷曼國際歐洲公司（Lehman Brothers International Europe，以下簡稱ＬＢＩＥ）——便按照英國法律進入破產程序。沒多久，雷曼兄弟各間子公司的債權人，在不同的司法管轄區提請破產訴訟，共七十五件訴訟案，希望能搶救一點雷曼兄弟的資產。

破產代表一切結束，除了最重要的功能外，其他功能統統被法院下令停止。但在雷曼王國，還是有某些交易活動繼續進行，將資產在ＬＢＩＥ和其他子公司之間搬移，包括一間稱為ＬＢＦ的瑞士子公司。59似乎沒有人注意到這件事，或覺得這件事有什麼大不了，一直到後來，才有一名員工，在沒有詢問任何人的情況下，按下了「關閉按鈕」。60雷曼兄弟為了不受歐盟審慎監管而設的內部資產移轉和會計制度這才告終。他們採用的制度是「ＲＡＳＣＡＬＳ」。在韋伯英文字典裡，這個單字是指有惡意的人或動物，但RASCALS其實是「Regulation and Administration of

Safe Custody and Local Settlement」的縮寫，中文是「保存監管與當地清算實施辦法」。⑥①

歐盟祭出《歐盟資本適足指令》（EU Capital Adequacy Directive），要求金融中介機構符合新的資本適足規範，雷曼兄弟則是提出RASCALS回應歐盟。⑥②資本適足的目的在於，強迫金融中介機構的營運資金中，至少要有一部分的股本（即來自股東的資金），不能完全仰賴債務融通，如此一來，發生危急的情況時，金融中介機構才有恢復的能力。金融中介機構則是抱怨，這些規定讓他們的募資成本提高。縱使文獻曾經提出質疑，許多金融中介機構仍然不遺餘力地去避免這類資本適足規定，雷曼兄弟也不例外。⑥③RASCALS架構只是其中一例，說明他們情願以債務融通，做為經營的主要募資管道。

雷曼兄弟的倫敦子公司ＬＢＩＥ是整個雷曼集團的主要交易中心，負責用自己的名義，以及其他子公司的名義，向「號子」（倫敦金融市場的其他參與者）買進、賣出、借出、借入證券。根據歐盟的新規定，ＬＢＩＥ用自己的資金，代表其他子公司取得證券就要進行「資本計提」（capital charge），顯示股本涵蓋一定比例曝險額。ＬＢＩＥ之所以受此規範限制是因為，他們曾經預付款項，代表其他子公司購入證券，導致ＬＢＩＥ面臨子公司無法履行賠償約定的風險。但雷曼兄弟的經營模式**就是**信用交易。為了維護這個模式和公司的獲利能力（新的資本適足率可能會使獲利能力下降或歸零），雷曼兄弟乾脆就在非歐盟司法管轄區成立新的子公司，歐盟的新規定管不到那裡，雷曼兄弟利用交易鏈，將信用曝險轉移到那間公司去。

新公司ＬＢＦ設在瑞士，但實際營運地點卻是雷曼兄弟的倫敦辦公室，員工和倫敦辦公室大幅重疊——多虧英國採行設立地主義。ＬＢＩＥ代表ＬＢＦ取得資產後，雙方不斷進行自動附買回交易。這兩間子公司之間沒有金錢往來，一項交易結束，要關帳和用現金填補差額的時候，兩間公司就會再次進行附買回交易，等新交易要結束時，再進行附買回交易，一直循環。有些RASCALS採人工交易，但大部分是自動進行，讓公司能持續運作下去，同時也創造假象，讓人以為ＬＢＩＥ在為ＬＢＦ擔保，不必依照主管機關的要求提撥資本緩衝。

在RASCALS運作的十五年內，整個雷曼家族都得到了好處，但在破產危機逼近時，剩餘資產爭奪大戰開打，ＬＢＦ的債權人想方設法保住自己的資產。對債權人和代表他們的破產案產業管理人來說，這筆五千萬美元的問題在於，那些在ＬＢＩＥ和ＬＢＦ之間轉來轉去的「RAS-CALS」資產，所有人究竟是ＬＢＩＥ，還是ＬＢＦ？ＬＢＩＥ主張，這些資產從頭到尾都屬於他們；ＬＢＦ則持相反意見，認為這些資產是以ＬＢＦ的名義取得，ＬＢＩＥ只不過是受託人，而非實際持有者。

這件案子告上了倫敦的大法官法庭，負責審理的大法官站在ＬＢＩＥ這邊，爾後高等法院也做出相同判決。[64]大法官主要從雙方的意圖，來解析這個機制和分析法律影響——不考慮RAS-CALS的目的顯然是要規避審慎監管。他認為，雖然經濟利益和資產風險都落在ＬＢＦ這邊，但是雙方都希望ＬＢＩＥ「具有」正式所有權。[65]雙方都同意這麼做，因為RASCALS可以降低法規成本，提升集團的整體獲利能力。ＬＢＦ的債權人主張這只是騙局，不應納入考量，但大法官並不認同：

> 世界上規模最大、最複雜的投資銀行，擁有一流的業界專家，聘僱赫赫有名的法律事務所提供建議，這間銀行卻在十多年來，認真從事無數筆完全不必要、完全無效的雙邊交易，至少，乍聽之下，是件違反直覺的事。就雙方的主要案情而言，實在很難不令人心生懷疑。[66]

看樣子，大法官並不意外，這批專家花費許多時間，設計一套不具內在經濟價值，只為進行法規套利的機制。就像十八世紀大法官法庭站在地主菁英那邊，即便做法危及整個體系，對於用法律獲取私人利益的各方，大法官並不覺得有什麼問題。事實上，大法官根本沒調查環環相扣、永遠不清算的附買回交易是否合法，也沒調查從這種機制衍生出來的信託法是否受到任何影響。法官像這樣願意屈從資本利益，就算完全掌握立法者和執法者，也幾乎毫無作用。

不是每個時期、每個地方的法院和立法機關，都這麼好對付。立法機關最初制訂公司自由設立法，附有防止濫用公司形式的法令。一八一一年，紐約州通過世界上最早的公司自由設立法時，包含一條落日條款，限制公司存在期間為二十年、資本額最高十萬美元、董事必須從股東選出。㊼世界各地都沒有這些限制了，而且這些限制現在當然很不實際。只不過，這些限制確實反映了，立法者意識到自己可能創造出無法控制的法律架構，而對此有所疑慮。是的，他們的的確確創造了這種架構。

4 創造債務

債務如何編碼為債務資本

若有任何資產能定義資本主義，非債務莫屬——不是所有債務，而是能簡單地從一名投資人轉給另一名投資人的債務，最好是能依持有者（債權人）要求，隨時兌換國幣的債務。一般來說債權人可以要求將私債兌換成國幣，但不一定可以執行主張。私人經濟的運作邏輯是要找到有意願的買方（私人買家），東西才賣得掉。若私人買家退出、需求下降、資產價格下跌，那麼，在此期間，以為手上握有大筆財富的投資人，可能很快就會失去財富。為了保住過去收益，投資人會試著將私人資產轉換成國幣——唯一保證能維持名目價值的金融資產。①理由在於，國家不像私部門，不需要遵守存續的限制。政府可以印製錢幣，有權力徵稅或實施緊縮財政措施，單方面對公民施加義務，確保國家生生不息。

私部門手頭緊的時候，可以向其他私部門求助，但不能強迫對方幫忙。若得不到幫助，面臨生死存亡關頭，唯一選擇只剩國家金援。換言之，只能求助政府或中央銀行。

我們曾在第一章談過，可轉換性是資本的關鍵屬性，對金融資產特別重要，尤其是債務工具。可轉換性的重要性之於金融資產持有者，等於耐久性之於地主，或股份有限公司的主要借款人（主要借款人期望公司資本基礎穩健）。可交易金融工具的投資人很善變，四處尋找別的獲利機會，所以可交易金融工具會不斷移動。因此，要用實際或法律的屏障，關住這類投資工具並不合理。但金融資產持有者也追求穩定，他們的穩定感來自於資產能依其要求兌換現金，不至於有太大損失。方法就是讓資產跟國幣幾乎沒有分別，也就是用法律模組掩飾，提高要求兌換現金的可能性。

所以，債務金融的演變可以理解成：將未來金錢索取權利，用法律加以編碼，確保債務可依要求兌換國幣，而使債權人不致蒙受重大損失的歷程。我將在這一章追溯基本債務形式的法律編碼技巧，從一般票據再到後來十二至十七世紀間興起的匯票，一路討論到現代擔保資產及信用衍生商品。這個故事也說明了，受法律保障最多的資產持有者，從地主（享有財產權的特權人士、身分往往是債務人）轉變成債權人。轉變跡象始終很明顯，但直到十九世紀末土地徹底卸下光環，金融資產這才成為私人財富的主要來源。將焦點從所有權人轉移到債權人，從土地轉移到債務上，我們會遇到之前發揮過作用的法律模組：契約、財產和擔保法、信託、公司，以及破產法。法律模組減輕了債務的相關風險，導致債務擴張，愈演愈烈；隨之而來的景氣衰退，其急遽程度往往同樣猛烈，除政府和央行適當介入，再無其他緩解之道。人們在此過程賺得龐大利益，也經常將損失轉嫁他人。

損失主要落在兩群人身上：（一）無擔保債權人，也就是，依照一般的破產規則，輪到最後才能對剩餘資產求償的債權人；（二）國家，也就是人民，因為國家對倒閉公司進行紓困，仰賴的是人民的未來生產力。在無國家後援的情況下，債務會自然循環，創造並摧毀財富。許多國家隨時準備好出手保護債務資產的持有者，不使他們一再落入無底深淵，撫平了債務循環的軌跡。不願意或沒有能力出手的國家，只能眼睜睜看著債務危機摧毀財富，引發經濟衰退，大肆蹂躪國內經濟。而且，這些國家不得不將主權交給債權人、IMF，或是交給由IMF、歐洲中央銀行、歐盟委員會組成的「三巨頭」。

當政府出面填補空缺，為不被私人債主接受的借款者提供新的信用額度，或是從找不到私人接收者的債權人手上買下資產，他們保護的對象，往往是對國家存亡影響甚巨的資產和資產持有者，其餘資產和資產持有者則是只能自力更生。這種做法有助於穩定金融體系，卻也導致財富大量集中於金融體系的上層人口。這樣的金融體系並不均等，而是階級分明。②

NC2事件反思

想了解資本的法律密碼如何深深影響債務結構，看看NC2的例子。NC2是律師為客戶設計的複雜債務工具，我們可從NC2一窺這幾十年來竄起的平行（或「影子」）銀行體系組織架構。NC2是一種證券化架構，發明於二〇〇六年。當時美國房市發展停滯，金融體系也開始出現壓力。美國國會成立聯邦危機調查委員會（Federal Crisis Inquiry Commission, FCIC），分析發生這起重大金融危機的根本原因時，便提及NC2和克萊羅斯（Kleros）公司分身的故事。③雖然調查委員會對法律架構著墨甚少令人意外，但是委員會公開的相關法律文件，可供我們深入探討。④

NC2英文全稱「CMLTI2006-NC2」，意思是「二〇〇六年花旗銀行房貸信託：新世紀第二期」（Citigroup Mortgage Loan Trust 2006-New Century 2），從名稱便可知道NC2的起源與前身。二〇〇六年花旗銀行依照紐約州法設立NC2信託。身為金融控股公司的花旗銀行，母公司同樣設在紐約州。NC2的血緣可進一步追溯到已於二〇〇七年春季宣告破產的加州房貸機構「新世紀金融公司」（New Century，簡稱NC。此時距離雷曼兄弟倒閉、引發差點令全球金融體系停滯的大型危機，還有數年之久）。新世紀金融在業界名聲不是很好，大家都知道，他們會強力遊說屋主簽下難以負擔的金融合約，經營策略相當激進。儘管如此，某些聲名卓著的銀行業者依然與他們有商業往來。

新世紀金融公司發行房貸，並將房貸包裝成NC2集中保管，再整批出售給花旗銀行房貸不動產公司（以下簡稱CMRC），讓該公司擔任NC2的信託發起人。新世紀金融在這筆交易中賺百分之二．五的風險貼水，總計兩千四百萬美元。轉換成NC2的房貸，購入價格大約七億五千萬美元，含四千五百零七人的住宅房貸，平均本金餘額二十一萬零四百七十八美元。屋主簽訂的房貸合約架構、利率、本金不是所有人都一模一樣，按照規定必須以書面向投資人揭露。⑤但很少有投資人會閱讀這些資訊，主要原因有二：投資人依賴官方認可的評等機構為資產鑑定級別，而且相信法律能提供妥善的保障。⑥投資人會領到固定收益，收益來源方案依照不同風險概況、支出結構，分配投資人應得的權益，並將現金流重新注入資產池。公開說明書通常多達兩百頁，律師會仔細撰寫，善盡風險揭露之責，但其餘內容對投資人來說，都是法律上的術語。公開說明書中隱藏著許多重要條文，尤其是逐年增列風險因素的條文內容。當投資人太晚加入、來不及出售資產，往往要到此時，投資人才會明白這些條文有多重要。

回想一下，信託成立過程要有一名委託人、一名受託人和一名受益人。⑦從前，土地和宅邸交付信託保管，三種角色通常都是個人，不是家族成員就是熟人——受託人由委託人的朋友、鄰居或親戚擔任，受益人則是比委託人晚出生的兒子、女兒或其他親戚。十八世紀，愈來愈多事務律師在商業信託中擔任受託人，十九世紀則多了銀行。信託逐漸從幫忙家族成員保護土地的手段，演變成一種工具，可用來大規模分割資產、保障資產不受信託發起銀行信貸風險影響，後來又發展出證券化資產及其衍生商品，形成失衡的結構。

以前受益人要等委託人死亡，或發生類似事件，才能取得資產控制權，但現在，證券化資產的投資人沒那麼有耐心。他們在乎的不是房貸，而是房貸產生的現金流有多少金額會固定撥給他們，以及能否將利息轉換成現金，保留收益的現金價值。房貸本身只是抵押品，一旦借款人發生違約，代理人可以取走房貸。由於投資人背景多元（至少，他們自認如此），所以投資人並不擔心屋主違約。在這個獲利模式裡，只要屋主不同時全部違約、違約屋主的房產價值還在，就沒有問題。

同樣地，在現代的證券化商業模式中，受託人並非委託人的朋友或家族成員，而是金融中介機構。他們不會免費提供信託服務，而是依比例取走資產價值中的一小部分當做信託費用。金融中介機構的新式資產組合託管服務，衍生出關於受託責任的新問題，大都可見於託管合約。託管合約會載明中介機構的權利和義務範圍，包含責任限制。這類新興法律編碼策略，一如以往，從交易律師的私人業務發展而來。要遇到挑戰，這些策略才會納入判例，但經濟蓬勃發展時期官訟較少，所以大都是從律師的私人業務，向外擴散成業界的新做法。

NC2的信託由花旗銀行旗下的CMRC發起（委託人），他們是從新世紀金融公司購入房貸。信託的指定受託人是辛辛那提的私人機構「美國銀行全國協會」（U.S. Bank National Association）。除了受託人，這件信託案還有「信託管理人」、儲戶、保管人、信貸風險管理人，分別由花旗銀行附屬和外部機構擔任。NC2的內部人員也常在競爭對手的信託案擔任外部人員。金融中介機構用這種手法兩面收費和僱用競爭對手，由對手提供他們不能自己提供的服務，避免產生利益衝突、觸犯法律規定。

花旗銀行用來吸引投資人的NC2公開發行說明書裡，揭露了主要參與者在NC2挹注的房貸型證券數量。根據公開說明書，CMRC（發起人）將價值五百億美元的資產證券化。美國銀行全國協會則披露，受託資產包括「發行六百六十七件房貸型證券／初級證券，未償本金總額近兩千九百二十五億七千零八十萬美元」。資料顯示，另外有一間名為「花旗銀行國家協會」（Citibank N.A.）的花旗銀行附屬機構，以信託管理人身分，代表全球近兩千五百家公司，管理「超過三・五兆美元的固定收入及股權投資」。⑧

證券化變成一種收費服務。舉例來說，NC2信託服務機構會在信託成立當日，收取千分之五的房貸本金餘額當做手續費，信用風險管理人則收取萬分之一・五。⑨聽起來雖然不多，但聚沙成塔、集腋成裘，業務搶手時就更不用說了。私人證券化的運作邏輯在大量推出商品，新興房貸型證券仰賴的則是不斷投入，來維持運作。此外，投資人開始依賴現成的高評等資產。事實上，聯邦危機調查委員會的災後分析報告指出，投資人向新世紀金融和其他貸款發放公司，要求提供更多房貸，但銀行經常根本還沒放款。⑩在證券化的手法出現之前，只有美國政府和少數幾間藍籌公司的債券連續獲得三A評級肯定。證券化的新法律編碼技巧出現後，貸款公司開始挑選資產放入資產池，對資產池的權利進行分割。一定會有資產評等較高，吸引熱錢和禁止投資高風險資產的退休基金流入。⑪

可是信用紀錄良好的屋主人數有限，證券化資產的品質水準總會走下坡。這可不是什麼祕密。只要願意讀一讀NC2或其他特殊目的機構的公開說明書，任何人都會發現這件事。⑫根據NC2公開說明書的記載，花旗銀行的附屬機構CMRC，短短三年，已從原本以初級不動產貸款抵押證券為主的資產組合（違約風險低），轉變成初級和次級房貸產品各半的資產組合（違約風險高）。同時期，CMRC的總資產組合從二十九億美元增加到一百八十四億美元，乘了六倍，可知資產組合擴張主因為大力推行次級房貸。次級房貸的違約機率當然比初級房貸高。⑬

花旗銀行的資產組合改變，市場的整體情況也出現了變化。二〇〇三年，次級房貸的金額占所有證券化房貸的兩成二。二〇〇四年，金額比例增加到四成六。⑭連成一串的金融中介機構，將在創造債務的過程面臨哪些風險，反映在NC2交易中介機構的命運上。NC2和其他商品引發金融危機，造成幾乎無人倖免的重大金融災難。NC2象徵這類商業手法的結局。新世紀金融公司早在二〇〇七年春季便申請破產。第三章提過，貝爾斯登公司在二〇〇八年春季被迫和摩根大通公司合併。花旗集團則是獲得許多不同的資金管道挹注，起先是外國政府的主權財富基金（以卡達和新加坡為主），後來則是美國政府出面金援。⑮

NC2的基本結構就談到這裡為止，雖然比先前談過的信託複雜，但基本結構仍然相同。可是，資產池裡的資產呢？從NC2的例子可知，提升資產銷路的編碼策略有很大的變化。基本的證券化架構很簡單，類似第三章提過的早期合資公司，與合資公司的風險、資源組合有異曲同工之處。依照各種房屋貸款索取未來收益的權利，都只有房貸支撐，受信託等法律屏障保護。之後信託轉成憑證，向投資人發行。投資人有索取收益的權利，但對象不是個別屋主，而是抵押房屋、以眾多屋主為發行對象的貸款池；此外，將資產轉為信託，可以不受發起人「破產影響」（在NC2的例子裡，不受花旗附屬機構CMRC影響）。意思是，投資人不必擔心花旗及其附屬機構的狀況，只要關心以房貸組合為後盾的貸款品質。但結果證明，許多投資人沒有能力處理這類資產，更別提資產池的權益經過重新分割、再次發行，每項產品的支付結構和風險概況都不同。

NC2房貸組合裡的資產，按照這個模式分批發行上市，每批分成不同等級。用房貸組合的現金流，量身打造不同權益，能夠吸引到不同的投資群，投資能力和需求都不一樣：受美國政府贊助的房利美公司（Fannie Mae）拿走NC2裡最安全的超優先券次，價值一億五千五百萬美元。⑯購買先償分券似乎是保險的做法，能為政府贊助的房利美公司帶來利潤。但要注意一點，房利美此時是證券化資產的買方，並非將房貸證券化的機構。早先房利美經營證券化業務，金融危機後再度重操舊業。

NC2的第二級先償分券吸引到美國和其他國家的大型金融中介機構，包括摩根大通的子公司「大通證券資產管理」（Chase Security Lendings Asset Management）、中國的主權財富基金「中國投資有限責任公司」，以及其他六個投資基金。第三和第四順位的先償分券賣給了幾間美國銀行、外國銀行和投資基金，包括美國的芝加哥聯邦住宅貸款銀行（Federal Home Loan Bank of Chicago）和富達基金（Fidelity）、法國的興業銀行（Société Générale），以及德國巴伐利亞的巴伐利亞州銀行（Bayerische Landesbank）。這些機構希望拿到比房利美更高的投資報酬，但也不想承擔太多風險。可是後來，包括房利美在內沒有一個機構跑得掉，當市場轉變，所有分券都逃不過市場擠兌的命運。

法國的百利達歐元同業拆款利率資產擔保證券（Parvest ABS Euribor），將資金投注在評等較低的次償分券上，成為次償分券的主要持有者，總共挹注兩千萬美元資金。法國巴黎銀行（BNP Paribas）只在二〇〇五年推出百利達基金。他們的如意算盤是創造高於平均市場收益的利潤，稱霸證券化資產市場，自然會將資金投注在高風險資產上。二〇〇五年，房地產市場還在蓬勃發展，這項投資看來很有前景。不幸的是，百利達基金進場時，市場已經來到高點。二〇〇七年八月，法國巴黎銀行凍結了百利達基金和另外兩個基金的資產，有效遏止投資人贖回資產、將資產轉換成現金。⑰這起事件等於開出第一槍，發出危機即將爆發的警訊。而在短短一年後，雷曼兄弟就倒閉了。

最後，承銷NC2的花旗環球證券（Citigroup Global Market）取得資產索賠順位非常低的次償分券，並以私募的方式銷售出去。這批券次賣到NC2信託發起人CMRC手中，做為「房屋貸款部分銷售券次」。[18]有趣的是，信託發起人竟然拿到逼近最高風險等級的分券。這麼做顯然違背了初衷，原本的商業模式走的是「經手」路線，意思是房貸的發放者或買家不會自己持有高風險的房貸商品，而是重新包裝成證券化資產，轉手賣給其他投資人。這種做法令主管機關和市場觀察家大吃一驚，他們不敢相信，危機爆發時，許多銀行竟坐擁一堆不良的高風險資產。這麼做的理由很多，但主要原因有兩個。一是為了成交。分券都有要完全售出的壓力，將高風險資產暫時整批囤起來，會比尋找一名買家來得更簡單、更不需要成本。此外，高風險伴隨高報酬，有些發行證券化商品的銀行可能會在高報酬的強力吸引下，願意承擔高風險。NC2中還有一些比次償分券等級稍高的證券，這些證券流向特定投資人，也就是克萊羅斯公司的分身，這件事之後會再討論。

NC2是非常複雜的債務工具，源自於資產持有者的想像，以及資產持有者的律師具備的法律編碼能力。現在，大家應該熟悉資產的法律編碼模組了。資產持有者和律師用的是土地的財產權，以及將土地設為貸款抵押的擔保法。並透過信託和公司法，用法律屏障保護房屋貸款（他們的資產），將資產和信託發起人分開。最後用契約法進一步劃分資產池的權益並將其分級，創造出為不同投資需求量身打造的分券，確保每一種券次或大部分券次都能找到買家。用新方法結合這些法律模組，能創造價值數兆美元的新型債務資產。私部門發現證券化的做法以後，便將任何想像得到的權益予以證券化，從住宅貸款、汽車產品和服務的應收帳款、信用卡到學生貸款，五花八門，應有盡有。原本的政策目標是降低屋主的信貸成本，卻演變成依照投資人的要求大量創造私幣（或債務）。評等機構則在過程中出了許多力。

如前文所述，NC2的分券從最佳的「AAA」級到比較差的「B」級都有。[19]評等機構向來用這些等級來區分不同的公債或公司債，現在則是拿來評判不動產貸款抵押證券及其衍生商品的等級。[20]投資人會因此認為，這些房貸的信用風險和他們熟悉的資產一樣，可是實際上，這套評等方式掩蓋了不同資產的關鍵差異。就公債和多數公司債而言，相關歷史資料已存在數年，甚至數十年，而近期問世的資產擔保證券或擔保債務憑證，卻沒有類似的長期資料。將兩種資產相提並論，只會誤導投資人。

然而，評等機構可以說完全規避了誤導投資人的責任。他們的責任在於願意和發起人密切合作，確保評等過後能將安全資產和風險資產適當組合在一起，也在於當市場開始轉弱，未能及時調降評等。他們之所以能規避，一樣有法律上的理由：評等機構在美國成功替自己辯護，他們主張業務是提供意見，所以相關評論受《美國憲法》第一修正案對言論自由的保障。[21]雖然他們為銀行和其他客戶提供「意見」的報酬遠高於其他評論業者，例如一般的新聞機構，卻仍然不足以讓法院去除第一修正案對他們的保護。金融危機過後，有些美國法院的立場改變，將並非公開給社會大眾的評等結果視為「商業意見」。如此一來，評等機構該負起的責任，應該就沒那麼容易規避了。

創造可轉換資產

前面提過，NC2是複雜的商品，用上基本法律編碼模組，但攙有其他成分。若是再早個幾百年，甚至早幾十年，NC2很有可能會被法院扼殺，原因是NC2的資產不能設為信託，又或者，因為NC2顯然是從強制破產規定巧妙衍生的結構。[22]除此之外，確保分券資產信託免稅的額外優惠稅制如果取消，NC2或許就永遠不符經濟效益。換言之，NC2和其他住宅貸款抵押證券一樣，都是典型的法律特效藥：這個法律產物賴以為生的要件，在於其他資產所沒有的法外振奮效果。

若想深入了解，為了將未來收益權轉變成可依要求兌換國幣的可交易資產，債務工具歷經哪些法律編碼過程，可從最早出現債務轉換的十二世紀開始探討起。在紙上寫明「欠款」金額，代表雙方有借貸關係的簡單合約稱為「**借據**」。任何人都能立借據，但不是誰都能找到願意收下借據的人，就算一開始找得到願意收借據的人，之後也有可能沒有人願意接收。[23]十二世紀時，義大利東岸的重要交易樞紐與港口熱那亞經常使用本票。商品買家會開立本票，承諾支付款項給賣家或「你的送信人」，後面加幾個字，就能規避禁止轉讓契約責任的法律規定。

現在，很多人可能會覺得禁止轉讓的規定很奇怪，全球債務市場已經來到數兆美元的價值，只要按一個鍵轉瞬間就能轉移。但即便是現在，契約責任也不見得都能自由轉手。締約雙方可能花了許多時間選擇締約對象，然後才簽約成立借貸關係。現今多數法律體系中，債權人的權利主張都預設為可完全轉讓他人，即使債務人沒有明確表示同意也能這麼做，但對象反過來那就不一定了。例如，屋主不能直接將房貸轉給買下屋子的人，買家必須去找出屋主的借款人。

匯票是施打了法律特效藥的票據。匯票在商人之間轉手，大家都承認這是一種付款的方式，並用匯票來付帳。在匯票上簽名，表示願意承擔匯票上方所載的全數金額。任何人收到匯票，都可以去找簽發匯票的人或背書的前手，要求對方全額支付票面金額。匯票持有者不必去找原始債務人來履行債務，也不必聽對方辯稱前幾手的匯票承兌或簽發契約關係從未履行。付款的一方甚至不會反駁匯票遭竊。㉔ 簽下姓名表示背書人願意承擔獨立於契約關係之外的責任。

一七九四年，知名英國法官曼斯菲爾德伯爵（Lord Mansfield）解釋過一般本票和匯票之間的差異：

縱使本票自始至終具有由一人向另一人承諾付款之形式，然其與匯票全無相似之處，須經背書始有雷同，至此票據乃命令，依背書人之要求，由發票人（此票背書者之債務人）付款予被背書人。此即匯票之定義。㉕

在法律上，這樣的特質稱為「可流通性」（negotiability），匯票成為類似於國幣、方便進行交易的工具。沒錯，前手背書人可能違約，但比起只能向原始債務人求償，債權人將匯票兌換成現金的可能性高了許多。再來，必須先找原始債務人的規定取消，也大幅降低執行匯票的交易成本。

當時人們經常用匯票來轉讓資金、未付差額或預付帳款，並且使用匯票來擴大買賣雙方、生產者、商人之間的信用額度，不必把成堆的金幣和銀幣，從一個地方搬到另外一個地方。後來匯票進一步發展成完整的支付系統，可以在歐洲各地進行遠距交易。當地商人會透過千里外的交易中心，要求交易中心為他們支付費用。匯票從一個人轉手給另一個人，一路經由各方背書，不斷延長付款承諾。在銀行和央行建立制度前，匯票便已形成基礎，開創出史上第一個國內與跨國支付系統。

到十七世紀晚期，人們經常為將來打算出售（或生產）的物品開立匯票。沒多久「承兌融資」就成了匯票最受歡迎的運用方式，匯票從付款轉變成債務工具，顯示（私人）貨幣與債務間的相似性。㉖商人銀行在承兌匯票上扮演要角，提高了依約將信用狀兌換成現金的執行度。他們承擔收集未償債務的風險，並用打過折的票面價值收購匯票，藉此保護自己。用金融界的行話來說，他們的角色就是經銷商，為其他人提供流動性，自己則承擔流動風險。

匯票也是規避反高利貸規定的利器，不受禁止抬高利率的規範所限制。接受用匯票支付款項的賣家，通常會要求收取高出商品價格的金額，商人銀行也會把匯票打折扣。看起來跟利率很像，但用意是規避反高利貸政策，大家認為這是風險貼水，而不是用金錢的時間價值來計費。根據教會的教義，收取時間的費用是上帝的事，凡夫俗子不得逾矩。㉗不過，並非每一種法規套利的做法都逃得過宗教或世俗法庭的法眼。例如，假如交易雙方只交換匯票，而不交易物品，用匯差來套利，就會視為「虛假交易」（dry exchange）並裁定違法。㉘後來這類限制遭到擱置，讓套利從非法手段，變成了有高利可圖的交易。㉙

匯票的出現和廣泛運用，經常被人拿來當做**商人法**（law merchant）的證據——這完全是一套私人的規範，足以維持遠距交易，而不須仰賴政府、政府制訂的法律或強制力。但十九世紀人們撰文，依據商人法主張商業應自行其道，政府不該對金融施以限制，似乎誇大了商人法的規模和範疇，太過理想化。㉚匯票的起源當然與私部門的做法息息相關。商人銀行從承兌匯票和將匯票打折扣來賺錢，他們設立承兌的標準、規定索取金額打幾折，但若少了城市政府和法院賦予的法律支援架構，付款系統應該早就消失了。匯票的背書人有可能直接拒絕付款，希望地方法院將匯票視為一般票據，必須向原始債務人求償。事實上，匯票在歐洲各地廣泛使用的時期，幾個交易重鎮也開始訂立匯票的保障法令，標示著交易和交易金融的擴張。㉛這些市鎮的市議會裡有許多經商人士，他們當然會支持立法保護自己經商所仰賴的工具。早期的規定終於納入了國家法律，到了一九三〇年，更是在國際聯盟的推動下，通過了相關的國際公約。㉜但在當時，另一種支付系統正在興起，做為開創先河的跨國債務工具，匯票開始慢慢退場；其他私人資產快速取而代之，包括了資產擔保證券及相關衍生工具。㉝

從匯票到證券化資產

一般票據和匯票的存在是為了促進交易和商業活動。此外，也可以將這些票據當做資產，純粹用來套利，例如先前提及的虛假交易。銀行剛開始出現在世界上的時候，並沒有提供儲蓄服務，而是開立票據，發給願意收下的人，將收款拿去投資；雖然他們承諾票據持有人，可依要求立即付款（支付金幣或銀幣）。國家獨占發行鈔票的事業後，私人銀行就不能再發行票據了。他們想出一個解決辦法，就是為客戶開立儲蓄帳戶。雖然儲蓄帳戶在功能上，等同發行承諾依約支付實幣的票據，但是儲蓄帳戶過了法律這一關。從此以後，變成一種向社會大眾集資的標準做法——又一個法規套利的成功例子。㉞

金融業務的競爭往往會迫使某些人找出新的賺錢方式。每個銀行家都會告訴你國幣很無聊，國幣可以用來交易、儲存價值，卻不能創造可觀的報酬。每一本銀行學教科書都說，金融中介是引導家戶儲蓄進入生產投資的過程，但創造債務才是更能開源的做法。不過，這種私幣存在國幣所沒有的風險，也就是流動性風險。只有國幣才有可能在數量上沒有限制，私幣受限於其他私部門是否願意接受，而接受意願則取決於私幣的未來收益性。將資本的法律編碼模組套用在私債上，有可能暫時掩飾流動性風險的問題，卻不能永遠藏起來。當投資人發現事與願違，可能無法將債務資產兌換成現金時，他們就會選擇抽身。倘若太多人同時抽身，就會引爆金融危機。

匯票比一般票據的流動性高，因為匯票的法律密碼禁止背書人對債權人執行一般票據的權利。限制債務人的權利、強迫他們依約支付現金，雖然不能百分之百做到，總還是能提升資產的流動性。個別債務人當然有可能違約，但將許多債務人集結在一起，違約的風險就有可能在某種程度上減輕。而某些資產則要採取更多行動，才能轉變成可直接交易的資產。土地就屬這類資產。土地是人們想像中最穩定、最不具流動性的資產。土地永遠在那裡，大部分的法律體系都規定，土地所有權易主時必須經過註冊，通常是到當地的地政事務所辦理，假如有擔保或類似的土地權益，也要一併登記。儘管如此，人們仍然不斷嘗試將土地的價值貨幣化，將土地的權益轉變成可交易的金融資產。我們對辦成這件大事的法律技巧已經很熟悉了，就是證券化。本來的權益，是對以房屋價值做擔保的貸款要求還款，房貸證券化以後，轉變成對債務人未來履約時的現金流要求發放收益，只要有願意購買的人，這些權益就可以交易，進而轉換成現金。

一九七〇年代初期，吉利美公司（Ginnie Mae）開始在美國將房屋貸款證券化，但全世界土地證券化的發明者並不是吉利美，而是普魯士的腓特烈大帝（不過普魯士的金融發明活動和創業精神並不熱絡）。十八世紀晚期，普魯士歷經七年大戰，在一七六三年打敗法國、奧地利、薩克森、瑞典、俄羅斯等歐洲強權，成為新興王國。但勝利的代價很高。交戰的軍隊把可耕地變成戰場，普魯士王室的根基東普魯士貴族債臺高築，無法對債權人交差。許多貴族被迫賤價賣出資產，想當然，擁有土地的貴族也因此面臨存亡關頭，甚或一併威脅到普魯士王室。

局勢動盪之際，一位名叫布靈（Büring）的柏林商人，發明了一套將貴族土地價值貨幣化的計畫。[35]他的想法很簡單：普魯士有兩種核心資產，也就是現金（國幣）和土地，而土地的價值大約是現金的十倍。如果能將土地價值貨幣化，就能解決國家的問題，拯救王室的未來。他想辦法說服心存懷疑的腓特烈大帝。後來，腓特烈大帝也認同，這個機制讓西利西亞（Silesia）四百個「大家族」免於破敗的命運。[36]

這種做法，背後的基本概念，和現代的房貸證券化很類似：將資產集中放進法律的容器裡，這個容器會根據資產池來計算價值，產生可交易的利息。普魯士開始出現「信用合作社」

（又稱「土地合作社」或「Landschaft」），讓背負債務的地主加入，實際上他們非加入不可。地主必須要為合作社發行的債務工具，共同分擔本金和利息支出。合作社的成員可申請資產價值三分之一到二分之一的債務工具，拿這些憑證去付給「惱人的債權人」。[37]腓特烈大帝支持計畫，以支付二十萬塔勒做為擔保。

信用合作機制非常成功，德國全國各地都開始採行合作銀行的模式。一年之內，這些憑證就在市場上溢價流通，城市和地方政府紛紛設立類似的合作社。有些合作社幫勞工支付取得自由身分時欠前雇主的債務，有些合作社經營房貸業務，為商業中心的建案潮推波助瀾。一八九四年《經濟學季刊》（*Quarterly Journal of Economics*）曾刊登一篇文章，敦促美國的政策制訂者詳細檢驗合作社機制，但直到幾十年後才真正有人實踐。[38]

一九六八年，美國《聯邦住宅法》（Federal Housing Act）修正案，讓政府贊助的企業有權力，將他們從私人銀行購得的房屋貸款證券化。這項政策的邏輯在於，證券化可以分散風險，進而降低屋主的信貸成本。政府贊助的企業也會收取費用，向低所得家庭擔保證券化資產的績效。不過，等私部門開始主導住宅貸款證券市場，政府贊助的企業便會開始在私部門打造的證券化結構裡，扮演分券買家的角色，他們通常會購入先償分券。

政府贊助的企業購買NC2和類似機構的分券，對私人證券化有推波助瀾的效果。身為政府贊助的機構，這些企業能用比私人中介機構低廉的利率，在國際借貸市場上舉債，因為投資人認為，美國政府會支援這些機構。而且政府也會認可這些機構，因為他們只能購入符合政府標準的資產（但標準會隨時間而大幅鬆動），進而提高資產的可銷售性。有些諷刺的是，金融危機過後，證券化業務再度落入政府贊助的企業手中。二〇〇八年夏季，房利美和房地美公司（Freddie Mac）在尚有一絲氣息之時被政府接管，無異於接上法律的生命維持器。[39]金融危機爆發十年後，二〇一八年的頭兩個月，這兩間政府贊助的企業仍由政府接管，市面上所有房貸型證券中，近九成七是他們發行的。[40]

普魯士和美國的證券化機制在許多方面有差異。普魯士的例子裡，特殊目的機構是一種將債務人視為成員的合作組織，而不是像ＮＣ２這種，不屬於任何人的無腦生物。除此之外，普魯士合作組織發行的憑證，是用來付款給現存的債權人，而不是用來吸引新的投資人。但是集中風險、降低信貸成本的基本概念是一樣的。這兩種證券化機制，還有別的相同之處：國家提供防護網。先前提過，普魯士王室縱使並不情願，仍然拿出二十萬塔勒來支持這個計畫。在美國，房貸證券化受到國營企業或政府贊助企業支持，有些甚至明確得到政府的擔保。另外，美國私營券商發行分券時符合免稅資格，補貼名目則是「不動產抵押投資聯合體」（real estate mortgage investment conduits, REMIC）。[41]

十八世紀晚期普魯士土地證券化的規模，當然無法與二〇〇八年金融危機發生前的美國證券化業務相比。儘管一路上出現各種法律障礙，但是房貸證券化大受歡迎其實是一件了不起的事。事實上，要克服這些障礙，尤其是被當做聖典的房地產法律，不但需要巧妙運用法律知識，還要對金融業務具有敏銳度。

在美國，土地法是州法，不是聯邦法，土地登記由州來管，不由國家管轄。土地法的作用是釐清在某個時間點上，某塊土地的所有人是誰，以及哪些人對這塊土地有準財產權，例如抵押權。這些規定的設計，並非針對可交易不動產貸款抵押證券的大眾市場。私部門利用權宜之計來規避法律障礙，但有些中介機構卻被困在房地產法的法律陷阱——大都被困在裡面，只不過，時間點是金融危機爆發後。[42]

二〇〇七年七月五日，證券化資產受託人美國銀行取消了安東尼奧·艾巴涅茲先生（Antonio Ibanez）的房屋抵押贖回權。艾巴涅茲先生是一名美國退伍軍人，他在二〇〇五年底用貸款的方式買下一間房子，將房貸交給放貸的蘿絲房貸公司（Rose Mortgage）。蘿絲房貸公司再集合大家的貸款和抵押品，一起銷售出去，而相關文件上未載明購入者。文件最後傳到優先選項房貸公司（Option One Mortgage Corporation）那裡，土地登記資料上，艾巴涅茲先生的屋子抵押人是優先選項房貸公司。但就連要正式登記所有權了，優選公司仍然在這批資產池的所有人欄位「留空」，打算讓渡給其他中介機構。

法院收到的文件上寫：「優選公司將艾巴涅茲的房貸讓與雷曼兄弟銀行（Lehman Brothers Bank），雷曼兄弟銀行再讓與雷曼兄弟控股公司，雷曼兄弟控股公司再讓與結構資產證券公司

（Structured Asset Securities Corporation），結構資產證券公司再另外集結近一千二百二十份房貸，一併讓與美國合眾銀行（U.S. Bank），由美國合眾銀行擔任結構資產證券公司2006-Z系列不動產抵押貸款債權擔保移轉憑證受託人。」[43]

美國合眾銀行向法院遞交文件，證明自己對這些財產有清楚的產權，前述機構的名稱都沒有列在文件上。艾巴涅茲先生違約時，美國合眾銀行依照麻州法律取消他的贖回權，在《波士頓環球報》（*Boston Globe*）上刊載拍賣通知並扣押房產。[44]隨後美國合眾銀行向地方法院提起訴訟，取得排除前屋主或第三方的所有權證明。[45]事後證明，文件未記載所有權人，導致法院拒絕批准美國合眾銀行的請求，拒絕認定該行擁有清楚的產權，形成非常棘手的狀況。

擁有清楚的產權，你才能向全世界證明，其他人不能主張擁有這筆土地。如此一來，將來的買主才能確保自己取得完整的所有權，可在全世界執行自己的優先權。然而在艾巴涅茲的案例裡，法官拒絕為美國合眾銀行進行贖回權取消後產權清算，而且麻州最高法院在二〇一一年維持原判。法院的理由很簡單。現行法律規定，包括不動產抵押貸款在內的土地所有權，是可以讓渡的權利，但是必須載明受讓人。未填寫受讓人不足以構成讓渡，相關法律這樣是無效的。此外，讓渡必須載明欲轉讓之房貸。房貸可以是房貸組合，但未載明資產池內的房貸不足以主張房貸屬於資產池，根據房屋抵押貸款契約，僅抵押權人有權取消屋主的贖回權。因此，就此例來說，在法律上唯一站得住腳的讓渡只有第一次讓渡——由蘿絲公司讓與優選公司。[46]

法院表示，優選公司代表其他投資人成為信託房貸的抵押權人，僅優選公司能取消贖回權。相反地，美國合眾銀行並未對艾巴涅茲先生的不動產擁有有效的優先權，不得取消贖回權，亦無清楚的所有權。

因為這件案子，垂涎安全資產的金融界，與（某些）守護法律規定和法律明確性（legal certainty）的法院彼此槓上。金融界指控法院過度形式化，不了解現代債務融通市場需要不一樣的規範。法院則是指出，法律規定其來有自，金融業者有責任遵循法規。雖然大家都知道，金融中介機構的後勤辦公室經常跟不上第一線櫃檯的腳步，但參與這筆交易的各方可能都太過鬆散了。㊼

實際上，衝突可以歸結到基本的問題：應該由誰來保護財產權的可靠性？雖然金融界幾乎是靠「清楚的產權」才能在不動產貸款抵押證券市場中維生，但這並不表示，他們會規定是誰擁有抵押品或土地的所有權。我們可能沒有什麼理由，好為艾巴涅茲先生感到惋惜，畢竟是他自己違約在先，但顯然法律應該保障屋主，不能隨便就讓任何中介機構取消房屋的贖回權，也不能不出示清楚的文件，而且可能還要提供好幾份才行。

假如艾巴涅茲一案是在二〇〇四年判決，而不是二〇一一年，很有可能讓不動產貸款抵押證券市場大受打擊。對金融界來說，幸好是在金融危機過後才判決。過去曾有幾次零星的贖回權取消訴訟案，但幾乎沒有法官或債務人質疑金融界的做法。就算銀行從一開始就沒有取得適當記載銀行名稱的文件，法院也接受，無法出具適當文件的銀行以遺失文件做為答辯。

為了解決其中的法律問題，金融界想出一套對策：他們創立虛設公司，從頭到尾持有房貸，即使貸款易手也不更改。[48]這樣就不需要一直變更文件，也不需要每換一個抵押權人就重新登記一次。這間虛設公司叫做「房貸電子登錄系統」（Mortgage Electronic Registration Systems，以下簡稱ＭＥＲＳ），這是一間由母公司完全持有的法人，而創立母公司的則是證券化市場的幾名主要參與者。ＭＥＲＳ沒有員工，由發行房貸的銀行將他們登記為房貸持有者。[49]ＭＥＲＳ只是一間將業務外包給金融界的空殼公司。有些人始終懷疑，一條龍作業中，是不是每個收購者都取得真正的法律代理關係。金融業想要為大宗房貸市場鋪路，便以大規模的計畫來避開問題。對於這個計畫，一直要到金融危機發生期間，大家才紛紛提起訴訟並表示質疑。[50]若像某些人所說，金融界的賣方賭的是，被取消贖回權的屋主不敢大聲嚷嚷，法院不會挑戰擁有無上權力的金融界，所以金融中介機構才能在法律盯上前一直賣產品，那麼這樣的豪賭，可說令他們付出了代價。[51]

克萊羅斯的分身

將無流動性資產，例如土地，轉變成流動性資產，不只是供需的問題，而是必須要有適當的法律密碼。首先資產要能轉讓，早期的票據就符合這個特性，再來就是資產轉讓過程不能有太多法律障礙。這些條件齊備了，資產必須要能兌換現金，尤其是能在一方要求下兌換現金。不過，並非所有資產都有願意接受的人，就算有評等機構幫忙向投資人簡單說明他們需要了解的資訊內容，產品一複雜，就更難找到歸屬。有些證券化產品的分券，例如ＮＣ２，特別難安置。極安全的上層分券，很容易就能找到買家，底部分券則往往可以囤在發行商，或是賣給偏好風險和高收益的投資人。真正的問題在於較低階的次償分券。這些券次對大部分的投資人來說風險太高，對某些投資人來說風險又不夠高。而為了讓證券化的機制運作下去，證券化結構中的所有分券必須統統買出去。金融界又想出一個巧妙的解決辦法：他們創造許多不存在的買家，用人頭去買證券化產品中，多數投資人都不願意買的分券，然後再重新包裝，讓這些分券看起來更有吸引力。這就是擔保債務憑證的由來。

現在擔保債務憑證大都已經廢止，之前這些憑證是特殊目的機構發行的金融資產，之所以發行，就是為了買進ＮＣ２這類商品裡的低階分券。[52] 新設機構將固定利息發給追求高報酬的投資人，用他們投資的錢來籌措購買分券的資金，投資人相信，重新包裝不動產貸款抵押證券結構中的次償分券，有些券次就能獲得ＡＡＡ或ＡＡ的安全評等。當然還是會有比較差的券次，如果這些券次找不到買家，可以另外設立信託或法人，重新包裝剩下的擔保債務憑證，再次運用不存在的買家這個手法，重新分立券次，將分券統統賣給投資人，如此循環下去。信託、法人和他們發行的資產環環相扣，不但創造出擔保債務憑證，還創造出「複合式」和「分包式」擔保債務憑證。就讓我們來看看克萊羅斯的分身，了解其中的運作方式。

克萊羅斯房地產丙種擔保債務憑證股份有限公司創立於二〇〇六年，是一間總部設在知名避稅天堂開曼群島的有限責任公司（以下簡稱開曼克萊羅斯）。除此之外，開曼群島的法律提供保障，讓在當地登記成立的公司，不必像其他投資人在別的司法管轄區受到判決、心生不滿。開曼群島會直接不承認或不執行國外的判決。開曼克萊羅斯只有一個股東，就是克萊羅斯房地產丙種擔保債務憑證共同控股有限公司（Kleros Real Estate CDO III Common Holdings），一間總部設在美國德拉瓦的有限責任公司（以下簡稱德拉瓦克萊羅斯）。德拉瓦分身的存在，只是為了當開曼克萊羅斯的股東，和開曼克萊羅斯一起發行資產。多數時候金融資產只由一間機構發行，但多設一間克萊羅斯，本來在投資外國資產上受到限制的美國投資人（例如保險公司），就可以用這個設在美國的共同發行人來安撫主管機關。

德拉瓦克萊羅斯的資本額只有一千美元，除了開曼克萊羅斯的股份之外沒有其他資產。他們用兩千五百美元投資開曼克萊羅斯的股份，讓開曼克萊羅斯得以發行價值十億美元的擔保債務憑證，向投資人承諾回收固定報酬，並用開曼克萊羅斯日後購入的證券化資產來支付報酬。評等機構判定，證券化結構中次償分券的所有屋主，要在同一時間違約的可能性微乎其微，將開曼克萊羅斯擔保債務憑證最優先券次評為ＡＡＡ級。整個結構看起來就像神來一筆，不但運用公司的形式，還根據大膽的假設去估算違約可能性。剛開始開曼克萊羅斯向投資人以NC2次償分券的形式推出資產，並未受到投資人青睞，但結合了來自其他證券化結構的類似分券，看起來就很誘人。畢竟，不是所有次償分券都一定會違約，只要現金流充足，多數投資人都能在多數時間感到滿足，那就不需要太過擔心，或似乎不必擔心。

與屋主有關的信貸風險落在這條環環相扣的法人鏈最末端，結構資產看似經過詳細分級，擔保債務憑證如雨後春筍般不斷推出。二〇〇三年到二〇〇七年間發行了七千億美元的擔保債務憑證，來到擔保債務憑證市場的巔峰，承銷商通常是聲譽卓著的中介機構。(53)總的來說，美林證券、高盛證券和花旗集團證券部門「從二〇〇四年到二〇〇七年，創造超過三成的擔保債務憑證」，承銷克萊羅斯分券的德意志銀行和瑞銀集團則是在這個市場區塊中，世界首屈一指的銀行業者。(54)

但沒多久購買基本擔保債務憑證、複合式擔保債務憑證、分包擔保債務憑證的投資人就發現自己陷入困境。當不動產市場衰退、屋主違約、投資人需求枯竭，擔保債務憑證就變成了毒藥。沒有人想要再持有擔保債務憑證，因為沒有人確定裡頭究竟是什麼——儘管公開說明書向潛在投資人揭露詳盡的資訊。他們不得不接受，擔保債務憑證無法依約輕易兌換現金。來不及逃命的投資人眼睜睜看著自己的資產價值崩跌。更糟的是，再也沒有可靠的機構願意收購證券化交易中人人棄之如敝屣的券次。擔保債務憑證的泡泡破滅了，證券化市場也跟著停止運轉。

連帶地，創造出證券化市場的金融中介機構，包括貝爾斯登、雷曼兄弟等公司，紛紛猛然倒下。

根據未來收益創造出來的金融體系，以資本密碼的模組為裝飾，就像紙牌搭的屋子一樣分崩離析了。任何權利都可以穿上信託或法人的外衣，再用字母組合加以點綴，例如特殊目的機構（SPV）、不動產貸款抵押證券（MBS）、擔保債務憑證（CDO），以及這些產品的複合版本、分包版本，甚至異產品結合。但是，交易的另一端，依然還是那些老舊的小屋子，屋主幾乎無法負擔房價，一旦推升房地產價格的融資機制乾涸了，有可能無法維持屋子的價值。

私幣錬金術

自從有人類，世界上就有從無到有的夢想。錬金術士不斷尋找提煉黃金的祕方，政府則是一再將黃金和賤金屬融合，稀釋造幣廠硬幣的黃金成分，來提升國幣的消費力。[55] 當各國政府揚棄金本位制，許多政府無法抗拒盡可能多印紙鈔的誘惑，想要以此資助攻城掠地的雄心壯志，或進行社會福利改革——這麼做經常會讓國民承受巨額的通膨「稅」，演變到最後，很有可能導致惡性通貨膨脹，不但扼殺私人儲蓄，還引發社會政治動盪。一九二〇年代的德國已經是教科書裡的案例了，但惡性通貨膨脹（一般定義為每月通貨膨脹率達百分之五十）從未在世界上絕跡。可以想想委內瑞拉的例子，二〇一八年通貨膨脹率預估達到百分之一百萬。[56]

一般來說，政府會向人民保證經濟會成長，好支持國家（或中央銀行）印製的國幣，或政府用來填充國庫的公債。政府至少有權對公民施加義務，要求他們善用這些承諾，即使這樣表示，政府必須對國民實施嚴苛的撙節措施。[57]私部門沒有這樣的權力，他們只能善用擁有的資源，或善用其他人自願給他們的資源。儘管如此，私人中介機構無法抗拒不顧一切創造私幣的誘惑。他們想像未來會有巨額的報酬，但實際上卻不得不以貸養貸。等到問題發生，違約率提高，借款人不輕易借款，問題益發嚴重，私人中介機構只能向政府求救。

十九世紀，貝列拉（Péreire）兄弟在法國創造出類型不同以往的金融中介機構「動產信貸銀行」（Crédit Mobilier），想要實現「無紙幣銀行」的夢想。[58]一九九七年以選擇權訂價理論榮獲諾貝爾經濟學獎共同肯定的羅伯特・莫頓（Robert Merton），則是在一個多世紀以後，實現了類似的夢想——「無投資的報酬」——與人共同創立提供避險基金的長期資本管理公司。[59]聖西門學派社會主義精神運動的追隨者貝列拉兄弟，竟然會和精通金融資產數學模型藝術的當代經濟學家，追逐相同的夢，不可不謂諷刺。只可惜，對他們和我們來說，並非許多夢想都能成真。

貝列拉兄弟替未償債務持續再籌資金而發明銀行體系，令他們聲名大噪。[60]經過努力遊說，取得必要的銀行執照後，動產信貸銀行於一八五二年創立。[61]這間銀行是合資公司，在創辦人的擔保下取得六千萬法郎的資金，其中只有百分之五十實際用於創立銀行。隨後動產信貸銀行取得一億兩千萬法郎的儲蓄存款（即債務），並且發行了高達六億法郎的債務工具。這些公司債大都是短期附息固定債務——這也是住宅貸款抵押證券投資人偏好的資產。動產信貸銀行將他們從債權人那裡收到的錢，拿去投資鐵路、運河、公路、挖礦公司，以及法國和歐洲各地的銀行（從西班牙橫跨到俄羅斯）。動產信貸銀行持有這些公司的股份，將股份做為動產信貸銀行發行債券的抵押品——正是日後雷曼兄弟在舉債遊戲中運用的結構。

事實上，貝列拉兄弟用銀行當做支點籌措資金，再將資金投入歐洲各國的基礎建設公司。他們支付高額股利，藉此哄抬動產信貸銀行的股價，同時讓現有股東滿意，也吸引新的股東。但為了延續這個機制，不能只是吸引新的股東或債券買主，用他們投入的資金去支付股利，或用固定報酬去支付舊的股東和債券持有人。這跟龐氏騙局很像，二十世紀初，有個名叫龐茲（Ponzi）的義大利裔美國人，用承諾高額報酬的方式吸引投資人，實際上只是用新投資人的錢，去支付既有投資人的股利。[62]只要每天都有足夠的投資人加入，這個計畫就萬無一失，甚至可以在美國證券交易委員會等金融市場主管機關的強力監督下，運作數十年之久，就像伯納德·馬多夫（Bernard Madoff）用證券進行龐氏詐欺，直到二〇〇八年金融危機後才爆發。[63]某些時候，投資還是必須要帶來實質報酬，才能讓公司存活下去——這對動產信貸銀行來說簡直是天方夜譚，因為他們的投資大部分放在基礎建設計畫裡，在本質上都屬於長期投資。

最後，動產信貸銀行的投資人失去耐心，當很多人都有這種感覺，就會起帶動作用。動產信貸銀行的股價開始暴跌，機制完全失靈，接著就崩盤了。新的債權人不再加入，舊的債權人要求支付收益，拿不到錢就要求取走擔保品。不幸的是，用來擔保投資（動產信貸銀行收購的公司股份）的資產，沒有辦法及時產生實質收益。許多公司的股份其實績效很差，當這些公司的股票價值下跌，債權人想要彌補損失的希望便變得渺茫，告上法院也無力回天。

在動產信貸銀行還欣欣向榮的時候，幾乎沒有觀察家仔細檢視過動產信貸銀行的結構，了解它的本質，只有一個人例外。一八五六年，動產信貸銀行在債務壓力下倒閉的前十年，馬克思在《紐約論壇報》（*New York Tribune*）寫了一篇語氣嚴厲的評論。他觀察並提及動產信貸銀行的債權人：「因此，這些公司債的持有者，承擔股東的一切風險，卻不能參與利潤分配。」[64]這句話也適用於雷曼兄弟這類公司。如馬克思所觀察，動產信貸銀行的金融結構注定失敗，政府不得不全力紓困，但他也警告，成功干預並非得來全不費工夫。「拿破崙三世能證明自己比動產信貸銀行更有償債能力嗎？問題在這。」[65]

結果拿破崙三世確實比動產信貸銀行更有償債能力，而且最後他——確切來說是法國的中央銀行法蘭西銀行（Banque de France）——拯救了動產信貸銀行。但是當私人金融中介機構隻手遮天，把金融體系逼到絕境，找政府替他們紓困，許多國家的政府都因而破產。單單二〇〇八年的全球金融危機，就有冰島、愛爾蘭、西班牙等國政府破產的例子。[66]

長期資本管理公司商業模式可能比動產信貸銀行來得複雜，但商業策略背後的基本直覺很像：賭未來會如預期地更進步，以此進行槓桿操作，就算失敗了，還可以冀望政府強力提升流動性。長期資本管理公司於一九九四年創立，宗旨為實踐選擇權訂價理論，理論發明者莫頓則是在一九九七年，和同事一起獲頒諾貝爾經濟學獎——短短一年後，他們的基金就遭逢瀕臨破產的事件。選擇權訂價理論主張，遵循適當的避險策略，將風險分散於各部位，再分配給多元化的投資群組，便可消除風險。㊻只要市場持續運作（可惜實際市場很少這樣），投資人就能不斷採取重新避險的策略，來因應無時無刻不在變化的環境，一面承擔風險，一面將某些風險轉移給其他人，替將來的經濟衰退未雨綢繆。

建立長期資本管理公司的理論學家希望用選擇權訂價理論來幫自己賺錢。長期資本管理公司避險基金拿自己的資產投資外國債務，認為不同投資工具的價差會隨時間聚攏，以這樣的預測做為基礎，讓自己暴露於新興市場和已開發市場。長期資本管理公司有「太多」新興市場的主權債，「太少」美國國債。剛開始，一切按照計畫進行，頭三年，長期資本管理公司的報酬率在百分之十九到百分之四十二之間，一九九七年底，股票收益來到七十億美元。高峰期過後，一九九八年初，投資人領走二十七億美元，一九九八年秋天，長期資本管理公司瀕臨破產。

不該發生的事情發生了：東亞金融危機在一九九七年夏天爆發，新興市場債受到詛咒，一九九八年八月，俄羅斯的主權債就違約了。⑥⑧接下來，所有新興市場債價格彷彿一搭一唱，在同一時間應聲崩跌，而且美國國債和新興市場債的殖利率差距不如預期縮小，而是變得更大。理論上，即使這樣大難臨頭，長期資本管理公司也不至於太慘烈，他們把錢投資在世界各地的新興市場，假定這些市場不會朝同一個方向發展，但卻真的發生了。

長期資本管理公司完全不是在設計絕佳的避險方式，只不過是豪賭而已：賭新興市場和先進經濟體發行的主權債殖利率會彼此趨近，而且每個國家的債務不會彼此干擾。⑥⑨這個賭注，被快速蔓延的主權債危機給攪得天翻地覆。用馬克思的話來說，此時問題在於，時任美國聯準會主席的葛林斯潘先生，或是說聯準會本身，是否具有償付債務的能力。答案是肯定的。但是葛林斯潘偏向由私部門進行紓困，他對長期資本管理公司的債權人（受美國監管的大型銀行）施壓，要他們用債務（還款期限延展的貸款和債券）去交換股票或股份，取代創辦基金的諾貝爾獎得主，接手長期資本管理公司。⑦⓪這麼做能提高資本緩衝，讓長期資本管理公司能夠舉新債，繼續運作下去。

銀行起初不願意將權益轉換成股份，但他們後來獲利了。這個結果，經常被人拿來當做證明，吹捧長期資本管理公司理論正確。事實上，時間就是金錢，對短期債務交易來說，時間就是一切，選擇權交易者應該很能認同這點。時間不夠等於輸掉賭注，競爭市場經濟的嚴苛規範會把你逼得退出市場。遲繳房貸的屋主、付不出醫療帳單的年金領取人，會遭遇如此窘境；由

諾貝爾獎得主經營的避險基金，沒道理就不會發生。(71)

金錢的吸引力，以及創造更多金錢的誘惑，能帶動經濟成長和創造財富，但是做得太過頭，可能會侵蝕經濟體。有些國家會爆發惡性通貨膨脹，有些則是始終無法根除通貨膨脹的影響，許多國家因此將國幣供應（以及廣義的貨幣政策）交到獨立的中央銀行手中。(72)私幣過度供應，信用循環隨著動產信貸銀行、長期資本管理公司、雷曼兄弟這類公司的商業模式而大幅擴張和破滅，就跟公共貨幣供給管制太寬鬆一樣，會帶來嚴重的災難。從這個角度來看，改革也沒什麼可怕。要像一九三〇年代經濟大蕭條，發生沒有緩衝、全面爆發的重大危機，才會推動嚴密的長期法律改革。二〇〇八年金融危機後，美國、英國、歐盟的改革只處理了銀行的安全問題，卻沒有遏止推動鑄造私幣的力量。(73)新的法規限制會將舊的債務工具擋在合法的大門外，新債務工具必須想辦法規避限制，自然會衍生出新的形態。舊危機的記憶一消失，提倡自由市場的聲音就會再度抬頭，要求拆除阻擋私部門無限鑄幣的法規架構。

然而，正如ＮＣ2和類似的故事在這一章不斷出現，我們可以看出，就債務市場來說，自由市場的口號完全不適用。問題甚至不在設立或解除法規。ＮＣ2、克萊羅斯分身，以及它們的眾多前身，都在法律編碼下成形，雖說只存在於私法，並非公法精心設計的權益，但私法最終也仰仗國家權力維護。少了資本的法律編碼模組，這些工具甚至無法存在。

在本質上，這些資產都只是借據而已，承諾在未來的某一天支付特定金額。這類承諾可以基於私交訂立，也有可能形成法律上的承諾。套上資本的法律編碼模組後，承諾轉變成吸引投資人的金融資產。財產權和擔保法會建立優先權，信託和公司法可以分割資產，保障資產不會被太多債權人求償，而破產法則可以讓某些債務創造者比其他人更有起始優勢，甚至不必簽訂合約或溢價購買。私幣是以法律密碼組成、最終必須仰賴國家支援的債務形式，打從存在起，私幣就助長了資本主義。政府必須明白這一點，持續掌控私幣的通貨膨脹程度，因為在經濟蓬勃發展時，政府愈是屈服於私幣製造者的意志，等到經濟無法負荷債務壓力，就愈難從泥淖中掙脫。

5 納自然法則為己有

無形資產如何編碼為智慧資本

前幾章介紹，數百年來人們如何發揮創意，用法律模組將資產變成資本，從存在於法律之外的土地資源開始，很快便發展到完全依賴法律存在的資產，包含第三章討論過的公司股份和債券，以及第四章討論的一般票據、匯票、住宅貸款抵押證券、擔保債務憑證。這一章，我們要討論法律編碼可以用在知識上，連大自然的密碼都不例外，方式就是用法律圈住知識，將其他人排除在外。多數智慧財產權存在時間有限，所以帶來的財富也有乾涸之日。然而，只要改變原始發明的某些特徵，或是用沒有時間限制的法律模組重新編碼（如營業祕密法），就有辦法延長智慧財產權的時效。

人類要到十九世紀，才由身為修士的植物學家孟德爾發現生命的遺傳基礎。一九四四年，科學家發現去氧核醣核酸（ＤＮＡ）是基因資訊的載體，一九五三年，詹姆士・華生（James Watson）和法蘭西斯・克里克（Francis Crick）發表論文，描述DNA的雙股螺旋結構。①他們的研究代表著重大突破，帶領人類對生物學、遺傳、演化有劃時代的認知。兩位科學家也因此和莫里斯・威爾金斯（Maurice Wilkins）在一九六二年共同拿下諾貝爾醫學獎。從此以後，基因研究便大有進展。雙股螺旋的研究論文發表五十年後，人類基因體計畫（Human Genome Project）描繪出智人的完整基因序列圖譜，「人類有史以來第一次，能夠解讀大自然造人的完整基因藍圖」。②

將知識轉換成帶來財富的資產，沒等基因序列完全破解，這場競賽早已展開。基因序列解開前幾十年，就有人申請專利保護生技發明。美國政府為國立衛生研究院（National Institute of Health）的人類基因體計畫提供資金，負責保護做為公共財的人類基因體，不致被專利主所獨占。但仍有一些零星的基因密碼列為專利，多半落入美國手中——美國的專利制度向來標榜「太陽底下的人造物」都能申請專利。③在這種無邊無際的智慧財產權概念下，除了發現大自然的密碼可積極納為己有，將其他領域的技能、知識納為己有也不成問題。

一九一八年時，布蘭代斯法官（Justice Brandeis）其實主張「法律通則為，經由自願溝通，最高貴的人類產物（知識、確定的真相、構想、概念），可如空氣供大眾自由取用」。④取之不盡、用之不竭之物，究竟為何要有排他的權利，甚至短暫的排他權利？知識畢竟是「非競爭財」，不能變成「公共財」，人類應該要互相分享數百年來累積的知識。儘管如此，布蘭代斯法官寫下這些話後不到一百年，人類透過法律，將「知識公有物」進一步據為己有，情形已然超越布蘭代斯法官的想像。⑤

以法律納事物為己有之戰，總能進一步擴大現有的疆界，如同我們在英國和英國殖民地圈地運動看到的例子。基因密碼一發現，最高法院立刻就面臨到，當大自然本身的法則被預先設為法律的圍欄時，該如何劃分這條界線。⑥第一件與此相關的重大訴訟案，爭議在有系統地製造細菌。這些細菌量足以分解原油，它們的確誕生於自然，但要經過基因工程編輯，才會出現這種型態，於是法院核准了這項專利。

華生和克里克發表DNA結構論文六十年後，人類基因體計畫也結束十年了，美國最高法院終於不得不在二〇一三年判決，未修改的人類基因究竟是否能夠申請專利。換句話說，我們是否能賦予專利持有者權利，使其將全人類當做財產，合法據大自然的原始密碼為己有。⑦最高法院的答覆是一致否定，但法院有限度地同意這麼做，法官沒有質疑基因專利的基本道德問題，只是根據白紙黑字去解釋《專利法》（Patent Act）。《專利法》最早制訂於一七九〇年，最新版本寫著：「發明或發現**任何新的實用**程序、器械、製造方式、成分，抑或任何新的相關實用**改良物**，不論是誰，皆得取得其專利，受此權利條件及要求所規範。」⑧

這條法律強調創新和實用性，不但納入原始發明，也包含了「改良物」，這樣的觀念，我們在殖民地圈地運動也曾遇過。根據法條的籠統描述，司法體系有權管理專利要件的範圍，而最高法院規定，「自然法則、自然現象及抽象概念」不屬於專利要件的範圍。⑨例外項目看似訂得明確，要劃定界線時卻模糊了起來。整串基因序列或許是大自然的一部分，那人類把其中一段基因序列抽出來呢？能不能申請專利？還有，研究人員複製大自然的巧妙設計，只修改其中的一小部分呢？例如，違反自然界常見做法，將一段基因序列剪掉？

美國最高法院二〇一三年的判決有一段寫：只將ＤＮＡ序列獨立出來，而無任何人為改變或修改，屬自然法則，不符專利要件。反之，合成ＤＮＡ不存在於自然界，得申請專利。科學家對法院的正義並不領情，他們主張，法律上的區分對科學毫無意義，「決定合成ＤＮＡ的核甘酸序列的是大自然，不是實驗人員」。⑩但最高法院相信，人類製造出無內含子的ＤＮＡ，創造全外顯子分子。縱使合成ＤＮＡ複製的成熟信使核糖核酸中，也有這類無內含子的分子，只將密碼寫入ＤＮＡ也算製造。

法院也費了一番心思，指出此案判決無涉用科學方式改變人類基因的專利要件。⑪我們可以將此解讀為，法院邀請私部門在未來的案子中，一起開拓基因專利的疆界。法院再次劃出界線，卻沒有將未來的挑戰之門闔上。

由誰選擇？

二〇一三年五月，演員安潔莉娜．裘莉向媒體投書，在一篇名為〈我的醫療抉擇〉（My

Medical Choice）的文章中，揭露自己動了雙乳切除手術。⑫她去做基因檢測，診斷出帶有BRCA1癌症基因，罹患乳癌的可能性大幅提高，因而做出動手術的艱難決定。女性平均百分之十到十五有罹患乳癌的風險，而裘莉的乳癌罹患風險預估百分之八十七，併發卵巢癌的機率也很高。這篇內容極為私密的投書提到裘莉的媽媽在五十六歲時罹患乳癌過世，也提到了裘莉的小孩和先生，以及她接受的雙乳切除手術、術後復原過程。文末裘莉才暗示，在這背後有一場更大的戰爭：基因檢測私有化的戰爭。她表示，BRCA基因檢測的費用約三千美元，大部分女性都負擔不起，所以她們將她做的醫療選擇拒於門外。

她的文章沒有提到，這筆三千美元的基因檢測費用，落入擁有多項BRCA基因序列專利的公司手中，他們獨占美國的基因檢測市場，而當時，BRCA專利核發前就存在的無專利檢測，費用只要一百美元。⑬正是因為這項專利，美國最高法院才會在先前提到的訴訟案，裁決人類基因符合專利要件。口頭聽證會於二〇一三年四月舉行，同年六月法院做出判決。

這項法律爭議的背景故事很有意思，可以從中看出，人類再次想辦法占據事物；這一次不是爭奪土地，也不只是爭奪人類的專門知識或技巧，而是爭奪自然界的密碼。⑭故事裡，巨數遺傳公司（Myriad Genetics）扮演禁止土地共用者繼續用地的地主。⑮這間設在鹽湖城的營利上市公司，⑯在一九九一年由任職於猶他大學的馬克・斯科尼克（Mark Skolnick）博士與一家當地資本創投公司共同創立。公司創立前不久，學術界才發表一篇開創先河的文章，證明乳癌與基因有關，雖說還沒定出序列，卻已找出乳癌基因的位置。[17]突破之所以能實現，要歸功於國際乳癌聯合集團（International Breast Cancer Linkage Consortium）成員聯手進行重大的科學研究。數百名科學家在各國政府大力贊助下，參與了國際乳癌聯合集團的研究活動。

接下來就是找出精確的序列了。為了達成目標，國立衛生研究院贊助興辦一項重大研究計畫。斯科尼克博士發現好機會，便鼓吹私人投資者砸大錢挹注他的研究計畫，好讓他在與國際乳癌聯合集團的競爭中勝出。積極應戰是科學家在學界的普遍做法，沒有專利或類似限制阻礙，他們不怕彼此激烈競爭。競爭獎賞就是，在《自然》（*Nature*）和《科學》（*Science*）等重要期刊發表論文、獲得同儕肯定，日後募集資金比較容易，升遷也比較順利。但斯科尼克博士和他找來的創投業者要的不同：他們想掌握乳癌基因專利的收益。

一九九四年九月，巨數公司與合作夥伴宣布擁有這項基因序列，隨即提出專利申請。不到幾年時間，他們又取得ＢＲＣＡ２的專利。在這場人類基因大戰的另一端，大部分的學界科學家領取大學、研究實驗室、政府的薪水或私人補助金，投入時間和貢獻努力，為了找出重大疾病的基因缺陷。

先前已經有許多診所，為有乳癌家族史的女性提供ＢＲＣＡ檢測。他們可以說是乳癌基因的共同使用者，前不久被法律用籬笆擋住，一如當年土地共用者被英國地主用籬笆隔離。巨數公司初期先釋出善意，從賓州大學、紐約大學、癌症基因網絡計畫研究網（Cancer Genetics Network

Project）等機構診所下手，希望簽訂合作許可協議（但研究範疇及患者共享資訊有限）卻未如願以償，便聘請法律事務所，對診所發出禁制令，威脅若是違反巨數公司新註冊的專利權，就會告上法院。

在專利案件裡，你不能對地主宣稱擁有的土地強拆籬笆，或在土地上強種作物；專利是法律的產物，唯一的戰場就是法院。所以，這些共用者集結力量，向法院申請撤銷巨數公司的專利。主要告訴人是美國分子病理學協會（Association for Molecular Pathology），其他告訴人則有美國醫學遺傳學會（American College of Medical Genetics）、美國臨床病理學會（American Society for Clinical Pathology）以及數名收到巨數公司禁制令，不得不停止為患者進行檢測、中止相關研究的醫師和科學家。這場戰役打得艱辛。地方法院支持科學家，但上訴法院站在巨數公司那邊。告訴人只好把戰場層級拉到美國最高法院，終於取得勝利。

最高法院的判決跌破許多專利專家的眼鏡。專家認定，美國專利局二十多年來對基因序列的專利申請態度開放。巨數公司甚至主張，最高法院應該尊重美國專利局的做法，但主張無效。最高法院主張有權裁定《美國專利法》（US Patent Act）的文義，並將解釋套用於新技術發展。儘管如此，告訴人的成效卻很有限，無法全面影響其他已經取得、卻有可能與新規定產生衝突的專利。除非私人競爭者動用資源逐一告上法院，否則壟斷者就會繼續將自然密碼據為己有，圖利專利持有者與公司股東。⑱而且他們會提出由來已久的論調，也就是少了經濟利益，創新做法不會問世。但BRCA訴訟案的背景故事證明了相反的觀點：許多科學家、政府和私人機構願意投入資源，只為發現重大疾病的根源，以及了解自然界的法則。事實上，基礎科學研究的資金往往來自政府，而非私人公司，因為投入研究的報酬很難預料。私人創業家會耐心等待，等到研究發現可以賺錢、可以在法律編碼下化做資本。⑲

專利具有金錢價值，我們以為，巨數公司失去專利會遭受嚴重打擊。事實上，巨數公司受到的金錢打擊，不如我們想像的嚴重。原因在於，一九九四年巨數公司註冊第一項專利，二〇一三年巨數公司DNA專利撤銷，這幾年之間，巨數公司已經獨占BRCA乳癌檢測市場。他們宣稱自己的檢測是新的「黃金標準」，其他檢測效果較差。此事證明，獨占會使有用的基因檢測不受重視。總之，一九九七年到二〇一三年，巨數公司「大約為消費者進行一百萬次檢測，進帳二十億美元，八成來自BRCA分析產品」。⑳BRCA基因專利撤銷後四年，巨數公司二〇一七年收益七億七千一百萬美元，財報中有七成四收益來自「遺傳癌症檢測」。㉑

《美國憲法》賦予國會權力，使其得以「為作者及發明者，針對其著作及發明保留有期限的排他權，以此促進科學與實用藝術之發展」。㉒這麼做等於承認智慧財產權是法律的產物，將定義權力交至國會手中。創造臨時獨占的理由，在於能為發明者、藝術家提供誘因，完全掌握創作的金錢價值。政府擔心，若不提供誘因，發明者或藝術家會停止從事可能為社會帶來重大貢獻的活動。但千百年來，人類的創意活動並非全由金錢利益推動。縱使智慧財產權制度齊備，多數作家、作曲家、發明家從事創作，也只能賺取微薄利潤。以智慧財產權從事合法獨占，最終受益人是透過專利賺錢的企業，而企業這麼做，是為了股東的利潤。[23]其實現在，大部分的美國專利都不是由個人提出，是由法人提出申請。法人是法律的產物，不具智力，也不具創作能力。二〇〇二到二〇一五年之間，美國專利局對美國和外國專利人，核發超過四百六十萬件專利。約百分之十二發給個人，不到百分之一發給政府，卻有百分之四十三．五發給外國公司，百分之四十四．一發給美國公司。[24]這些數據凸顯了專利的權力與商業用途的關係較大，與滿足創作欲的關係較小。

允許獨占往往是為某些對象（獨占者）創造利益，讓其他人來付代價。極端情況下這麼做或許合理，但一定要平衡等式兩端的成本和利益。將知識據為己有的社會成本有可能非常高，因為掌控知識等於獨占行為，若不獨占，或許知識可以在不損及發明者利益的情況下，為所有人謀福利。儘管如此，各國政府仍然支持人們將知識據為己有，讓資本密碼大師和專利主管機關的官員，去管理圍圈知識的界線，法院自己偶爾監督一下。

無形資本

後來經濟學家總算發現資本不是一樣東西，而是一種特質。只是，大部分的人都沒有這點認知。哈斯克爾（J. Haskel）和韋斯萊克（S. Westlake）在近期出版的著作《沒有資本的資本主義》（*Capitalism without Capital*）中主張，今時今日企業龍頭的市場價值並非取決於他們擁有和用來生產物品的有形資本，而是取決於無形資本：他們擁有的專利、著作權、商標，以及他們發展出來的品牌和商業流程。[25]但作者把資本的範疇規定在你我可以看見和觸摸到的有形事物，並做出結論，我們住在一個不可思議的新資本主義世界，這個資本世界裡**沒有**資本。

會發生這種情況，是因為大家依賴事物的表象，忽視了決定外在樣貌的編碼手段——外表是會騙人的。哈斯克爾和韋斯萊克並非沒有留意到法律議題，他們甚至在書中編了一張表格，列出各式各樣的無形資本，與相關的法律規定以及國民帳互相對照。[26]表格顯示，無形資本中約有一半未列入國民帳，但都有法律的記號，名稱包括專利、商標、財產權，以及代表雜項的「其他」；可以解讀為商業機密或商業流程。但兩位作者遲遲不敢做出一個顯而易見的結論，就是無形資本與法律密切相關，法律其實是將概念、技能、專門知識，乃至流程，轉換成資本的原始碼。

兩位作者精通會計，不願拋開自己的信念架構，這點與美國最高法院已故法官史卡利亞（A. Scalia），在巨數公司的BRCA訴訟案中，難以接受科學基礎，有異曲同工之處。最高法院判決書前半部，詳細描述基因為生命源頭的科學知識，史卡利亞法官則在一份共同聲明中，與此部分切割。虔誠的天主教徒史卡利亞寫道：「我無法根據自身的認知，甚至信念，去證實這些細節。」㉗而身為會計學專家，哈斯克爾、韋斯萊克似乎不能認同，法律是資本編碼的要角，便將法律排除在方程式外。

整體而言，經濟學家和會計師傾向於將資本看做實體投入，是生產的兩大要素之一，但實際上，資本從來就不是一樣東西，關鍵始終在於資本的法律密碼；從來就不是投入、產出如此單純，而是在掌握預期收益並將之貨幣化的能力。㉘馬克思學派至少認為，資本是一種關聯概念，強調資本和勞動之間存在剝削關係。但他們也低估了，法律在財富創造過程的角色。㉙將資本的法律編碼模組轉移到資產上，資產持有者能對他人行使權利，或是擁有優先於他人的權利。這名資產持有者的權利較能耐久，若想保留過去賺得的利潤，可將利潤兌換國幣而少受阻礙。最後一點，這些特權普世通用，能在世界各地行使。

凡事都有例外，有例外就不是法則。有些經濟學家認為，只從看得到和摸得到的角度觀察世界，可能會造成嚴重誤導。例如，知名學者羅伯特．索洛（Robert Solow）在一九八七年曾說：「電腦革命的痕跡俯拾即是，從生產力數據卻看不出來。」㉚之後，便有人開始衡量無形資本，將其納入國民帳、公司生產力和股東財富。索洛說得沒錯，「有衡量就有進步」，但在這件事情上，似乎要顛倒過來：這類東西似乎具有價值，我們要能對其加以衡量。㉛

自從傳統的「實體」資本，包括土地、工廠、機器和其他有形資產，價值開始下跌，衡量和評估無形資本的價值就更加重要。證據顯示，一九九五年到二〇〇三年間，傳統資本投入只占美國經濟成長的百分之八，而無形資本投入，則從一九七〇年代晚期的百分之四，增加到二〇〇六年的百分之十以上。32 雖然其他主要經濟體沒這麼明顯，但在美國和英國，目前無形資本投入已經超過有形資本。33

儘管人們強力主張，將資產據為己有能鼓勵私部門投入資本和創意，但是獨占知識卻不能帶來重大經濟發展。相反地，企業龍頭市值中無形資本占比提高，投資反而會減少。幾位經濟學家認為，目前處在「長期停滯」（secular stagnation）狀態，公司現金滿手卻缺乏投資計畫。有人說，等投資中全都是無形資本，現象就會消除。34 但也有人指出，人們將知識據為己有，是造成投資機會減少和導致「投資荒」的原因。35 雖然專利只是暫時獨占，但長期效果遠遠超過持有專利的時間。專利使他人不得使用、改良或投資知識，進而導致財富分配不均。如帕加諾（U. Pagano）所言：

> 現代資本主義有制度化的傾向，其中似乎存在顯而易見的矛盾：現代資本主義的技術具備知識密集的特徵，應該偏好由小公司組成的民主經濟體制，這些小公司運用的是非競爭知識；但相反地，由於知識私有化的緣故，股票在全球金融市場上市的大型跨國公司，在世界經濟中日益占據支配地位。36

依照本書提出的觀點，一點矛盾也沒有，反而符合以法律編碼資本的邏輯，其根本原則在於，有些資產（連帶包含資產持有者），享有其他資產所沒有的特權。這些資產的權益在世界各地效力強大，甚至能讓權益歷久不衰，不但承受得了無預期事件——標準經濟模型中引起不均衡的「外生衝擊」（exogenous shock）——也能與競爭力量抗衡。競爭是市場運作的核心要素，有助於帶動熊彼得（Joseph Schumpeter）提出的創造性破壞，刺激經濟發展。[37]但資本的法律密碼並不遵循競爭原則，而是根據權力和特權的邏輯來運作。

藉財產權發展產業

城市、地區、國家的統治者很早就發現，提供特殊的法律保障，能夠留住當地的工匠和藝術家，並吸引外國工匠和藝術家。數百年來，知識、技能高人一等的工匠和藝術家請求統治者賦予法律特權，保障技能不受競爭對手影響。歷史記載保障手段可追溯到十四世紀。舉例來說，一三三一年，愛德華三世承諾保障約翰．卡姆比（John Kempe）的公司，也就是位於英吉利島上的法蘭德斯紡織廠（Flemish Weavers）。[38]一四四〇年，約翰．希德梅（John Shiedame）為新興製鹽技術取得專利。[39]都鐸王朝時期，英格蘭將專利核發給外國工匠則是非常普遍，當時為王室提供服務的人才，有來自歐洲大陸各地的工匠。歐陸國家的統治者用美麗的建築、紡織品、陶器、藝術品來展現權力，英格蘭以此做為產業政策，好讓王室能在角力中占有一席之地。

所有工匠都能擁有完整法律保障，這類一般性法規，最早的例子是威尼斯參議院在一四七四年通過的法令。㊵根據規定，工匠必須註冊「此司法管轄區先前所不具之創新精良技術」。註冊以後，其他人都不能使用相同技術。技術持有者可以對違背法令的人提告，「本市機構皆可受理，並命令犯法者支付一百元的硬幣，同時立刻銷毀犯法者製作之工藝品」。但威尼斯市本身可以「依照本身用途及需求」自由使用該項技術。㊶參議院似乎要在保留威尼斯市取用技術的權利下，才願意將這項法律特權擴大；他們要確保，私人特權不至於排擠公共用途和公眾利益。

一時的法律特權和一般法令之間（例如一四七四年威尼斯參議院頒布的法令），有一項關鍵差異。臨時特權可以因事制宜，用來施惠、提高收益、吸引外國工匠，或是促進當地工藝和產業發展。尤其是，伊莉莎白一世將這類獨占權的變通性發揮得淋漓盡致，最終在一六二四年催生英國的第一條專利法：《專賣條例》（Statute of Monopolies）。這條法律旨在限制王室隨意授予專利或類似的獨占權，包括相關的書信、認可、委任、證書或專利。㊷受侵害的一方可根據普通法的一般原則質疑這類特權。特別的地方是，不得對「托拉斯和首位發明者」或「首位製造者」的「新」生產行為提出質疑，亦不得對國會賦予的專利和其他特權提出質疑。㊸顯然國會認為，自己在賦予少數人特權所引發的紛爭上立場超然。

將特權賦予合法化後，國會可以限制王室，使其不能隨意授權。從前，專利是受限制的例外做法，不屬於一般的獨占；現在，卻成為寶貴的資本資產，可以在法庭上爭取，也可以在立法機關遊說。專利獵人訴諸自然權利和洛克（J. Locke）的自由主義，接收他人的勞動成果，罔顧專利對手強調獨占會造成反競爭效果。在許多國家，智慧財產權合法化引起激烈辯論，遭到強烈反對。荷蘭甚至在一八六九年揚棄專利制度，其他國家則是在內外壓力交逼下，反覆更改數次。

一八七三年，奧匈帝國想要吸引歐洲各地的公司，來參加在維也納舉辦的國際展覽，可能參展的公司堅持，奧匈帝國要用法律保障他們的無形資產，才會答應參展。為了順利展出，奧匈帝國通過了臨時法律，保障外國參展人的智慧財產權。[44]最後，這場展覽變成一場大災難，但原因卻是兩起不相干的事件：重大金融危機和霍亂爆發。儘管如此，這場展覽令國內和國際上的法律制訂者開始思考是否該制訂跨國智慧財產權。這件事也成為推動世上第一條跨國條約的力量，即一八八三年制訂的《保護工業產權巴黎公約》（Paris Convention for the Protection of Industrial Property）。[45]

主權國家透過簽署這類國際公約，認可依照外國法律智慧財產權的法律保障，但他們堅持要以互惠的方式進行：他們會認可外國政府賦予的權利，前提是這些國家也要承認己方制訂的相同權利。無形資本的財產權國際化成為強而有力的論述，支持國家保障本國權益，原因顯而易見。不跟隨潮流的國家，現在只能勉強選擇當個局外人，不但會因此削弱吸引外國公司的能力，還會讓本國公司有可能在外國犯下智慧財產「竊盜」的罪行。

自由交易派和提倡臨時獨占的人，也在美國激烈交鋒。十九世紀、二十世紀初期，輿論大都較不支持無所不包的智慧財產權。當時美國的經濟仍然處於相對落後的狀態，正在努力追上歐洲的工業化強國，尤其是英國，所以美國沒有理由強力保障無形資本，更沒有理由阻絕可能帶來經濟發展的知識來源。但是隨著美國成為工業國家的龍頭，態度便跟著轉變，成為全世界最大力支持智慧財產權的國家。

在美國的私人產業帶領下，美國的智慧財產權逐漸符合國際上的法律規範。私人產業不僅要求強化本土的智慧財產權，也要求將保障範圍擴及全球。但說得容易、做得難，因為主權國家會基於禮讓原則，限制本身的國內法律，不使法律管轄範圍超出領土。解決之道就是：不論行為是否觸犯發生國的法律，皆視為對智慧財產權的不公平競爭侵害，受美國法律的保障。除此之外，私人產業督促美國政府用貿易制裁手段，對付不遵循美國規定的國家。㊻根據一九七四年重新訂立的《貿易法》（Trade Act），公司甚至有權請求美國政府，對其他國家實施貿易制裁。㊼這類請求不具法律約束力，卻成為業界向政府施壓的有力工具。一九七四年的《貿易法》還引進了諮詢委員會制度，將私人產業的利益深植於美國的全球貿易政策。《貿易法》提及公民應當將需求告知政府。然而，多年來參加這些委員會的人士，若不是公司的執行長，就是大企業的老闆，並非一般民眾。[48]

特別是，有個人在美國專利保障全球化的過程中，留下了深刻烙印，就是輝瑞大藥廠（Pfizer Pharmaceuticals）的執行長艾德．普拉特（Ed Pratt）。他在一九八一年擔任貿易談判諮詢委員會（Advisory Committee for Trade Negotiations，以下簡稱ＡＣＴＮ）主席，為委員會訂出往後數年的方針。[49]輝瑞是二戰時期為盟軍提供盤尼西林的主要供應商，在政府的強制受權下經營事業。大戰結束後限制取消了，各家公司急於為自家藥品申請專利，使財產權的分割極度不符效率。[50]為了進入美國市場，公司紛紛同意用交換專利的方式，來鞏固自身的利益——導致美國政府開始進行反托拉斯調查。但美國之外還有其他市場，輝瑞的專利涉及許多傷口感染的患者，艾德．普拉特帶領輝瑞，在發展中國家取得極為可觀的市占率。輝瑞不太關心專利的海外運用情況，只要這些國家缺乏競爭技術就行了，如此一來，在擁有主要的比較優勢下，憑藉專門知識的落差，就能賺取利潤。然而輝瑞逐漸面臨到兩項障礙：以印度為首的發展中國家，不但制訂法律鼓勵國人自行生產廉價藥品，還限縮私權的範疇。[51]除此之外，愈來愈多國家取得製藥專門知識，足以與西方國家的公司互別苗頭。

要解決這個天大的難題，方法就是：依照美國法律發展出來的標準，將專利推廣到世界各地，由輝瑞執行長艾德．普拉特擔任主席的ＡＣＴＮ，則是推展計畫的重要工具。強化美國貿易制裁體系，也是策略的一環。美國在簽訂新的雙邊或多邊貿易協定時，以專利全球化為簽約條件，進一步在其他地區保障智慧財產權；不願意簽訂協議的國家，就不能進入美國市場。㊾但美國的終極目的，其實是將美國公司在本土獲得的保障標準，完全納入單一多邊協定。

逼迫他國的手

一九九五年一月一日，世界貿易組織（World Trade Organization，以下簡稱WTO）成立，這麼久以來，終於有一個組織負責監管國際貿易活動。早在第二次世界大戰結束，各國就有想要成立WTO的念頭，但美國國會拒絕通過WTO的成立條約，致使WTO成立受挫。於是寬鬆許多的《關稅暨貿易總協定》（General Agreement on Tariffs and Trade，以下簡稱GATT）取代了WTO的地位。各國開始在GATT的主持下進行多邊貿易談判。GATT變成由多數已開發國家掌控的平臺，在一連串談判回合中，逐步鬆綁國際貿易。全球自由貿易制度終於建構完成之際，《與貿易有關之智慧財產權協定》（Agreement on Trade-Related Aspects of Intellectual Property Rights，以下簡稱TRIPS）在自由貿易體制下，用智慧財產權為名義，替獨占開拓了一條重要道路。TRIPS讓北方國家技術較為先進的公司，有辦法將專門知識據為己有，令發展落後國家的潛在競爭對手無法自由運用知識。

TRIPS協議並未徹底整合智慧財產權，只是針對權利的範疇及適用期間，建立起最低標準。TRIPS沿用美國的模式，規定除流程之外，知識的產物也可以申請專利——相較於許多國家的專利權，專利的適用範疇擴大了。此外，專利期限一律設為二十年。不過，TRIPS最大的特色是管制範圍擴及全球。美國貿易談判代表的初步要求，沒有獲得其他先進經濟體響應，在開發中國家這邊又遭到了頑強的反抗。

國際協議和規範並非總是由各國政府及其代表來決定。仔細檢視全球規範的出現，你會發現，私部門主要參與者在國內的組織能力才是箇中關鍵。[53]事實上，全球智慧財產權的誕生，可以直接追溯到美國私人事業的創立，以及他們在其他先進經濟體動員同伴的能力。美國在一九八六年成立智慧財產委員會（Intellectual Property Committee，以下簡稱IPC），讓商業成為國家的領頭羊。IPC以ACTN為參考架構；ACTN鋪好一條道路，讓美國可以用貿易制裁的方式，在國外保護美國的智慧財產權，而ACTN的目標，就是將美國智慧財產權制度延伸到世界各地。IPC會員包含跨部門的業界領袖，有的來自製藥產業，有的來自電腦科技業，有的來自通訊業，例如：必治妥（Bristol-Myers）、杜邦（DuPont）、富美實（FMC Corporation）、奇異（General Electric）、通用汽車（General Motors）、惠普（Hewlett-Packard）、IBM、嬌生（Johnson & Johnson）、默克（Merck）、孟山都（Monsanto）、輝瑞、洛克威爾（Rockwell International）、華納（Warner Communications）。[54]

這些公司聯絡同類型的歐洲公司和日本公司，一起組成全球事業聯盟，要求更嚴密的智慧財產權保障。[55]開發中國家和新興市場，有許多領教過美國的貿易制裁手段，知道美國為了在海外保障自己的智慧財產權，會實施強硬的手段；因而，這些公司要爭取開發中國家和新興市場的支持，美國貿易制裁體制幫了一把。舉例來說，一九八九年，美國對巴西祭出五千九百萬美元的關稅制裁，直到巴西承諾重新訂立智慧財產權制度，才取消制裁措施。墨西哥害怕遭受相同制裁，便同意接受一九九四年《北美自由貿易協定》（North American Free Trade Agreement，以下簡稱NAFTA）中廣泛的智慧財產權保障規定。[56]其他國家因為害怕要是不加入，會被主要市場排擠，因而紛紛簽訂TRIPS。還有其他國家，則是為了行銷農產品而簽訂這項協議，事後卻證明他們賭錯了，農業貿易談判遲遲沒有進展，主因在北方國家的阻力。

雖然業界強力支持，但還是有許多批評TRIPS的人，包括美國和世界各地首屈一指的貿易經濟學家。[57]他們認定智慧財產權是一種獨占行為，會對世界貿易帶來新的障礙，呼應自由貿易提倡人士在十九世紀提出的主張。儘管如此，TRIPS仍然通過了。觀察相關現象的德霍斯（P. Drahos）直指TRIPS的基本機制，認為「國家逼迫他國」的手段經常是武力，但在此事上用的卻是經濟和權力。[58]可是政府並非法律改革背後的主要推手，在這個例子中，以美國為首的國家，是聽命於業界的龐大利益。

一個國家有可能簽下許多國際協議，但執不執行通常又是另一回事，而且其他國家也很難保證，該國會確實遵守協議。縱使他們告上國際法庭（International Court of Justice），國際法庭也做出有利判決，若是該主權國家不予理會，也無法期待會有法警或其他執法機構執行判決。WTO跟大多數的國際協議不同，WTO有完善的爭議處理機制，甚至有受理上訴的機構。WTO沒有警長或法警，所以沒有象徵主權國家的強制執法權力。但WTO的法規能賦予勝訴的國家權力，若敗訴國家不遵循規範，勝訴國可對敗訴國施行報復。[59]重點在於，只有涉及爭議的國家可以採用報復手段，對沒有什麼經濟實力的國家來說只是看得見、摸不著的武器，但對大型經濟體來說，可就如虎添翼了。雖然還是要提出訴訟，但在美國，私部門絕對可以運用手段，透過美國政府，確保此一執法機制順利運作。

TRIPS的故事有一些地方和第二章討論過的用法律征服外國土地很像。當移居者抵達「新世界」的時候，他們會宣稱，在他們之前不可能有其他人主張所有權，因為發現和改善該地的人只有移居者。雖然是原住民先來到那個地方，卻會在未經正當程序或接受適當補償下，被人從自己的土地驅趕出去，因為他們主張的所有權未受法律認可。若相同資源的所有權有爭議，發現和改良足以推翻先來後到的原則。

在類似的脈絡下，早期WTO想要確保TRIPS可以居中調停，成為決定智慧財產權歸屬的方式，卻受到北方國家的私人事業反對。他們極力主張，這種法律選項提供了「不當的智財權手段」。[60]在他們心中，只能用一種方法來規範智慧財產權，就是美國的方法。事實上，不管是智慧財產還是其他財產，都沒有一種世界通用的財產權。英國樞密院和貝里斯最高法院，將原住民的土地使用方式視為財產權的時候，對這一點有充分的認識——這樣的原則，可以也應當適用於智慧財產權。依全球先進經濟體的商業利益，同意採行特定處理方式，世界因此錯失大好機會，既不能打造深具意義的多元化智慧財產權制度，更重要的是，也不能為全球知識留有一點公共空間。有時，資產貨幣化的訴求得到支持，資產便編碼為資本。

大數據時代的營業祕密

財產權是有國家背書的法律特權，能將持有者的優先權延伸到全世界。不是任何一種權利主張，國家都會用強制力加以保護。財產權通常採用列舉的方式，會受形式影響，必須遵守揭露的規定。專利也是這麼回事。專利必須符合發明專利的法律標準，例如創新度和實用性。專利申請人必須披露該項發明的核心特色，才能取得專利，這就意味著，產品的某些資訊會洩漏出去。但倘若發明人需要政府承認並保障發明人在世界各地的權利，就不得不警告其他人哪些內容和範疇不得受到侵犯。否則，其他人如何知道自己侵犯到發明人的權益?

披露發明細節當然對可能拿下獨占權的人沒有什麼好處。當然，沒有人是被逼著去為發明或發現申請專利。若潛在專利所有人擔心披露太多祕密會損害他們的發現或發明，那他們就有可能決定放棄所有專利，轉而尋求營業祕密法的保障。[61]甚至可以兩種都利用。在這個大數據的時代，技術進步、專利和營業祕密不再是互相替代的方案，而是互為補強，具有排他的強大效果。[62]

巨數公司在專利消滅後好幾年，還能用BRCA賺取利潤，說明了這套機制的運作方式。巨數公司在一九九四年取得BRCA1的專利，美國最高法院在二〇一三年撤銷專利。儘管如此，直到二〇一七年，巨數公司仍然靠BRCA專利賺錢。他們之所以能繼續賺錢，是因為巨數公司將BRCA專利用來產生數據，建立競爭對手所無法匹敵的資料庫。巨數公司拿BRCA專利說服醫生和患者使用他們的基因檢測流程，將數據交給巨數公司，然後再用營業祕密法，來保護令他人望塵莫及的數據。他們精心設計，將BRCA專利定調為「數據產生之專利」，到頭來是這些數據，並非專利本身，成為令巨數公司財源廣進的搖錢樹。從社會福祉的角度來看，這些數據在公領域的價值甚至更高，可以提升公共衛生意識，但是公眾和私人福祉並非總能畫上等號，私人和公共的財富也是兩回事。[63]

巨數公司的創辦人斯科尼克博士曾在義大利為博士論文進行基因學研究（當時他已擁有經濟學學位），遇見三名想要為猶他教區居民找到祖先、正在蒐集教區居民資料的摩門教徒，所以在職業生涯發展早期，斯科尼克博士就發現，結合基因和族系大有可為。幾年後，他建議將猶他州摩門教系譜與猶他州癌症記錄結合，推動找出癌症基因的流程。[64]巨數公司找出BRCA

序列並申請專利，之後巨數公司不但提供基因檢測，還蒐集每一名患者的資料，包括患者的特定缺陷基因變異、癌症的表現形式或顯型、患者的家族史、患者所屬的基因庫。這個資料庫成為了巨數公司最大的資產。二〇〇五年，巨數公司停止將資訊提供給公共資料庫，也不再將自己的數據分享給他人。⑥⑤賽門（B. M. Simon）與西葛曼（T. Sichelman）觀察到，「剛開始是保護基因資訊的專利，現在則是加上用營業祕密去保護巨數公司患者完整基因序列和表現型資訊的資料庫，以及從豐富數據得來的相關性和演算結果」。⑥⑥

在本質上，「數據產生之專利」能令專利人贏在起跑點，比他人更能建立龐大的私人資料庫，在專利本身到期許久後，仍能透過營業祕密法建立資料庫。比起普通的智慧財產權，營業祕密法沒有時間上的限制。⑥⑦二十一世紀走在技術尖端的公司，竟然採用貿易活動中最古老的把戲，比較像同業公會保護主義，而非自由市場的手段，不得不說相當諷刺。但這也不是什麼新鮮事，回想一下，早期剛形成的現代地主，也是利用封建制度的限制繼承法，來保護財產免於債權人的追討。⑥⑧

中世紀的同業公會，以工匠和技工的俱樂部為中心，目的是要保障自身利益，不受外來競爭對手威脅。公會成員會誓言保障工藝技術，向師父拜門學藝的學徒也要發誓，不將師父的祕訣洩漏出去。他們學習技藝、精進技藝，並將技藝傳授給遵循相同保密原則的下一代學徒。公會成員、學徒不可能全都永遠信守承諾，但這類爭訟鬧上法庭的例子卻少得驚人。⑥⑨可以推測，這類規範是透過「名譽」這樣的非正式管道來維護，再不濟，師父可以將徒弟掃地出門。⑦⓪同業公會設立的競爭障礙，最後被人們以自由競爭市場的名義給拆除了。用波蘭尼的話來說，「十五、十六世紀，國家刻意將重商制度強行納入採取極端保護主義的城市和公國」。⑦①如此一來，國家便為市場原則的興起開闢了一條路，迫使社會屈從。⑦②還有一點也很重要，就是工作場所的結構改變，從個人經營的小型作坊，轉成員工人數成千上百的大型工廠，徹底改變了師徒間的從屬關係。⑦③解除勞工的束縛、揚棄不利競爭的公會做法，為員工人數成千上百的大型事業體鋪設好發展道路。但這些新事業體，沒有多久就開始採用類似公會的做法，經常在法院成功為自己辯護，禁止員工在勞動市場上自由交換知識。看來自由具有雙重效果，先前替自己爭取到自由運用資產、不受舊規定限制的資產持有者，過沒多久，也開始用相同的規定來保障自己的利益。

營業祕密法在美國發展成形，要點在於，即便資訊和專門知識尚未達到可申請發明專利的程度，某些特定資訊和專門知識仍然不能為他人所用。在十九世紀，這類法律規範是用來防止員工將他們在公司習得的技術，任意用到其他地方。美國公司杜邦是第一間用契約義務達此目的的公司。⑦④美國法院欣然執行這些限制項目，將中世紀封建時代對勞動關係的陰謀算計，帶入了現代社會。結果就是：美國勞動關係的核心存在著嚴重矛盾。一方面，美國的勞動法認同「僱用自由意志」（employment at will），雇主在解僱員工上有很大的彈性；但在另一方面，美國又允許雇主限制員工再次運用工作技能的能力。

在過去，專利和營業祕密鮮少交集，發明人會根據發明性質、成本和取得專利的機率，從專利和營業祕密法中二擇一。然而大數據的出現，在條件上有利於專利加上營業祕密法的新有力組合——而且並不限於製藥產業。舉例來說，Google的成功故事，跟巨數公司在某些方面，有很有意思的雷同處。大家常說，Google和其他大型科技公司不使用專利權。這些公司似乎不必藉由國家的強制力來保護最有價值的資產，也就是與我們這些市井小民有關的數據。但這樣充其量只把故事說了一半。Google用來建立資料王國的搜尋技術受到專利保護。網頁排名演算法PageRank雖然屬於史丹福大學，但Google擁有PageRank的專屬授權（目前已到期失效）。Google聘請的專利律師稱PageRank是「所有現代軟體專利中最知名、最有價值的一項技術」。[75]

有人可能會說，這只是律師一貫的誇張言論，但專利律師聲稱，是專利而不是人們造就工業革命，這句話完全符合他們的世界觀。[76] 可是我們通常會很高興有新的發現和新的技術突破，卻忽略了令突破持續賺錢的法律因素。專利推動工業革命的看法，與本書提出資本由法律編碼的論點不謀而合，其中，人類的智慧「財產」亦由法律編碼。製造私人財富的兩次後工業革命，專利都扮演要角，一次是生物科技革命，一次是軟體革命。BRCA可以申請專利，已經是不得了的法律工程，雖說Google最後在專利上吃了敗仗，但Google的PageRank技術申請案也不遑多讓。Google的律師竟能為可說只是歸檔系統的技術取得專利，如此尋常的事物，實在難以看出哪裡符合發明條件。PageRank歸檔系統的與眾不同，不在它的本質，而在它的數位型態：這種演算法，依照數位檔案的連結數量和品質，對數位檔案進行整理和排序。方法專利的要求條件放寬了，只要有產出或「轉變」就能申請專利，不一定要改變形式。㊆

這項專利讓Google得以建立起由一般網路使用者組成的龐大資料庫，只有Facebook和亞馬遜等公司足以匹敵。而且Google毫不避諱地用營業祕密法限制前員工，傷害了矽谷法律藍圖中最具競爭優勢的一點：非強制競業條款。㊇資訊科技問世時，其他科技公司，例如位於麻州一百二十八號公路上的IBM，用這些規定來保障自己的專門知識，卻很快就敗給了矽谷不受拘束的新創文化。但矽谷也淪陷了。Google最近控告Uber，原因是有一名前途無量的員工跳槽，Google主張他把營業祕密用在Uber分公司的自駕車上。㊈這起民事訴訟案件已經落幕，但刑事訴訟還在進行，主管機關與Google沆瀣一氣。⑳到這裡，Google用的模式大家應該都很熟悉了：先前違反現存法律或技術的人很快就學到，唯有運用法律上的保障（通常就是他們才對抗過的保護手段），才能保護自身利益。令人驚訝的是，他們往往能讓法院，甚至立法機關，支持他們的新世界觀。㉑

史上第二次圍圈運動，對象不是土地，而是知識，因為沒有肢體上的暴力衝突，而比第一次圍圈運動來得無聲無息，但是它帶來的後果卻有可能深遠許多。圈地運動的傷害在於，土地共用者失去了賴以為生的基礎，或是原住民被迫離開數百年來居住和使用的家園。而現在，我們面臨的風險，是不能再使用自己的資料，也不能使用自然界的密碼，這麼做的唯一目的，只是要讓特定的資產持有者又多了一種方式，在犧牲他人利益的前提下，擴張自身的財富。

6 全球法則

談維持全球資本主義的法律秩序

資本變得可以流動，而且似乎沒有什麼界線。商品飄洋過海，企業在世界各地尋找新的投資機會，就連稅制和法規環境也都友善許多。每天敲一敲按鍵，就有上兆美元的金融資產交易，不需要實際的土地空間，只要數位雲端就能辦到。可是，我們卻沒有一個全球通用的法律體系，做為全球資本主義的後盾。也沒有掌管世界的政府，用強制力支援全球資本主義。所以我們面臨到一個難題：若說資本是靠法律組成，那麼，我們既沒有世界政府，也沒有全球法律制度，全球資本主義如何存在？

這個問題的解答，簡單得令人不可置信：至少在理論上，只要靠某一個國家的法律制度，全球資本主義就能存續，前提是其他國家承認並執行該國的法律密碼。我們知道，全球資本主義與此理論上的可行性，之所以密不可分，基礎在於兩套國內法體系——英格蘭普通法和紐約州法——再加上幾項國際公約，以及一張雙邊貿易大綱與投資制度；先進經濟體正是體制的核心。

將法律的觸角延伸到位於遙遠國度的人們和領地，令人想起帝國時代。在古羅馬時期，羅馬法主要為菁英服務，「多數民眾並不適用」，對他們來說，法律不是「可能的保障手段」，而是「應該感到害怕的威脅」。①對大部分國家的多數人口來說，支撐全球資本主義的法律同樣搆不著，因為這些國家只認可、執行由其他國家制訂的法律。就連塑造全球資本法律密碼的司法管轄區英國和紐約州，當地公民都沒有太大權力，因為編碼過程大都在私人法律事務所進行，而非政府的立法機關，甚至再也不是在法院進行了——私人法律事務所認為法院只會搗蛋，便把他們趕出這場遊戲。

輸出法律早已行之有年。英國的移居者和殖民者在日漸擴張的王國實施普通法，並將法官派到遙遠的地方執行法律。拿破崙一世的軍隊所到之處都有法國的法律密碼，將法國的法律觸角往東延伸到波蘭，往南延伸到西班牙、葡萄牙和埃及。帝國主義不僅僅是軍事征服，另外一個重點是，歐洲國家將法律體系散播到在非洲、亞洲、美洲的殖民地。無怪乎世界上大部分的國家，法律體制源自三大「法系」，分別是英國普通法、法國民法和德國民法。②就連逃過殖民命運的國家，也被迫採行西方的法律體制，日本就是一個最明顯的例子。促使日本法律體系現代化的明治維新運動，剛開始以法國法系為主，但到最後，主要沿用德國法系。③

歐洲法系擴散到全世界，大幅減少法律體系之間的差異，但卻沒有統一各國的法律制度。從源頭說起，不但主要法系之間各有不同，就連同屬一個法系的法律制度都可見到明顯差異。法律不是靜態的，會因為新的訴訟案，以及配合不斷改變的規範和政治偏好而修改，隨時間逐漸演變。因此同屬一個法系，不會產生一模一樣的法律典籍，甚至一點都不像，更別說實際執法了。千百年來社會複製其他社會的法律，但他們必須因地制宜，法律才會有效。④不能反映社會規範偏好，或無法呼應變遷環境的靜態法律，只不過是書本上的字眼，對社會秩序幾乎沒有影響力。⑤

但形成有效的法律、有利民主自治的因素，對資本來說不見得是好事。對某個政體來說生氣盎然、因時制宜的法律，在外國的交易人和投資人眼裡卻稍縱即逝，充滿不確定性。他們不熟悉當地的做法和政治程序，所以覺得當地制度無法預料。回想一下亞當．斯密的話，他說，國外缺乏制度上的確定性，就是促使商人回到根據地的那隻看不見的手，商人必定會在母國，或多或少與同胞分享賺得的利潤。對商人來說，這是大規模的制度性失靈，會大幅提高他們做生意的成本，同時降低他們的私人利得。假如全球制度能夠簡化，那麼生意就更能預料，商人就能不受看不見的手干擾，將所賺利潤留在自己身邊。

為全球商業打造的法律基礎設施，主要以兩種形式呈現：整合不同國家的法律，或承認、執行外國法律。以在全球保障資本來說，第二種方式要來得成功許多，但各國必須要有自己的排除衝突法則，確保私人選擇和自治勝過公共考量。

擴大私人選項

公部門讓私部門自己選擇採用國內或國外的法律，這種由外部機構來決定的趨勢之所以會成形，是因為用政治手段整合不同法律有其困難之處。剛開始公部門試過調和不同的法律，尤其是第二次世界大戰結束後的那段時期，希望能藉此振興全球貿易和全球投資。歐盟的誕生，就是因為各國期望一起打造適用於共同市場的共同規範。然而事後證明，要協調出一套所有國家都同意的規則，是一件耗時耗力的工作——即便有些國家本來就經常互相借貸，而且源頭都是羅馬法，協商過程都不容易。

除了用政治手段刻意整併法律，另外一種方式是讓各國進行法律和監管上的競爭，並將法律終端使用者的自治納入考量，終端使用者可以挑選最符合他們最佳利益的法條。在推動的過程中，國家不必針對法律的內容，例如契約法或公司法的內容，費盡心力去整合各種法律方案，只要遵循排除衝突法則，替私部門的選擇背書就行了。這些法則有個額外好處，就是太像天書，不會在日常政治活動中得罪人。

不同領域的法律，例如契約、侵權行為、財產權、公司法等，都有不同的排除衝突法則。

就契約和公司法而言，排除衝突法則在施行原則上整併得非常好，立約方或創始股東可以自由選擇管轄法律。要不是有這種法律支持，雷曼兄弟也無法打造出將上百間子公司設在不同司法管轄區的企業王國，這些子公司往往沒有真的在做生意，也沒有做生意的打算。要是NC2或克萊羅斯分身向投資人發行的憑證，不能保證在開曼群島或美國小州德拉瓦以外的地方執行法律權益，也不可能找到這麼多買家。政府願意讓私部門（或他們的律師）挑選符合自身最佳利益的法律，說明了全球資本的塑造，英國法和紐約州法主導能力很強。

但在財產權方面，大部分的國家仍然堅持維護法律主權，對位於國內的資產施行國家法律。但對沒有實際形體或位置的資產來說，領土掌控沒有太大幫助。對可交易金融資產來說，必須要有其他條件，才能決定要用哪個國家的法律來管理——最好要有一套標準，在不同國家實施法律時，明確指向同一套法律制度。為達此一目的，法律從業人員和幾位學者在重要論壇「海牙國際私法會議」（Hague Conference on Private International Law）上齊聚一堂，設計出將金融資產排除衝突法則標準化的國際公約。⑥名稱響噹噹的PRIMA原則於焉誕生，縮寫意思是「相關中介機構所在地原則」（place of the relevant intermediary approach）。⑦這項原則規定，由資產發行機構設立地點的法律制度，決定所發行資產適用的財產法。既然採行設立地主義，私部門（創辦人）可以決定公司的設立地點，也可以決定公司未來發行的金融資產，要遵循哪一套財產法。有些司法管轄區甚至賦予私部門更大的彈性，允許他們在簽開戶人與帳戶管理人合約時選擇準據法。⑧

相反地，大部分的智慧財產權仍然無法達成共識，因為這些智慧財產權不能用簽約的方式創造，例如第五章曾經提到的，除非官方介入，否則專利不可能存在於世。雖然專利律師可能會說服專利局用新的解釋來認定發明物，但法院依然擁有最終決定權。有些國家已經將智慧財產權的某些特性整合進國際條約，TRIPS則是一例，但許多細節仍然掌握在個別主權國家手裡。

儘管他們不願放棄控制財產權，國家最後還是交出了比預想更多的權利。他們不是透過整合實體法辦到，甚至也不是透過排除衝突法則，而是透過簽訂地區或雙邊投資條約。這些條約鮮少提及財產權，而是把焦點放在外國投資人的投資和他們在地主國享有的保障。投資形式沒有任何限制，從簽訂合約、發行許可證、特許權，到持有股份或不動產都算。這些條約裡有一匹屠城的木馬，叫做「投資人與地主國爭端解決機制」（investor-state dispute settlement，以下簡稱ISDS），外國投資人可據此，在領土外的仲裁庭，對地主國提出損害告訴。條約用語很有彈性，仲裁人有權針對「不公平的待遇」，替受害方收取與損害相當的賠償金。⑨如此一來，仲裁人能有效賦予財產權契約承諾的地位，同時限縮國家隨己所欲認定財產權的權力。

除財產權之外，破產法也還是地主國手裡的一塊鐵板。原因在於，破產法必須處理和分配損失，在本質上屬於政治活動。除此之外，對談判好的權利和特權，或早在違約危機浮現前國內法賦予的權利和特權，破產都是一種終極考驗。假如這些權利不能以破產的方式執行，便沒有什麼價值，這就是為什麼大家說破產法有很強的事前檢驗效果。[10]

所以你可能會想，全球貿易和金融體系要將破產規定標準化應該不會有什麼難處，但真實情況卻相去甚遠。政治人物不願承擔損失，或制訂會強迫他們建立損失分配機制的規定。一九七四年德國赫爾斯塔銀行（Herstatt Bank）倒閉後，凸顯出世界一家的銀行業，需要有共同的問題解決機制。赫爾斯塔銀行規模不大，卻在世界各地都很活躍，他們在紐約的大規模外匯業務造成非常龐大的損失。德國主管機關在紐約證券交易所的交易時段，勒令赫爾斯塔銀行停業，留下眾人自行想辦法避難。[11]可是直到今天為止，我們仍然沒有清算跨國銀行的管理辦法，只有歐元區設立了銀行的共同清算制度，相關辦法受歐盟管轄。[12]至於其他銀行，依然沒有跨國清算制度可管。[13]

正因為財產法和破產法是敏感的政治議題，想當然，這個區塊成為全球資本法律密碼的戰場。我們要在下面章節，分別討論財產法和破產法的戰爭。

私有財與主權

財產和主權是兩件不同的事，概念卻相關。一九二七年，莫里斯．柯恩（Morris Cohen）發表一篇論文，令各界注意到「財產**和**主權」其實是一體兩面，短短幾年後便爆發大規模金融危機，反映出他所分析的體制有多麼脆弱。他指出，財產是私人的，意指**絕對所有權**，而主權則是公共的，代表**統治權**。⑭但他解釋：「我們的財產法的的確確是將主權賦予產業領袖，甚至賦予金融界的領袖。」⑮財產權是主權的衍生物，但財產權也賦予私部門某些主權。事實上，全球資本法律密碼戰爭，重點就在誰來決定財產權的內容和意義：由國家決定，還是由私部門決定；由民主的公眾社會決定，還是由產業和金融界的領袖決定。

這些戰爭引發的爭議，看起來通常很像典型的財產沒收案例，侵害財產權的資產，由強而有力的政府沒收。但是，大部分涉及跨國財產權保障的例子，爭議並非全在物品本身，或侵犯特定的權益，而是在於誰來決定**什麼是財產權**：由主權國家或私部門決定？私部門會主張這是他們的特權，從四面八方「圍攻」主權國家。⑯

智慧財產權在國際條約下整合了，但是就連飽受眾人詬病的一九九四年TRIPS協議，都只建立了最低標準，讓國家在規定上有許多各行其道的空間。但最近有件案子，希望能循（前）NAFTA協議中的ISDS制度，排除由主權國家認定智慧財產權具備哪些條件的權力。這件申訴案以失敗告終，但仲裁庭花了兩年時間才做出這項判決，也利用這個機會，檢視主權國家的判例法是否符合外國投資人利益。這件案子的原告是美國禮來大藥廠（Eli Lilly），他們開闢出一條道路，將ISDS變成國內法院的上訴機構，日後一定會有其他公司仿效。

一八七六年，美國內戰退伍軍人禮來先生創辦了禮來，總部設在印地安納州，事業規模擴及全世界。禮來分別在一九七九和一九八〇年，在加拿大為治療思覺失調症、憂鬱症和其他精神官能症的思銳（Strattera）和金普薩（Zyprexa）註冊了專利。幾年後，禮來另外為這兩項藥品的新藥物成分申請專利，希望藉此延展原本的專利（這是常見做法）。這些專利也獲得核准。但後來卻因為這樣，衍生出禮來控告另一間加拿大公司侵犯專利的糾紛，而加拿大的法官因此撤銷禮來為思銳和金普薩重新申請的專利。

根據加拿大法律，提出專利申請時，專利一定要符合「新穎、實用、非顯而易知」的特性。[17]下級法院審查專利條件後，認定變更其中幾項成分，並不足以使藥品比先前更具實用性。因此思銳和金普薩第二次申請專利，不符合加拿大對核發專利的規定，該項專利因而遭到撤銷。禮來提出上訴，案子發回下級法院更審，而在第二次上訴時，加拿大聯邦法院依然維持下級法院的判決。禮來不願意就這樣放棄，便向加拿大憲法法庭提出上訴，但憲法法庭不受理案件。[18]禮來在加拿大的法律制度中找不到解決途徑，在二〇一五年，通知加拿大政府他們會循NAFTA的投資人與地主國爭端解決機制來解決，並提出五億美元的賠償金要求。[19]禮來主張，撤銷專利對禮來在加拿大的「投資」構成侵害。

NAFTA是加拿大、墨西哥和美國簽訂的國際條約，旨在促進三國之間的貿易和投資活動，現在已經被美墨加協定（United States-Mexico-Canada Agreement, USMCA）取代了。[20]我們會認為，根據主權國家簽訂的條約，相關的權利和義務，例如開放締約方進口商品和服務，大部分都能約束這三個締約的國家。可是NAFTA也為私部門創設權利，尤其是外國投資人。這些權利受到強而有力的執行機制保障。假如外國投資人相信自己的「投資」受到地主國侵害，可以向仲裁庭提出申訴，尋求損害賠償。不像人權受到侵犯的受害者，投資人不必先向國內法院尋求補償，可以直接向地主國領土外的仲裁庭提告。㉑

世界上有超過三千個雙邊投資協定有類似的執法機制。過去三十年來，有超過八百件投資侵權案件，賠償金達五億兩千兩百萬美元，大約是求償金額的四成。㉒投資人不見得都打贏官司，至少有三分之一案件由國家勝訴，其餘案件有的和解（多半不公開和解條件），有的判決結果對投資人有利。

前面提到，禮來並沒有立刻採用NAFTA的爭端解決機制，而是先告上加拿大的法院，要求承認他們（重新申請）的專利。這麼做很合理，因為他們需要國家行為（act of state），需要國家以專利形式承認財產權。㉓禮來官司打輸後，才主張加拿大法院撤銷專利，導致NAFTA協議中的「不公平、公正待遇」，有「間接徵收」的情形。理由是，加拿大法院對《加拿大專利法》（Canadian Patent Act）的解釋「高度」偏離過往判例。

實際上，禮來的主張，不僅對加拿大訂立智慧財產權的專屬權利形成挑戰，也讓加拿大的司法制度受到臨時仲裁庭的審查。禮來提出的兩項主張，拓展了NAFTA對投資人的保障範圍。NAFTA並未整併締約三國的專利法，不影響各國的專利制度規範。雖然法院可受ISDS仲裁庭審查，但由國家對錯誤判決負最大責任：根據現行法律標準，法院判決有疑慮（甚至瑕疵）不見得要受審查，只有**拒絕司法**（denial of justice）才必須受審查。所以禮來在加拿大的法院殿堂費了一番工夫。禮來看似挑戰加拿大法院對本國法律的解釋，實際上卻是在想辦法，將違反NAFTA投資人保障規定的帽子扣到加拿大頭上，再一狀告上仲裁庭。

每個人都可以提出大膽的主張，但要打贏官司，你的主張還需要法律權威，使其有憑有據，法令、判例、公約都可以。NAFTA的用語有解釋空間，成為投資人的強力後盾。第一一〇五項條款規定，外國投資人有權在其投資的地主國接受「公平、公正的待遇」，第一一一〇項條款更進一步規定，「任一方皆不得將他方投資人在當地的投資，直接或間接充公或徵收，亦不得採取等同充公或徵收此類投資的手段」。

國家當然不是只會採取單一行動的個體，國家權力通常分散在行政、立法、司法三種政府單位；而在聯邦制國家，自治市和各州有獨立於中央政府之外的權力。但國家必須遵守國際法規裡的權利、義務，三權分立在這樣的規範下退居二線。主權國家的行動受到國際法規和其他官方行動者的一舉一動影響，例如監管人員、行政官員，甚至是法官，違反國際法規的責任會落到該國身上。事實上，不論聯邦政府是否對某項爭議具有司法管轄權，聯邦要為底下機構的行為負擔國際法規的責任並不少見。麥道克萊德公司（Metalclad）一案就是最佳範例。墨西哥的自治市拒絕發給美國投資人經營當地某間廢棄物管理機構的執照，儘管墨西哥法律規定市鎮擁有是否核發此類執照的行政裁量權，墨西格國家政府卻不得不支付一千六百萬美元的賠償金。㉔

將國家的責任延伸到司法單位的作為上，那爭議就更大了。而且爭議其來有自。在恪守法律的國家，司法體系獨立於行政和立法單位之外。法官只要對憲法和該國的法律負責。若外國投資人能輕易挑戰由獨立法院做出的判決，從法院所在國家得到可觀賠償金，很有可能讓法院在將來的案件受動搖，破壞法院的公正性。事實上，加拿大政府堅持，唯有完全拒絕司法，才有可能令政府擔負起責任。可是仲裁庭深入調查以後，加拿大政府的律師終於承認，法院也有可能並未遵守適當程序。仲裁庭沒多久便將此案立為國內法院審查權的新標準：國家以判例法主張「公然專斷或明顯不公」，為投資人與地主國爭端解決機制敞開大門。㉕

仲裁庭進一步審查加拿大專利的判例法歷史，了解加拿大法院對禮來在法律上是否符合標準。但仲裁庭還做了別的事：仲裁庭讓專家證人出庭提出統計數據，比較加拿大法院的專利案件判決，和美國、墨西哥的類似判決，數據指出，比起加拿大或墨西哥，專利持有者在美國比較不會面臨專利遭到撤銷。㉖論點顯然並未切中要害，因為ＮＡＦＴＡ不負責整併專利法，也不負責整併任何一種法律。ＮＡＦＴＡ也並未要求美加墨三國的法院合而為一。以禮來的案子來說，唯一重要的問題，只有加拿大法院是否偏離從前的標準，公然以獨斷的方式對待禮來。仲裁庭願意比較加拿大、墨西哥、美國的法院，顯示出他們傾向站在投資人，而不是主權國家這一方。

最後，仲裁庭認定，加拿大法院在禮來一案的判決符合判例法的原則，在這兩年，仲裁人大賺一筆，雙方代表律師也有上百萬美元的進帳。㉗禮來顯然打算使出狠招，想要說服資源比較少的政府，早一點與他們達成和解，好避免花費額外成本。對付兇狠的訴訟人本來就不是什麼新鮮事。地方法院每天都會遇到這種情況，若原告只能提出無法佐證事實的冗長控訴，法院會直接駁會告訴。法官和仲裁人的接案動機當然不一樣。國家法院的法官不是依照案件來領薪水，他們拿的是固定薪水，而且比大部分的私人專業仲裁人低很多。相反地，私人仲裁人則是按件計酬。

四處找官司來打的律師，可以用「賞金獵人」來稱呼，但這個稱號，也可以用在將解決爭端視為生意而去招攬案件的仲裁人身上。更糟糕的是，禮來案的仲裁庭受理案件，並擴大了仲裁庭的執掌範疇，跨越拒絕司法的界線，審視司法機構的行為；仲裁庭將自己當成上訴法庭，做出自己主張不能做的行為。最後，加拿大政府在這場爭議中勝出，然而**制訂**財產權的戰爭，鹿死誰手還沒人說得準：主權國家或私部門代理人，由誰制訂？

為全球衍生性工具鋪路

專利和金融資產都被歸類為**無形資本**，是摸不到的法律產物。如果有什麼區別的話，金融資產甚至比智慧財產權還要不受拘束，因為金融資產不需要國家正式採取行動，便能存在於世界。金融資產形成自資本密碼模組，律師只能在法院裡，透過零星的訴訟案發揮影響。沒錯，律師需要國內的法律體系支持他們的編碼策略，但律師可以從各式各樣的法律體系中選擇。

雖然聽起來，很像金融資產是用尋常的法律制度編碼，但若要創造觸角伸及全球的資產，尋常法律體系可就辦不到了。事實上，可在全球交易的金融資產，在編碼時，只會採取兩種法律體系——英格蘭法或紐約州法。金融活動是全球的，但形成金融資產核心特質的法律密碼，卻非常符合地方特色。雖然其他國家會在國境內，對金融中介機構或金融資產加以管制，但即便是強制的規定，也總有漏洞可鑽，而資本的法律編碼藝術，重點就在找出漏洞和套用編碼策略，包括外國法律所允許的手段。

但破產法成為以國內法為基礎、打造全球流通市場的一大絆腳石。如前文所述，公司的生命取決於破產法，債權人可依此進行損失求償。主權國家當然不會願意交出這個敏感的法律領域。

英國在一七〇五年採行現代破產法，是最早實施現代破產法的國家之一。根據現代破產法，交易者可以宣告破產、拋棄舊有債務，在商業活動中展開新的生命。享受新法帶來的好處，必須先證明具備交易者的身分。[28]破產法在這段期間，變成了大債權人和小債權人之間的戰場。大債權人積極遊說英國政府，要國家保護他們在破產過程的要塞，最後，他們不得不把控制權交給法官。[29]但大型銀行運用一種稱為「浮動擔保」（floating lien）的特殊抵押制度，重新掌握對債務人的掌控權；面對其他債權人時，浮動擔保讓銀行站在極為有利的位置，而且可以確保，債務人的破產案件在破產法庭外，就能解決掉一大部分。[30]

大銀行想要掌控破產流程，也想掌控衍生性商品交易。我們在第四章討論過，衍生性金融市場建立在資產會不停交易的假設上，因此不論何時，商品部位都可以買賣或重新避險，為新的曝險部位尋找最佳避險方式。可是只要有其中一方宣告破產，戲就唱不下去了。破產法的目的在保障債務人的剩餘資產，盡可能將各方債權人集結為一個整體。有時候，這麼做也是為了給債務人留一條生路。

為了達此目的，法律通常會先暫時禁止被倒債的債權人執行個別權益。他們必須等上一段時間，確定所有權益主張集結在一起，根據破產前的優先順位一一排序。但是，衍生性商品交易的代表（現代金融領袖）成功遊說超過五十個國家的立法機關修改破產法，為衍生性商品和附買回協議打造一個「避風港」，讓這些金融資產不必像其他資產受到法規的束縛。世界各國參與全球衍生性金融市場，關鍵在讓國內法等同私人契約，這就是最大特色。

主要推手是國際交換暨衍生性商品協會（International Swaps and Derivatives Association，以下簡稱ＩＳＤＡ）。㉛這個設在紐約州的非營利組織，營運範圍擴及世界各地，在紐約、倫敦、東京以及全球金融重鎮，都有辦事處。ＩＳＤＡ並非唯一一間從事全球金融法律編碼的組織，但可說是最具影響力的一間。㉜

ＩＳＤＡ於一九八五年創立，正值信用衍生性金融商品市場發展的關鍵時刻。當時這類創新工具的發行人，各自在律師的協助下，訂立自己的衍生性金融商品契約，由律師來擘劃這塊法律領域，確保創新產品符合現行法規限制，或發明新的辦法，消除法規的影響。這些契約為客戶量身打造，卻限制了產品的潛在規模，使其無法在全球金融市場進行交易。㉝標準化可大幅提升資產的交易規模，創建ＩＳＤＡ就是要為標準化的產品，打造具有規模的市場，但也預留了量身打造產品的空間，以符合特定客戶的需求，讓律師從訂製產品收取額外費用。

ＩＳＤＡ的成效超乎眾人預期。目前ＩＳＤＡ在全球六十七個國家，擁有超過八百五十名世界金融龍頭正會員，以及在全球法律界叱吒風雲的副會員。㉞ＩＳＤＡ的契約主要用於，在店頭市場買賣的衍生性金融商品，價值高達數百兆美元。㉟這些市場被金融危機重創，但二〇一六年的統計數據指出，店頭市場在該年幾乎恢復到風暴前的水準。㊱

ＩＳＤＡ對全球衍生性金融市場的貢獻，在於ＩＳＤＡ主契約（Master Agreement，可簡稱ＭＡ）為交換和其他衍生性金融商品，提供了契約平臺。㊲ＩＳＤＡ內部喜歡用私法來稱呼這項框架契約，契約中針對欲參與衍生性金融交易的雙方，訂有必須負擔的權利義務。基礎的主契約簽訂之後，會另外安排日程，針對主契約締約雙方的交易逐一訂立細節。但主契約並非用來取代國內法律，而是用來彌補不足之處。主契約簽訂方要決定準據法，以及法律體系中負責解決爭議的管轄法院。值得注意的是，ISDA主契約會建議雙方從英格蘭法或紐約州法二擇一。可以選擇其他法律體系，但主契約指出，選擇其他法律體系風險較高。

二〇〇八年全球金融危機爆發前，比起私人仲裁，ISDA比較支持法院的爭端解決機制。那時市場環境良好，僅有幾件爭議事件呈交法院。[38]但金融風暴發生那幾年訴訟案激增，ISDA忙著向沒有處理過主契約或相關交易的法官，說明如何解讀主契約，同時盡力確保法官對契約的理解，不會與多數市場參與者背道而馳。為了遏止法律的不確定性，人們成立了新的仲裁庭：國際金融市場專家小組（Panel of Recognized International Market Experts in Finance），有人直接簡稱PRIME，聽起來很像牛排店的名稱，不太像處理複雜金融活動的私人法庭。[39]設立地點和名稱一樣引人注目：專家小組並非隨便設在某個市鎮，甚至也不是設在國際金融中心，而是設在海牙——國際法庭、常設仲裁法庭（Permanent Court of Arbitration；專家小組隸屬於常設仲裁法庭）、國際刑事法庭（International CriminalCourt）等機構的所在地。制訂「私法」的高階金融活動祭司，依然頂著法律的權威光環，至少看似如此。

一份完備的合約不僅要在承平時期，也要在發生問題時提供指引。ISDA的主契約將金融界最大的隱憂——違約和倒閉的問題——考慮得很周詳。衍生性金融商品的交易雙方，參與了鑄造私幣的過程。這種資產經法律掩飾，擁有國幣的外表，但報酬率較高。再來，有時候，交易雙方會無法將這些私幣依照期待的速度和價格兌換成國幣。一般而言，這種狀況發生在最糟糕的時機點上，也就是債主找上門來，破產危機浮現之時。

按照ISDA主契約的規定，破產會引發一種狀況，就是非違約方會針對正在走破產程序的一方，清理所有未償清款項，支付自己欠下的債務，或取走債務人的欠款。㊵非違約方不會花時間等待，不考慮其他債權人，也不考慮違約的債務人是否需要進行重整。ISDA主契約希望藉由這些條款，為衍生性商品的交易者創造特殊的違約機制，讓交易雙方都能在其中一方破產時重新部署資產。事實上，ISDA主契約的淨額結算條款，對多數國家的破產法直接造成壓力。這些法律通常禁止將破產法用於會引發違約的情況，而且設有等待期，或自動暫停債權人的一切行動。㊶破產的債務人可能無法完全履行義務，但破產過程的接收方有權選擇合約中最有利的情況，要求違約方執行。㊷

破產法是強制法，所以人們不能用簽訂合約的方式私下規避。而且人們甚至不能在宣告破產上動手腳，因為沒有人能知道哪一方將來會違約，而且破產法具強制性，常以債務人的母國法律為破產事件的準據法。唯一的辦法，只剩讓立法機關變更破產法，來配合ISDA的主契約，也就是，讓國家的法律符合私人契約的規定。ISDA確實這麼做了。ISDA共成功遊說

超過五十個立法機構變更國內法律。㊸

一切就從美國開始。一九七八年的聯邦破產法內，有為政府債券而設的衍生性商品避風港條款，據推測目的是保護主權債市場，使其不受金融中介機構違約影響。這扇小後門，被用來當做遊說的理由，為私人資產的衍生性商品開了類似的大門。㊹支持破產避風港的人主張，交易中有一方違約，很快就會擴散到整個市場，有讓市場崩盤的危險性。所以這些市場一定要和破產規定的一般運作方式有所區隔。交換和其他衍生性商品贏得戰爭後，附買回協議也跟著適用；但其實，比起衍生性商品，附買回協議較無理由設置避風港。㊺就這樣，破產程序涵蓋的核心資產項目逐一減少。二〇〇五年，美國國會甚至要求法官不得在法律裁決中將資產分類，連司法監督資產的樣子都不做了，成為私部門享受特殊待遇的破產法避風港。根據修改後的法規，只要協議「屬於曾經、現在、未來會在交換或其他衍生性市場重複交易的標的」，即可適用。㊻不由法官，而由市場決定衍生性商品定義，就這麼將司法權「外包」出去。

ＩＳＤＡ在美國打好基礎後，向布魯塞爾的主管機構提出內部報告，強調許多歐盟成員國「缺乏效率」，並特別點出成員國的破產法和擔保法。㊼報告建議，除非歐洲改變做法，否則就會失去參與全球衍生性商品市場的大好機會。事後來看，要是歐洲放掉這個機會，發展可能會比現在更好。但歐盟委員會和內部職員對ＩＳＤＡ向來唯命是從，他們通過一項新的指令，要求所有歐盟成員，為衍生性商品在國內法裡打造避風港。㊽

這些法規上的改變幾乎沒有引起反彈，社會大眾不怎麼關注。立法機關接受金融資產不必受一般破產法限制，將此視為確保國家融入全球市場的必要技術性修正。破產避風港改變了債權人和次要交易債權人的優先權，以及衍生性商品交易方的員工和其他一般債權人的權益，這件事被隱藏了。也沒有人注意到，這些資產擁有特權，導致其他人開始將借貸契約撰寫成衍生性商品的樣子。誰不想要擁有世界第一的優先順位，況且只要改一下契約就行了？法律制訂者讓局面對大型金融中介機構有利，這些機構毫不猶豫地，將資源大量投入衍生性商品市場。直到危機爆發後他們才明白，自己這麼做，也將國家置於險境。

金融市場崩盤時，淨額結算規定讓衍生性商品交易者比所有人都能快速脫身，而他們的退場更是火上加油。㊾雷曼的英國子公司LBIE提出破產申請時，該公司兩千多筆衍生性商品未結交易中，有一千六百九十三筆立刻就被沖銷了。㊿淨額結算不但不能保護交易方不受其他市場參與者倒閉影響，反而加深了危機的嚴重程度，因為衍生性商品交易者一發現苗頭不對就會立刻抽身，清算未結款項並拿走債務人欠下款項，導致其他人能夠索賠的資產減少，債務人也失去重整財務的機會。早在一九九〇年代晚期，重大政策平臺「國際清算銀行」（Bank for International Settlements）便曾指出，淨額結算規定會引發感染效應。[51]卻沒有人敢公開反對這些規定，只委婉地請大家注意，規定可能帶來不良影響。光是這樣，無法阻止ISDA這等權傾一時的組織透過遊說，帶來影響深遠的法律變革。

當這些警告終於化做現實，政府只能選擇讓債務人破產，或是為搖搖欲墜的債務人挹注新的資金，眼睜睜看著衍生性商品交易者拿著現金走人。假如淨額結算後顯示交易方還欠債務人，當然還是要還債，但即使是這樣，他們還是比多數債權人占有優勢：他們可以劃清界線，繼續做自己的生意，並重新部署資金；其他債權人則是必須等待所有人提出索賠，債務人的剩餘資產經過完整評估。

金融風暴敲響了警鐘，讓大家知道，法律制訂者對金融界的讓步，不僅沒有帶來期望的效果，反而造成災難。儘管提倡新金融工具的人再三保證，新金融工具並不安全，破產避風港也沒有對衍生性市場起到保護作用，更別說保護其他人。許多立法機關現在對破產避風港保持懷疑，決定削弱這類機制。

我們會以為，立法機關賦予權利，也可以收回權利。但事實證明，沒有這麼簡單，更別說全球衍生性金融商品如此龐大的市場。上百萬份受英格蘭法或紐約州法管轄的主契約，用來規範這些商品，裡面都含有淨額結算規定。即便政府決定改變國內的破產法，讓時鐘的指針倒退到ISDA全球遊說活動開始前的世界，那個國家的政府也不見得能夠防止外國的私部門，及時運用合約裡的淨額結算權利，留下債務人的資產。因為ISDA的主契約受英格蘭法或紐約州法管轄，審理破產訴訟案的法院，雖然位在其他國家，卻要請英格蘭或紐約州的法院協助。即使法院答應配合，也需要時間，而當大型金融中介機構命在旦夕，轉圜的時間已經不多了。

由於ＩＳＤＡ主契約用來規範數百萬份跨國衍生性商品交易，沒有一個國家有能力去有效打擊破產法避風港。政府沒得選擇只好配合，不得不依照ＩＳＤＡ裁決，與ＩＳＤＡ的主要成員合作。他們找上位於瑞士巴塞爾的國際清算銀行，請其編制下的新政策制訂單位「金融穩定委員會」（Financial Stability Board）居中協調，同時為各國政府的需求發聲。[52]政府同意不會完全移除淨額清算規定，而是實施四十八小時的等待期，讓有權利結算的一方執行結算工作。但基本上，他們還是找不出實施規定的可行方案，因為政府不可能改寫私部門用來規範交易的契約。最後，金融穩定委員會和ＩＳＤＡ同意為主契約擬訂一項新的協議，納入新規定的等待期。當然，使用ＩＳＤＡ主契約的金融中介機構不見得會簽署協議。畢竟，契約的本質是自願簽訂。於是，全球衍生性商品市場主要參與者的母國政府，即美國、英國、法國、德國，便對「本國」的銀行施壓，告訴他們要簽署協議，否則會在監管上吃足苦頭。

根據新協議，衍生性交易契約的締約方，同意遵守違約方的母國破產法，在四十八小時或兩個工作天內（以時間較長者計之），不得進行淨額結算。[53]二〇一四年十一月ＩＳＤＡ宣布，有十八間銀行簽署新的「處理暫停協議」，涵蓋百分之九十未結算的衍生性商品（比例為概算結果）。[54]大銀行被納入監管，金融危機結束後，對銀行的監管措施更加嚴格。相較之下，衍生性商品交易的另一方（主要是避險基金），受到的監管卻很鬆散，沒有面臨到和銀行一樣的壓力。他們拖拖拉拉，拒絕簽署新協議，使協議效力大受影響。這道難解的題，一直要到美國聯準會介入，規定若有任何交易方拒絕簽署ＩＳＤＡ新協議，其監管範圍內的銀行——包括外國銀行的子公司（這些公司占全球銀行活動的大宗）——便不得參與衍生性商品交易。55

避險基金當然可以不找受到監管的大銀行，但說得容易，實行起來卻有難度。他們很清楚，大銀行有其他金融中介機構所沒有的東西：中央銀行的救命仙丹，也就是流動性防護網（準備金和貼現窗口），還有在最糟糕的情況下，中央銀行或許會進行紓困。就像其他金融市場，衍生性市場也在政府的庇護和強大的金融掌控力下運作。

經過長期抗戰，雖然四十八小時的等待期聽起來沒有什麼大不了，政府還是拿下一城。但有趣的地方不在政府做了什麼，而在他們達成目標的**方式**。政府從ＩＳＤＡ本身的腳本取走一頁。ＩＳＤＡ用契約塑造私法，政府則利用該份契約的協議，做為監管的工具。主權國家不得不納入私人商業組織ＩＳＤＡ來達成監管目的，顯示國家已無法掌控全球金融活動。好的一面是有ＩＳＤＡ參與交易，ＩＳＤＡ不只將自己定位為產業的倡議者，也加入監管行列。ＩＳＤＡ的主要行為者可能明白，若不配合會面臨更嚴厲的監管措施，唯有配合才能保留在全球金融活動的實力。

為資本服務

禮來案和衍生性商品破產法安全港的故事，說明了傳統的法律執法機構，例如法院和監管機關，也在為資本服務。資本持有者不見得第一場戰爭都會贏，他們反而會一步步去除現存的法律障礙，一直堅持不懈到，不久前卡多索法官（Justice Cardozo）才說「根深柢固、無法改變」的原則都已化成了灰，不對他們產生阻礙。[56]

禮來動員私人仲裁庭審查國家法院身為法律制訂者和執法者的作為。他們想將法院對他們的判決，塑造成如同拒絕私法的行為。禮來主張擁有專利權，但他們第二次申請專利時，顯示相同藥劑中新成分實際差異的證據卻很薄弱。於是加拿大法院撤銷專利，駁回禮來的訴訟。在某些國家，拒絕司法絲毫沒有踰越法院的權限，即使根據禮來提出的控訴，也不太有「理由」成案。禮來其實是希望，用可能高達五億美元的債務判決，逼加拿大政府用較低的金額低頭和解。禮來在這個過程單打獨鬥，但他們質疑法院的公正性、威脅政府，最後證明如此嘗試乃是有效策略，足以令人對他國政府的法律制度心生懷疑。這一次，禮來對付的國家，還是素來在法律規範和非貪腐方面表現優異的國家。而加拿大政府也不愧是優等生，不願對禮來讓步。[57]

ＩＳＤＡ的故事，以及他們在數十個國家遊說立法機構和監管機構的事跡，令私部門和執法機構之間的關係走向另一種極端。ＩＳＤＡ用主契約來打造基本條件，這項契約工具，沒多久就被人用於上百萬份涉及衍生性商品的交易，許多更是跨國交易。ＩＳＤＡ證明私人契約適用於全球金融工具市場，便開始遊說立法機關採用他們的法律、符合ＩＳＤＡ的契約規範——顛覆了契約必須符合法律的原則。不到幾年時間，ＩＳＤＡ就成功說服了所有的主要經濟體，因為立法機關害怕，不合作會對國內金融產業造成傷害。

但最後，ＩＳＤＡ不得不承認，他們無法憑一己之力，管理全球衍生性商品市場。由契約形成的網絡，就像一碗解不開、理還亂的義大利麵，不只需要違約規範（有些國家自始至終都很樂意提供），還得考慮主要參與者違約和破產的狀況——而私人契約的極限就在這裡。當各國政府聯手出擊，ＩＳＤＡ也會害怕，政府會讓他們消失在這個世界上。但ＩＳＤＡ承擔起監督業界成員的角色，跨越了私部門和國家監管機構的界線。58 ＩＳＤＡ沒有（還沒有）與政府匹敵的強制力，但ＩＳＤＡ的主契約是全球衍生性商品交易的基礎，參與這些市場的人沒得選擇，只能遵守ＩＳＤＡ的規範。而現在，縱使在提倡嚴格規範的人眼裡微不足道，但ＩＳＤＡ證明了，他們不但會和政府交鋒，也願意和政府合作推動監管改革。

這兩則故事凸顯出，過去十幾年來，執法方式正在轉變。持有全球資本的人掌握權力，在律師的幫助下，不僅找到讓法律對自己有利的方法，還將大部分國家的立法機關、監管機關，甚至法院，變成了為他們的利益服務的代理機構，而不是像從前那樣，對國家的公民負起官方責任。他們並非像馬克思學派所說的直接參與政府權能，而是將間接影響政府的力量，發揮到淋漓盡致。他們調配出自己的法律世界，將不同的國內法制度和國際條約、雙邊條約，一起編織成大雜燴。

回顧過去，私部門並沒有宏大的計畫，在不受國家規範的情況下，征服國家的強制權力。私人律師用不同時代採取的法律規定，從中擷取不同的部分進行拼湊，直到每一塊都拼起來，人們才看出整體效果。

第一塊拼圖是一九五八年的《紐約仲裁公約》（New York Arbitration Convention）。[59]偏好透過私下仲裁解決爭端的參與者，在公約的保證下，可以透過簽署公約的國家所屬法院，對其國內資產進行仲裁。仲裁前，國家法院不得審理案件對錯，只能檢查是否符合適當程序。法院可以提出有違反「公眾利益」的疑慮，但這項原則聽起來無所不包，實際上卻很狹隘，鮮少能拿來合理反駁仲裁判決。[60]

第二塊拼圖是一九六六年通過的公約，該項公約促成了國際投資爭端解決中心（International Centre for Settlement of Investment Disputes）。[61]國際投資爭端解決中心隸屬於世界銀行，透過提供可申訴案件的仲裁人名單，為投資人與地主國解決爭端，而且更令人佩服的是，他們現在已經將大部分的仲裁人放到網路上，供需要的人聯絡。加入國際投資爭端解決中心的國家，接受投資人與地主國爭端將在中心的主持下，由私人仲裁庭審理爭端，並接受裁決。這個機制裡沒有上訴程序，只能申請解釋和修正，最終手段則是廢止，但要證據確鑿才能申請。[62]近幾年來，許多國家註銷國際投資爭端解決中心的會籍，抗議他們認為不公正的裁決結果。但仍然有一百五十四個國家簽署公約。[63]

第三塊拼圖是一九六九年的《維也納條約法公約》（Vienna Convention on the Law of Treaties）。[64]這項公約納入了，以數百年來國際做法為基礎的國際法基本規範，明定何為國際公約或國際條約、如何批准國際條約、何時生效，以及簽訂條約的國家承擔哪些權利、義務。[65]對與主權國家發生糾紛的投資人來說，最有利的一項條款是《維也納條約法公約》第二十七條。根據該項條款，主權國家不得援引「國內法做為無法執行條約之理由」。用白話來說，仲裁庭根據雙邊投資協定的空洞描述訂立的權利，超越了國內法律的地位，包括國家的憲法。看到這裡，令人不禁再次懷疑，主權國家怎麼會簽署這項條約。但一直到雙邊投資條約採投資人與地主國爭端解決機制，國際法院或為兩國仲裁的機構才開始實施國際法。達到國家層級的爭端少之又少，多半會透過外交手段解決。而私部門的限制就沒有那麼多了。

時間快轉四十年，現在，世界上有超過三千件雙邊投資協定，產生八百件以上的投資糾紛。我們可以從中看出，這個難題逐漸匯聚成影響深遠的狀況。大部分雙邊投資協定的書面文字規定，投資人必須接受「公平、公正的待遇」（與先前討論禮來案時ＮＡＦＴＡ協議的用語類似），不得對其直接或間接徵收資產，但實質意義為何，卻從未加以定義，有待仲裁人解釋，而仲裁人往往來自私部門。他們對公共政策比較不感興趣，堅持國內法（包括憲法）不該用於解釋條約。[66]《維也納條約法公約》第二十七條成功掩護他們，讓他們能夠在爭端中，對地主國的國內法進行解釋，並超越國內法的效力。

法律詮釋向來等於制訂法律。法律的本質就是：根據複雜的現實狀況，想辦法訂出合理的文字，用法律加以規範。但是，條約的用語留有空間，又沒有統合解釋的高等法院，令仲裁人擁有無上的解釋權。此外，仲裁只會進行一次，沒有上訴，只有廢止程序——先前提過，廢止程序很難成功。

外國投資人可能將自己的權益置於地主國的公共利益之上，要決定哪些仲裁庭擁有決定權，這件事在美國與歐盟辯論是否簽訂《跨大西洋貿易及投資夥伴協議》（Transatlantic Trade and Investment Partnership）時吵得不可開交。簽下這項雙邊協議，表示進一步去除兩大經濟強權間的貿易和投資障礙，讓公司可以自由進出大西洋兩岸的市場。歐巴馬政府將此視為強化跨國經濟合作的基石，卻遭到歐洲各地公民社會組織的強烈反彈。爭論焦點在於，是否納入投資人與地主國爭端解決機制，因為納入以後，歐盟成員國的國內法院和歐洲法院，在處理涉及國內憲法和歐盟條約核心的事務時，被迫退到一旁不能插手。[67]

最後，《跨大西洋貿易及投資夥伴協議》（以及大西洋兩岸的締約方），因為美國的國內因素而受到阻撓，隨著川普當選第四十五屆美國總統，美國開始注重單邊主義和以國家利益為優先。[68]但在其他地方還是有所進展。加拿大和歐盟簽了一項雙方所謂的「現代」條約——歐盟與加拿大的《全面經濟貿易協定》（CETA）——承認「不論是否影響投資，或投資人對利潤的期待」，國家都有權修改法令。㊾聽起來對投資人非常不利。因為他們就是仰賴投資協議，好在將來法律變更時，做為保障自己的手段。但這項規定，其實只確認了民主自治的基本原則。法令變更是政治和社會變革的基本要件，外國投資人不該拿上百萬美元的侵權索賠做為要脅，掌握否決變更的權力。

除此之外，《全面經濟貿易協定》揚棄以私人仲裁人組成臨時仲裁庭的做法，將會建立新的常設仲裁庭，來解決外國投資人和地主國（加拿大或歐盟成員國）之間的糾紛。仲裁庭必須由十五名成員組成專家小組，由締約雙方（即歐盟和加拿大）組成的聯合委員會，每五年遴選一次仲裁成員，而非由涉入爭議者自行挑選；之後，再由仲裁庭主席挑選三名專家，負責解決糾紛案。㊿新仲裁庭實際上會帶來哪些不同之處還有待觀察，但從其組成可知，要解決外國的投資人、交易者，與地主國之間的紛爭，可以用不一樣的方式組織仲裁庭。理想中，新仲裁庭將帶我們看見，他們會適當考量相關的私人與公眾利益，持平解決主權國家與外國投資人的紛爭。

7 資本密碼大師

創建法律條款在全球風起雲湧

一八七〇年代英國農業大蕭條，坎貝爾勳爵（Lord Campbell）警告上議院議員：「有一種社會階級，比諸位的貴族身分，或下議院身分，還來得更有力量，那就是鄉下事務律師。」①先前，他像許多人一樣，想要通過一項法案，改革英國土地、廢除地主階級優先於其他債權人的法律保障，卻沒有成功通過法案。在他說這些話的時候，大部分的地主已經承認有必要進行法律改革，坎貝爾勳爵表示，唯一的阻礙就是鄉下事務律師。

這些律師替客戶轉讓或移交土地，以此為謀生之道。他們將私人財產權的現代概念，融入封建時代對轉讓的限制。他們用信託的方式保護家族的土地資產，然後再回過頭來，用信託替債權人留住資產，好讓他們可從在世居住者那兒，將資產重新購回。更重要的是，在世居住者過世時，是這些律師將各項權益分派給家族成員。他們運用法律編碼技巧，確保地主擁有優先權，同時保護他們不被討厭的債權人打擾，地主及其家族所擁有的資產，因此具有更高的耐久性。

他們將法律關係交織成一張複雜的網，在這個王國裡，有請求和反請求、權利和權利限制，網絡形成則是仰賴資本的法律密碼模組，就連地主在內，沒有人能完全掌握。他們沒有打造王國的大計畫，而是在一次次的交易中建立王國，有如一條以各色補丁拼湊而成的被褥。只有律師知道這條被褥如何縫製，以及如何增加或剪去補丁，滿足下一位客戶的需求。所以，許多人要找律師替他們服務，而律師不會想要透過改革簡化不動產法律。這麼做會斷了律師的重要收入來源。

時間快轉一百年，我們會發現，有一個更令人驚訝的法律王國創造出來了，它的範圍已經超越單一國家，涵蓋全世界：在這個法律王國裡有全球交易、全球商業、全球金融，對律師和他們的客戶來說，這些都是最有利可圖的活動。我們將在這一章，深入探討律師的工作、法律變成專門職業的過程，以及這件事對不同法律制度的資本編碼有何影響。現在你應該很清楚，法律比一般人設想的還要動態。舉例來說，沒有固定的一套財產權，契約和財產之間沒有明確的分野，設立信託或成立公司也不只有一種方法。雖然律師手上的選項並非多到無所限制，但他們有發揮創意的空間（你會發現，某些法律制度給的空間比其他制度更大），還可以重新組合編碼模組——很少有立法機關和法院想得到這種重組方式，甚至許多律師都想像不到。

掌握資本密碼

大家常說律師是提供法律服務的人。但這樣的說法，嚴重低估了資本法律密碼，以及透過法律編碼，創造和分配社會財富的過程中，律師發揮的影響力。或許，的確多數執業律師，以收費的方式提供基本法律建議。但真正的資本密碼大師，多年下來，與客戶和同行實際交流並累積法律專門知識，將這些知識用於打造新的資本。這個過程，通常會從既有的法律素材，**創造出**新的法律。

律師的工具是許多用來編碼的模組：財產規定和擔保法、信託原則、法人、破產法，以及所有模組中最具延展性的契約法。這些模組已經存在好幾百年，現在都是可以取用的現成元素了，已經獲得法院認證，不須再事先取得許可。因此，它們已經能夠加以塑造，移植到不斷改變的資產清單上。事情沒這麼容易。在過去，國家嚴密看守自己在法律上的主權性，針對領土內的資產實施自己的財產法，財產法經過標準化，設有**定額條款**（numerus clausus），限制財產權的數量和種類。②此外，許多國家堅持，打算以該國為做生意的主要地點，就得依照當地的法律來成立公司。

這些限制大都已經廢止，律師能夠施展拳腳的空間因而大增。如果金融資產在某個國家受到法規阻礙，發行資產或管理客戶的金融中介機構，可以將資產轉移到比較寬鬆的司法管轄區。稅制、環保法規、勞動法規也一樣。律師的選擇大幅增加，相對地，沒有任何一個國家，可以從內容或方式上，限制律師用法律為資本編碼。律師仍然仰賴國家賦予這份工作的權威、合法光環，但他們採用的編碼策略，雖然並非全部，卻有許多可以挑選願意接受的國家。

在資產持有者這邊，則是非常重視律師的編碼工作。否則，他們怎麼會願意支付，現在高達三位數或四位數美元的時薪，甚至支付頂尖律師，與投資銀行家旗鼓相當的報酬呢？③最好的解釋就是，當律師被請到辦公室裡，事件牽涉層面往往超過一般法律諮詢服務，或普通的交易成本工程算式。唯有一流律師，能達成客戶的目標：特定資產的超級優先權、超越競爭資產生命週期的耐久性、將金融資產隨心所欲地兌換現金，再加上，可以對全世界執行這些權利。

設計新資產的律師或金融中介機構，熟悉不同司法管轄區的法令規章，包括限制特定行動的規定，這些規定的範疇、限制與可預期之處。當然，還有稅法，稅制可是許多公司最大的一筆支出。這些律師想必也要熟悉編碼模組，最好能夠掌握不同法律體系的模組。法律模組是律師用來讓資產變成資本的工具，還能從法律上的限制進行套利，以及最重要的一點，用這些模組為客戶提供強大的防禦措施：「一切合法」。

為了避免自己或客戶將來必須承擔債務，律師必須預測各種可能出現的風險，運用資產防禦手段，將風險和可能損失轉嫁給其他人，還要恰到好處地揭露資訊，達到警告投資人，讓他們不能在事後說自己遭受誤導——不過，許多人還是會自己請律師，試著提出遭到誤導的主張。事實上，二〇〇八年金融危機爆發後出現訴訟潮，最諷刺的一點在於，市場上的大人物彼此告來告去，每個人都聲稱自己遭到誤導，但他們很多其實都做了類似的行為，本身就是金融市場的老手，有同樣老練的律師為他們出主意。④換句話說，律師在管理風險，而且風險程度不亞於金融中介機構，只不過，他們主要管理法律風險。這一點有助於解釋，為什麼很少有律師必須為自己的作為負責。他們的工作，是保護客戶不必承擔債務。但他們也和客戶以及客戶的偏好資產保持安全距離。客戶會來來去去，他們想要轉換成資本的資產也一直在改變。不變的是律師，他們可以快速地將法律專業轉向新的資產和新的客戶。

意思不是律師從來沒有被抓到觸犯法律，或被控告觸法。⑤但這類例子少之又少，如法律評論家談到十九世紀鐵路狂熱現象時所說，這不只是因為律師知道「如何發揮法律的兩大用途：掌握快速賺錢的機會，以及，在賺錢之後，掩飾他們的作為」。⑥其實，用法律規範資本，要有專業的法律知識，才能辨識出法律創新的機會，同時防範法律風險。資本密碼大師不僅運用現有法律，還會積極創造新法——許多新法在創造出來後，才受到法院的監督，或是在律師的選擇下，受私人仲裁人審查，當然，這些仲裁人有很多都是律師出身。

真正掌握資本密碼的大師，通常在一流的法律學院受過訓練，連我自己也不例外。他們進入一流法律事務所，學習交易工具、長時間工作，多年後升格為合夥人。⑦他們聰明絕頂、孜孜矻矻，多半將自己視為服務客戶的人，而非理所當然地視自己為資本密碼大師。他們認為自己的工作是確保客戶達成生意目標，不與法律衝突。[8]但律師們心知肚明，重要的不是大家怎麼看待他們的工作，而是他們的做法會對他人產生什麼影響。本書討論的例子顯示，律師絕對是資本密碼形成的關鍵，也大力影響著社會的財富分配。這些大師是否與資本走得很近，反映在他們的客戶名單上，也反映在他們的收入來源和收入高低上。

美國和其他地方過去幾十年來，比較傾向於支持大型企業，這些企業集中設在商業與金融重鎮，聘請律師從事高度專業化的業務，以特定知識為客戶謀取利益。[9]直到一九八四年，美國前五十大事務所平均還只請了兩百五十九名律師，平均賺入三百四十萬美元。但到二〇〇六年，一般法律事務所聘請九百七十四名律師，賺入將近四千萬美元，乘了不只十倍。[10]美國十大法律事務所，每一間更是請了一千一百名到一千八百名律師。[11]而在一九八四年，一般的合夥人一年所得大約略高於三十萬美元，到了二〇〇六年，增加到將近一百五十萬美元。[12]許多頂尖事務所依然提供很多不收費的公益服務，讓法律人才為付不出錢的客戶謀福利，但公益服務的規模和範疇，遠不及那些賺錢的業務。原因就出在，法律事務所是要賺錢的機構，他們的收費反映出他們為客戶創造的價值。反過來說，由於最有價值的工作是用法律為資本編碼，所以大部分學法律的人，都會搶著進入請許多律師從事這項工作的事務所。

本書將交易律師描述成資本密碼大師，而相關文獻提出過兩種不同看法，一種認為交易律師是交易成本的工程師，另一種認為交易律師是競租者。羅納德・吉爾森（Ronald Gilson）便將律師描繪成「交易成本工程師」，根據他的說法，律師在複雜的法規四處搜尋，建構能避免不必要成本的交易，偶爾與主管機關協商，為風險較高的交易開闢空間。⑬據說他們這麼做，可以緩和「交易形式與監管目的」之間的拉扯。⑭他們的角色顯然跟資本密碼大師很像，但其中還有一項關鍵差異。將律師描述為工程師，等於認為他們的工作乃是聽命於創業家，而創業家則是新商業策略的建構者。律師只不過是為偉大的點子穿上法律的外衣，就連併購這類複雜的交易都不例外。這當然是重要工作，而且大部分的律師，包括領高薪的企業律師在內，多半在做這些事。但有的律師工作不僅於此，我稱為「大師」的就是這群人。

為了舉例說明，我們來比較一下陽春型合併交易，以及為了防止公司遭到惡意收購，或不如標的公司管理團隊規劃，被其他公司取得控制權，所發明的巧妙防禦措施「毒藥丸」。⑮毒藥丸策略這個醒目的名稱背後，有很複雜的法律手法，能在適當安排後，強迫想取得控制權的公司，事先徵得被收購公司的董事會同意，否則不能直接在市場上，從現有股東那裡收購股份。假如他們沒有先跟董事會商量，就直接收購超過門檻的股份數量，形成法律文件規定的「毒藥丸」，這批以普通價格收購的股份會被大幅稀釋，使收購者蒙受重大經濟損失。做法就是，在有人進行惡意收購前，公司先將特殊權利賦予現有股東，例如，在惡意收購者購入股份超過公司股份的一成或兩成時，讓股東有權利以低於市價的價格，購入目標公司的股份。惡意收購者當然不符合發這筆意外之財的資格。

毒藥丸是長達數頁的複雜法律文件，要仔細研究過公司法、擔保法、稅制和會計規範，才有可能成功制訂。毒藥丸發明出來以後，業界便很快相繼採用，成為多數上市公司的標準做法，直到股東出現反彈。但因此名留青史的，僅有一位名叫馬丁・利普頓（Martin Lipton）的律師，是他發明了這項新法律措施。⑯

離題一下，毒藥丸的作用，與替有錢家族保護土地的嚴格財產授予限制，竟有古怪的雷同處：兩者都是為了防範資產組合被拿去拍賣——即使資產已經不能生財了，還是要防範被拍賣掉。在土地的例子，受益人是地主階級的家族成員；而在毒藥丸的例子，受益人是上市公司的經理人。我們知道，對地主階級來說事情發展得並不順利。相較之下毒藥丸策略比家族財產授予限制寬鬆許多，主要原因在於，法院會保護股東不受過分的毒藥丸策略影響，例如永久型毒藥丸（dead-hand pill，一種只能由批准毒藥丸的董事贖回的策略），而且近年來，股東也開始迫使董事會取消毒藥丸。⑰

真正創新的法律編碼策略，不可勝數。只要想一想我們在書裡討論過的重要法律創新就行了：將使用權提升到適用土地，再到絕對財產權；特有產的發明、用益權、信託，還有最後，用現代商業公司的形式，防範公司資產被不同的族群索賠，甚至包括公司的經營者，藉此打造歷久不衰的資產組合；證券化機制從簡單的形式，轉變成具有收益架構和風險概況、能吸引投資人的金融資產；最重要的是，創造出複雜的信用衍生商品，例如擔保債務憑證（別忘了克萊羅斯的分身），這裡面還包括了「複合式」和「分包式」擔保債務憑證。一切都要歸功於律師，數百年來，律師的技巧愈來愈純熟了，而且他們可以為不同客戶輕易取得將資產轉化成資本所需要的資訊。

有一位（前）執業律師曾經如此描述，現今律師在頂尖法律事務所的貢獻：

然而，實際上客戶是付錢買法律事務的能力，包括集結所有客戶的能力，以及用這些資訊進行交易協商的能力。（……）這些客戶要的不是基於長期信賴關係的專業客製服務。其實，他們只是從法律事務所那裡買下資訊，只是採行了日漸普遍的知識管理方法。⑱

說得直白一點，客戶聘請律師，為的就是進入法律王國，數百年來律師拼湊出來、邊境超過任何一個國家的法律王國。但律師並非「只是」參與知識管理。這裡不是指「知識圈」裡所謂知識的力量，律師可不是任何知識都管。他們管理的是法律知識，他們管理用編碼模組打造私人財富的方式。律師從事資本法律編碼有數百年之久，但在這段期間，隨著轉化為資本的資產本質發生改變，法律編碼工作的價值也日漸提升。這些工作從土地開始，土地原本是不屬於法律的資產，律師將土地轉變成資本；最後，律師在法律中打造能令持有者財源廣進的超級資產。

比起交易成本工程師，金融經濟學家史蒂芬・梅紀（Stephen Magee）曾在著作中，用更無情的方式，描述律師和他們對社會的貢獻。一九九二年，梅紀在《華爾街日報》（*Wall Street Journal*）的專欄版刊登一篇文章，附上一張描繪美國經濟體律師人數與GDP成長率的圖表。結果呈現反過來的U形曲線，可以明顯看出，律師對經濟成長有所貢獻，但會達到頂點，律師人數過多，對經濟成長產生負面效果。[19]這些數據和相關詮釋，在梅紀和法律學者之間引發一場激辯。法律學者質疑梅紀的計算方式、研究方法，認為將法律視為凝聚力強、能組織動員的工作是錯誤的假設。[20]

想要憑統計數據來終結這場辯論，似乎不太可能，因為單純算出律師的人數，不能清楚了解律師的工作，以及不同的工作內容，會對經濟和社會福祉產生什麼作用。但梅紀有個地方說對了，就是律師為社會帶來影響，不見得能令人們過得更幸福。資本密碼大師是為私人財富進行法律編碼，不是為了公眾財富，私部門和公部門的利益並非總是畫上等號。[21]但嚴格來說，我所描述的律師，從英國的鄉下事務律師，一直到全球法律事務所的合夥人，都不像梅紀說的那樣，他們不是競租者。有些商業活動少了律師也能順利運作，律師不是在活動中將利益奪走，而是創造利益的人。資產本來有助提升法律明確性，但過度製造資產，最後不是創造經濟利益，而是摧毀金融體系，令經濟發展停滯，或迫使經濟衰退。社會財富分配也會因此變得極度失衡。律師往往忽略了，進行法律編碼時，會造成這些外部效應。他們以客戶的利益為優先，領取高薪做這些工作。所以很少有律師會考慮自己的工作造成廣大影響，也只有少數律師真的期望有看不見的手，矯正他們為客戶創造的偏頗架構。他們不明白，資本編碼策略實在太成功，令看不見的手變成虛無縹緲的神話。

我們已經知道，十九世紀，法律保護家族財富不受競爭市場的力量干擾，導致經濟大幅衰退，不僅影響地主，也影響到租用土地的人：以土地從事生產的農夫。經濟蕭條發生時，這些農夫失去一切，而且他們跟很多地主不一樣，沒有世代累積的財富來緩和蕭條衝擊。二〇〇八年體質不良的資產拖垮金融體系。這些資產同樣也是法律產物，幾年下來，使經濟體債務不斷擴大，最後不得不大規模修正資產價值，使得許多金融中介機構掉進死亡陷阱。這次危機，不僅波及金融界，還嚴重破壞經濟，令成千上萬人失業。接下來十年，政府大量投資，打擊失業率，力圖振興股市和信用市場。雖然數據回升了，卻不能完全反映許多家庭的痛苦和財務損失，尤其是所得光譜位置較低的人口。儘管金融危機短暫減緩不平等的現象，但之後，在大型央行的政策助長下，資產價格陡然攀升，顯示出資產持有者在政府慷慨解囊下受惠，再次成為贏家。[22]

資本密碼大師對於國家財富，究竟是助力，還是破壞的力量，端賴我們在私人財富的循環過程中，處在什麼位置：處在上層，新的法律編碼策略，令新資產在法律上更明確、為信用擴張推了一把，有利於投資或消費；處在下層，連最棒的法律特效藥，都再也無法掩飾預期和實際收益之間的差距，整個架構逆轉過來。事實上，這些趨勢是一體兩面：幫助打造私人財富的法律策略，為資產創造權益，當這些資產再也沒有需求，或資產持有者再也無法平衡債務時，同樣也會拖垮整個金融和經濟體系。就像梅紀得出的曲線，這條動態曲線也是一個顛倒的U字形，但圖上的橫軸代表更複雜的法律編碼策略，而非律師的人數。

資本密碼大師的法源

全球資本在沒有世界政府和全球法律的狀態下存在且欣欣向榮。法律沒有地域限制，可以解釋這個現象。你可以用一種法律制度裡的模組為資產編碼，同時讓其他國家的法院和主管機構認可、執行。如此一來，只要一種國內體制，便能支撐起全球資本主義。實際上，先前提過，主要的體制有兩種：英格蘭法和紐約州法。真正的資本密碼大師，大都遵循這兩種常見法律體系的其中一種，或是在當地受過額外的法律訓練，這一點，從許多外國學生，在英國或美國的法學院念過書，便可見一斑。㉓ 比起民法法系，普通法為什麼能擁有如此優勢？是普通法、普通法系的法律職業組織存在優勢，或有加乘效果嗎？

普通法系和民法法系的差異和利弊，長久以來，有過許多激烈的辯論。比較法律學者很早便提出，兩者之間的差異比較不在法規的內容，而是更為廣泛的法律文化。儘管如此，經濟學家仍然提出，應該要重新評估普通法和民法法系的優點，這樣的研究稱為「新比較經濟學」。㉔他們搬出統計工具，挑出他們認為至關重要的公司法和破產法條款，並且加以編碼，證明不同的主要法系，其股東和債權人受保護的程度存有顯著統計差異。普通法最注重股東權益，德國民法法系對債權人權益的重視也不遑多讓，但法國民法法系，則在股東權益和債權人權益上雙雙落後。㉕從批判的角度來看，這些法律上的差異已經證實，就是決定金融發展的重要因素：比起民法法系的國家，尤其是法國民法法系，普通法系通常伴隨規模較大、流動性較佳的金融市場。㉖

因為這些發現，許多小型的非官方研究開始利用相關數據，去檢視法源（普通法系或民法法系），在政府規模、投資水準、貪腐、法院的法律執行速度等方面，造成怎樣的影響。但大家也因此注意起數據分析的品質，質疑研究發現是否適切。㉗本書在此不予批評，僅提出這場辯論缺少一項關鍵變數：律師以及他們在不同法律體制中扮演的角色。倘若本書提出的論點無誤，資本確實由法律編碼而成，律師是掌握資本密碼的大師，而大師多半來自一種法律體制——普通法系——那麼我們就有必要，重新檢視一下這場關於法源的辯論。

英國法學家西緬·鮑德溫（Simeon E. Baldwin）如此描述律師在普通法中扮演的角色：「法律的發展……主要是律師的工作。法律在法院上提出，由法官通過。」㉘鮑德溫正確凸顯出法律的發展過程，而非特定法規的內容發展。事實上，普通法系和民法法系的不同之處，便在普通法系給予私人律師塑造法律的空間。他們不只就現有法律提供意見，還持續用「舊瓶」，創造新的法律權益。他們用法律將資產編碼為資本，不須經過誰的同意，只要模仿前人用來說服法院的辯論策略，來支持新資產的編碼策略，針對新資產修改一下論點，符合客戶的特定需求便行。有時候，他們必須在法院為自己的作為辯護，他們會在法院上遇到法官，但法官前不久也是身在律師行列，因為在普通法系裡，法官來自職業律師。

在英國，以法律為職業的做法，最早的文獻記錄可追溯到十二世紀，上面寫著「有一大群人，大家認為，他們擁有代表他人出庭的特殊專業技能」。[29]這群律師新血不為王室服務，也不為國家法院服務，而是提供私人服務，為私部門的客戶謀求利益。時間一久，在偶然的發展下（沒有發生重大事件，也非詳細規劃的政策使然），律師在英國分成了訴訟律師和交易律師。訴訟律師（出庭律師）在倫敦四法學院接受大部分的訓練，不直接與客戶聯絡，而事務律師則處理交易和客戶的利益，為他們準備打官司的資料。這樣的分工模式一直延續到今天。[30]資本編碼成為事務律師的主要工作，但在早期，比較常由法院檢視新的法律編碼策略，所以是出庭律師扮演說服法院接受創新法規的重要角色。出庭律師向來聲望比較高，大家認為，出庭律師比事務律師更有政治上的力量。[31]但是，隨著資本的法律編碼工作，重心從法院轉移到私人律師事務所，不僅事務律師人數大幅增加，他們的權力也多所提升——本章開頭，引述了坎貝爾勳爵的話，那段話裡也有提及。

英國事務律師將自己定調為值得信賴的諮詢對象，從一開始就與客戶建立長久關係。初出茅廬的律師會跟隨事務律師，接受一對一的訓練，很像同業公會中的師徒關係，徒弟必須長年接受師父的指導和監督。許多律師擁有大學學歷，但在以前，他們比較有可能是歷史系或古典文學系畢業的學生，並非法律出身。這個現象，要經過二十世紀才有所轉變，當時人們對律師的需求大幅增加，傳統的師徒制顯然無法滿足需求。直到那時，才由大學裡的法律系擔綱訓練英國律師的主要角色。

相較之下，在歐洲大陸，法律和神學、醫學一樣，是波隆那大學、圖盧茲大學、奧爾良大學、巴勒摩大學等歐洲古老大學的基礎學科，這些大學有的可以追溯到十三世紀。當時的法學院學生主要鑽研羅馬法——其根據為，羅馬的查士丁尼大帝後來彙整，並在一一三五年重新發現的文摘。㉜他們不只是在學校練習解釋古代的法律文獻而已，也實際運用到現實世界，當城市、地區、國家的規定找不到判決的答案，或互相衝突時，羅馬法就成為了判決的標準。㉝

在歐洲大陸，學習法律成為在政府機構晉升的管道，最高能成為企業律師。收錢為客戶提供建議的接案律師，則是不受歡迎的行當。律師剛開始成為一門職業，這種現象就很明顯了。一三四五年法國頒布一項王室命令，規定要以法律為職業必須符合某些條件，其中包含了成員的責任和義務。要符合國家法律所規定的條件，才能以律師身分自居、出庭替被告辯護。法國的法律職業制度是「令國家和司法體系的成形、發展中的一環」，至少在剛建立的幾百年內，這個制度「由監管機構管理」，不像英國或美國的律師有自己的管理規範。㉞在法國，從事高層法律工作的人，貪汙情形日漸嚴重，甚至有人把官位賣給出價最高的人，導致人們對法律工作者敬意大失。㉟十七世紀法律工作經過整頓，也開始制訂行業規範。最後，在十八世紀晚期，許多律師挺身向國家爭取自治，而且雖然其他人與王室合作，希望能改革王室亡羊補牢，律師們卻始終公開反對君主專制，直到君主制分崩離析。㊱

律師也替私人客戶服務。其實從一九七〇年代開始，人們對內部律師或公司律師的需求就開始大幅增加。但比起英國或之後討論的美國，在法國的法律制度中，公家機關和私人事務所的工作劃分逐漸明顯。大學畢業後，律師會依照想要當法官、檢察官或私人律師，選擇接受不同的訓練。不能直接從辯護律師成為法官。從這點也能看出，比起為私人客戶提供意見的律師，法官比較不易接受創新的法律編碼策略。

鮑德溫認為，律師制訂法律、法院只負責認可，並非法國才有的情形。事實上，在十九世紀初的法典編撰重要時期，法官的法律制訂權力已經明顯被削弱，法國民法第五條明確禁止法官制訂法律。㊲或許有人會把這件事，只看做純粹的法律形式主義，因為就連法國的法官都只能解釋法律，如此一來，即使法律並未隨時間改變，意義也會調整。但其中仍有極大的差異，可以細分到，民法法系和英美普通法系的差別在於，由法官或由律師制訂法律。在法國和其他民法法系國家，依照成文法進行法律分析，而非依照實際情況分析，假如發生根本變動，比較可能採取的做法是徹底修改法令，而非調整法令。

雖然民法法典不若外界想像那麼僵化，但這些法典會將法律上的關係做不公平的分類，法院在檢視新的編碼策略時，總是會先從成文法的法律關係分類開始。民法法系和普通法一樣，會為契約的自由精神背書，但是關於契約的種類，卻用成文法加以規定，而不是由私人資本密碼大師制訂，所以律師想要改變法律的時候，便經常要面對一場苦戰；這種情形，在財產權的種類上更加明顯。

德國不論是在經濟或政治上都起步得很慢，就連在法律上，也可說是如此。㊳在法國，社會改革的力量，促使律師在十八世紀成為強力的政治推動者；同一時期，普魯士邦（一八七一年德國統一後的偏安政權）卻整肅私人法律工作者，使法律工作者人數銳減一半。㊴

普魯士邦訂立規定，限制成為職業律師的管道，以及律師如何收取費用，宣布未經適當授權執業者將受嚴厲懲罰。在此之前，普魯士的律師人數比例相當高（約兩千名居民中就有一名律師），他們受過良好教育，大都並未受到規範。要成為專業律師，只有一個條件，就是大學畢業，但即使是在普魯士政府壓迫律師之前，以法律維生仍然是另外一個層次。律師調整自己，去適應主流的政治和經濟強權，許多律師代表貴族的利益，成為他們的「法律顧問、代理人或管理人」，所以才有評論家說，律師這一行「在某種程度上是買來的」。㊵

普魯士政府打擊律師的事件後，私人律師便受政府嚴密看守。一七八一年甚至有一條法令規定，律師不能出現在法院上，必須由國家指派的人代替律師出席。雖然這項措施實行時間很短，卻證明了，律師代表私人而非政府利益，政府對律師懷有深切的不信任感。事實上，普魯士邦掌控可以參與訴訟的律師人數。直到一八五〇年代，普魯士每一萬兩千人中只有一人是律師，而在英國，每一千兩百四十人就有一人是律師，在法國，每一千九百七十人就有一人是律師。律師費因而飆漲，許多法官選擇退下法官大位，去當律師——與英國的情況恰巧相反，英國律師要資歷很深、功績顯赫，才有可能被任命為法官。

直到十九世紀後半，德國的法律專業人員才享有比較高的自治權。律師團體開始有自己的規範，並在人數以及與國家的（相對）獨立性方面，與法國和英國並駕齊驅。[41]但普魯士試圖讓私人律師的工作，受國家利益掌控，其殘存影響依舊存在。即使到了今天，德國的法學院學生都還在接受當法官的訓練，而不是當私人律師的訓練。必須等到取得成為法官的資格，才能成為私人執業律師。[42]此外，大學的法律課程最後一關不是頒發學歷證書，而是通過國家考試，想要成為律師，要先花時間在法官或檢察官身邊當書記官，在私人事務所實習，然後還要通過第二次國家考試。從批評的角度來看，只要通過第二次國家考試，就可以直接成為法官，不必像普通法系國家那樣，必須先在私人律師事務所工作過。

總而言之，在民法法系國家，私人律師的出現時間比英國來得晚，國家始終沒有給他們像英國私人律師那樣的自治權。在普通法系國家，律師有創造新法律的機會，法院偶爾才會審查，自治權讓普通法系在資本編碼上具有比較優勢。近幾十年，民法法系律師開始追趕上盎格魯薩克遜律師，但他們的法律制度較無施展拳腳的空間，所以他們經常向普通法制度求援，與以普通法為法源的事務所合併，想辦法利用普通法的世界。

將美國法律專業人才形容成比英國模式還要更無拘無束，實在很順理成章。意思是，他們受到的規範更少，競爭更激烈。美國的法律人才當然比較年輕，但這不只是因為建國時間比較晚。十九世紀晚期之前，即使各地都有很多律師，美國卻幾乎沒有正規的法律訓練。據估算，一八七〇年美國約有四萬名律師，簡單換算可得，在這個人口約三千八百萬的國家，每九百七十人就有一人是律師，其中僅百分之三的人曾就讀法學院。當時，只有十五個州強制規定，成為法律專業人才必須接受正規訓練，因此沒有必要投資在相關課程上。㊸儘管如此，一八〇〇年代初期，美國就冠上了「法律經濟」的美稱，得來並非毫無道理。㊹律師不只人數很多，大家對律師的需求也很高。內戰爆發前，美國是個領土遼闊、中央政府沒有太大權力的國家，律師在西部成為調查和轉讓土地的關鍵人物，他們規範信用工具、成立公司、找出違約債務人的資產、挽救已停業公司的價值，若客戶有可能承受很高的法律風險，希望追求法律上的確定性，他們也為這些客戶提供服務。㊺

在美國，法律訓練正規化、專業律師形成組織的動力，其來源是混合了保護主義，以及對提升專業的嚮往。在商業中心，律師之間的競爭往往非常激烈，因為移民湧入律師市場，會一直有新人加入。已經建立名聲的律師想要和他們有所區別，除了提高成為律師進入障礙，還有什麼比這個更好的辦法呢？另外一個原因則是，再厲害的律師，能力都會被打折扣，因為出庭的法官經常缺乏正規訓練，影響到法律糾紛解決和立法工作的品質。㊻大家希望，正規法律訓練能帶來良好的連帶效應，讓法官不依賴政治「機器」，也就是，盤據政治和經濟生活的緊密政商關係。

要同時解決競爭和品質的問題，方法是成立律師協會和設立法學院。最初律師協會出現在主要的商業中心，剛開始是「傑出男性」參加的公共俱樂部（一直到二十世紀，女性都不能成為律師，也不能就讀法律學院），後來則演變成規範律師的協會組織。㊼傑出的法律事務所只聘請在合格法學院受過正規訓練的協會成員。哈佛法學院在克里斯多福．哥倫布．藍道爾（Christopher Columbus Langdell）院長的帶領下，成為訓練優秀執業律師的頂尖機構。律師組織也針對法官的任命過程施壓，要求法官必須來自至少受過某些訓練的律師。組織也要求執業律師遵循特定的道德規範。在工作中，律師必須努力符合客戶利益，避免與客戶產生衝突，但也不能違背法律規定。安東尼．科隆曼（Anthony Kronman）對傳統美國律師的看法或許有點理想化，他描述「傑出律師」不只是「熟練的技術人員，也是謹慎、務實的人」——只是還要加上，二十世紀晚期，律師迷失方向，往往會臣服於私幣的誘惑。㊽

沒多久，法學院開始在全美各地蓬勃發展——自從那時起，便訓練出愈來愈多律師。㊾到一九五〇年的時候，美國執業律師多半可以誇耀自己受過一些法學教育，包括新移民特別喜歡參加的夜間課程。[50]一九六四年，美國有一百三十五間法學院，兩萬兩千名學生入學；二〇一三年，法學院的間數增加到超過兩百間，入學人數則是翻了一倍。[51]二〇一八年，美國有一百三十萬名律師，達到有史以來最多的人數，但人數增加比率從去年的百分之一・八，降到了百分之〇・二。[52]

法學教育的改變，對法律實務產生明顯的影響。十九世紀晚期，在頂尖法律事務所的建議下，大型企業和主要金融中介機構，例如雷曼兄弟、高盛，開始結合。事務所靠長期客戶吃飯，他們很愛惜自己的羽毛，不會介入可能令他們與其中一方產生衝突的法律事務。這就解釋了，為什麼這些事務所的合夥人，不願意運用明顯有侵略性的法律策略（例如惡意收購），這麼做很容易讓他們傾向交易的一端，使他們與某一方客戶的利益產生衝突。[53]

法學教育擴大發展，意味著有更多律師和新的事務所進入市場，第二次世界大戰後尤其明顯。受過良好訓練的律師之間競爭日益激烈，一流的律師事務所和美國製造業和金融界龍頭間的結盟關係，開始承受壓力。老牌頂尖事務所裡全部都是白人盎格魯薩克遜新教徒（俗稱WASP），但法學院培養出愈來愈多訓練扎實的猶太裔或女性律師。[54]假如這些人很幸運，從法學院畢業後有資格在一流事務所找到工作，他們也不太可能成為合夥人，因為他們不符合已經建立起來的合夥型態。[55]這些律師市場的新進者會自己成立事務所，累積自己的客群，透過破壞既有的關係網絡、挑戰「權貴」（他們對一流法律事務所的稱呼），來開拓新的市場。㊻他們不會排斥激進的法律策略，將美國的法律創新帶向一個完全不同的境界，卻沒料到，不久，他們的技巧就傳到了其他的司法管轄區。

全球法律專業人才

我們在前面幾個章節，大略提過不同的法律傳統，這些傳統擘劃出法律全球化的背景。在沒有世界政府和全球法律的情況下，關鍵就變成要將國內法延伸到世界各地。比起長久以來受政府嚴密監管的法律專業人員，從以前就擅長為客戶用法律編碼資本，並擅長針對新問題——當然，也包括針對新資產——尋找創新解決之道的律師，若要這麼做，當然有利多了。

英國法律事務所也受益於英國的殖民史。大英帝國曾經長時間，為前殖民地和大英國協成員提供律師，不僅介入殖民地的行政，也插手當地的普通法。大英帝國用自己的法律，在各個屬地訓練當地菁英。他們必須熟悉資本的法律編碼模組，但他們不必學習英國的不動產法律，而是必須接受印度教法、伊斯蘭教法和羅馬法的考試。有位評論家曾說，如果你不在英國出生、長大，你就不能碰英國的土地法。㊼對英國的法律專業人員來說，殖民史為他們提供了天然的背景，讓他們延伸法律的大網，支撐英國和各地客戶的全球商業活動。

美國律師則在其他方面有所貢獻。美國沒有很多殖民地，但美國的法律制度給了律師很多機會，讓他們在不同的法律規範中施展抱負，以不同的能力為客戶增進利益。美國的法律制度比其他聯邦國家的法律制度要來得零散很多。資本編碼模組所涉及的法律，包括契約、財產、擔保、信託、公司法，都不屬於聯邦（中央）所管轄，而是州法的管轄範圍。58金融監管的法律更複雜，除了州跟州之間彼此競爭，州法還要與聯邦法競爭，而在聯邦層級，許多監管機構互相抗衡。59

律師很快就學會利用法律多元性，來達到競爭目的。假如他們不喜歡某一個州的法律，就會用其他州法為客戶的資產編碼。他們不必犧牲編碼策略的法律效力，也不必放棄國家的強制執行力，因為法院認定憲法的「商業條款」（commerce clause），禁止各州法律，否認依照美國聯邦體制下其他州法所進行的交易，或成立的商業組織。60這項規定提供了理想的培育條件，適合發展彼此激烈競爭的法律編碼策略。隨著美國公司開始向世界各地發展，美國的律師也就這樣，將這些法律編碼策略一起帶到全世界。

來自這兩個普通法系國家的律師，善用自身的起跑優勢。事實上，全球法律專業人才的興起，無異於盎格魯薩克遜法律實務的全球化，這個說法，有全球法律事務所興起數據可佐證——這些事務所，在不只一個國家成立辦公室。全球法律事務所大都設在美國和英國，不過設在中國的事務所數量正在增加。61頂尖的全球法律事務所中，只有寥寥幾間設在法國或德國。

來自這些民法法系國家的事務所，都是在和英國或美國事務所合併後，才躋身百大事務所之列。㊷

全球法律事務所集中在美國和英國，也反映在收入數字上。全球百大事務所收入排行榜上，有八十一間設在美國，十二間設在英國。二〇一四年和二〇一五年，全球法律服務總收入為六千一百八十億美元，其中一成來自英國，而英國二〇一五年提供的法律服務，占附加價值毛額的百分之一．六。㊸比起同一時期，英國的金融保險業服務，占附加價值毛額的百分之七．二，法律服務的占比顯得不足為道。㊹可是，我們不能忘了，法律服務是收費型業務，所以客戶在律師的建議下賺得的利潤，不會反映在律師的服務上。不過，最豐厚的報酬來自最賺錢的客戶，近幾十年，最賺錢的客戶是金融服務業者，在英國法律事務所的交易價值中占了超過四成。㊺

英國不但培養出本土的跨國律師，他們也成為全球法律事務所的主要活動中心。有超過兩百間外國公司（光是來自美國的事務所就有一百間）在英國有辦公室，辦公室大都設在倫敦。㊻許多外國事務所除了在根據地收購合夥對象，還會聘請在地的律師。如此一來，除了跨司法管轄區的議題，他們也能針對各種英國法律，為客戶提供建議。外國法律事務所在倫敦成立辦公室，讓他們可以進入全球金融兩大中心的其中一個，還能運用英國的普通法——普通法依然是跨國商業最吃香的法律。有一項以仲裁案件最受歡迎法律所做的調查顯示，四成契約糾紛受英格蘭法管轄，另外有一成七受紐約州法管轄。[67]

最後，倫敦一直都是前進歐洲大陸最方便的基地（至少英國脫歐前是如此），也可以由此進入非洲和亞洲市場。其實，美國和英國的法律事務所，在形塑資本的重要法律領域中，似乎正在排擠歐洲主要經濟體的國內事務所，例如公司法、併購和資本市場法等法律領域。[68]在法國，國內的法律事務所仍然掌握公司和併購交易（十之八九），但資本市場交易案卻不到四分之一，其餘案件則牢牢掌握在全球法律事務所的手中。而在德國，只有前五大法律事務所，名列在德國經營公司法和併購案件的前二十大事務所，只有一間名列市占率前十大事務所，其他都是盎格魯薩克遜法律事務所。[69]

誠然，並非所有英國和美國的律師事務所都是全球事務所，或與外國律師直接競爭。即使是在這些國家，多數律師仍然是在中小型法律事務所裡執業，為客戶提供購買房屋或進行不動產交易的建議，或是幫忙當地創業家選擇符合業務的適當法律型態。對他們來說，法律世界跟幾十年前沒有什麼不同，他們是各自所屬司法管轄區的法律專家，很少會跨越疆界。但是律師發揮最多創意的地方不在這裡，法律服務報酬最豐厚的地方也不在這裡。

資本密碼大師與國家

資本主義的活力取決於，律師有沒有能力用現有的素材，塑造新的資本和組織——他們就是用這種方式，代表客戶用法律為資本編碼。律師首先運用他們學習過的國內法，但在全球化的時代，他們可以從許多不同國家的法律中挑選。全球化之所以能夠運作，乃是因為，資本密碼大師能夠從他們相中的法律制度，以及若干國際條約，拼湊出一張百衲被，維繫商品和服務的全球市場。他們不等國家整併法律，那樣速度慢多了，而且一定會扯上政治。他們是運用具可塑性的編碼模組，堆疊出跨國交易的架構，他們自行選擇偏好的預設法律制度，自己決定糾紛要透過法院或私人仲裁程序解決。⑳

從這個分析出發，會出現一個跟法律和律師工作有關的畫面，就是資本的密碼大師站在交叉路口上，一邊是他們服務的客戶，另一邊是為資本提供塑身衣的國家。他們從各種法律制度中，為客戶挑選編碼資本的法令，沒有人比他們更會操縱錯綜複雜的法律制度。少了國家或法律，他們就沒有辦法辦到這件事，但現在，他們不再依賴單一國家，甚至不再依賴他們學習法律的國家，也能掌握、挑選需要的法律編碼策略。正是這一點，讓今時今日的資本密碼大師有別於他們的前輩。他們從未有過如此大的迴旋餘地，他們的服務也從未像現在這般有價值。㉑因此，一端是律師，一端是國家和國內法，兩者之間的關係改變了。

然而，儘管律師擁有極大的迴旋餘地，可以將法律編碼模組轉移到變化多端的資產清單上，打造出新的資本，律師仍然需要確定，他們的編碼成果會受特定國家認可並在該國執行。畢竟，要有強制執法的力量，他們創造的承諾才有公信力，才得以擴大執行。不過許多律師會竭盡全力，避免讓法院有機會否決，他們為了替成千上百名客戶創造利益而運用的法律編碼策略。所以律師開始極力主張在法院外解決紛爭，或是選擇仲裁，而不走訴訟程序。但這樣也讓律師落入一種奇怪、或許也很脆弱的處境。他們仰賴國內法的權威力量，卻又因為害怕法院插手他們的法律編碼工作，而去逃避傳統上的法律守護者「法院」。

可是，由法院審理案件，案件會公開，會經過仔細分析和接受批評，當案件不是在法庭上受審，而是在類似的機構審理，就少了什麼。紛爭是讓法律活下去的氧氣，能確保法律持續調整，適應變化萬千的世界。當案件不再公開審理，法律會變成一灘死水，法官也失去專業地位，而律師和委託他們的客戶，更是因此有理由不走法院的訴訟程序。一般而言，如史蒂芬・夏威爾（Steven Shavell）所指，解決爭端要負擔私人和社會成本，但也有它的好處。但私人利益不見得總是會轉化成社會利益。㊷當法律在各方面都脫離法院提供的公共空間，那麼法院外爭端解決機制的相關私人利益，就很有可能超過社會利益。實際上，私人解決機制的主要受益人，甚至有可能不是發生糾紛的兩造，而是他們的律師。解決糾紛案可能會讓律師必須放棄賺更多錢的機會，但整體而言對他們是有好處的，因為沒有訴訟案件去釐清法律疑義，人們就更需要請他們提供建議。除此之外，隨著時間演變，私人律師會成為合約糾紛解決過程中，唯一會一直出現的角色——這些糾紛是他們自己創造出來的，只有他們才是有權威的法律代言人。

如我們在前面章節所述，法院也將空間讓給私人仲裁人。仲裁人通常自己就是執業律師，其中也有一些是法學教授。[73]仲裁人的確切人數很難計算出來，根本原因在於，這是私下解決爭端的辦法，比公開法庭來得隱密。不過，有資料顯示，重要的全球交易糾紛案，有逐漸透過仲裁庭來解決，而非透過訴訟程序的趨勢，並且這些都是重大案件。二〇一三年，針對接下大量仲裁案的法律事務所的研究數據顯示，事務所報告的一百零九件仲裁案，大都涉及超過五億美元的金額，將近一半至少超過十億美元。[74]

剛開始，大家喜歡用仲裁來取代緩慢的法院程序，仲裁程序速度快、成本低，而且仲裁人具有商業專業背景，不會只是普通的法官，仲裁因而成為解決糾紛的好辦法。通常糾紛雙方會各自選派一名仲裁人，再由兩名仲裁人另外指定一名仲裁人。[75]儘管現在仲裁已經不像從前那樣速度快、成本低，但仲裁的市占率仍然持續擴大。現在許多消費和僱用契約會納入定型化仲裁條款，此時消費者和員工缺乏談判力，無法堅持在法院解決糾紛。如果走法院程序，消費者和員工或許可以採取比較有利的集體訴訟，或是獲得其他程序利益。為了保障消費者的利益，金融風暴過後成立的美國消費者金融保護局（US Consumer Financial Protection Bureau），在二〇一七年夏季頒布一項規定，禁止銀行和信用卡公司在消費者借貸契約中納入仲裁條款。但過沒多久，美國國會通過一項聯合決議，並由川普總統簽署生效，推翻了這項規定——從這個例子也可以看出，政府和資本往往存在密切的利害關係。⑯

因為這些法院規避策略，私人律師工作產生的效力，其受到認可的程度，在假定和實際情形中逐漸擴大差異，而且，律師為了安撫客戶，會主張自己的法律見解具有法律基礎，此一論點已然日漸無力。與其說律師的法律見解是以判例法為基礎，倒不如說他們必須猜測，若是案子上了法院，法院會如何決斷。客戶會配合私人律師，繼續仰賴他們撰寫的「法律見解」，當做判例法的替代品，因為律師運用資本編碼策略，他們會是主要的受惠者。而與這些客戶發生糾紛的另一方，有可能拒絕放棄資產的優先權和耐久性，但這些特權，實際上沒有得到法院的支持。為了獲取法律明確性，資產持有者和律師轉而遊說立法機關或監管機構改變做法，大大滿足了他們的需求。畢竟誰都能理解，法律明確性有其必要，不是嗎？但政治風向有可能轉變。假如有一天政治風向改變，維繫全球資本主義的法律王國，用私人編碼策略拼湊出來的法律王國，或許會開始動搖。

8 新密碼誕生

法律編碼的競爭對手及保護私有財產的數位技術

法律即代碼，能將優先權、耐久性、普遍效力、可轉換性賦予資產，將簡單資產化做資本。而在將近二十年前，勞倫斯・萊斯格（Lawrence Lessig）提出了「程式碼即法律」（code is law），這句話同樣有道理。①萊斯格的著作出版以後，數位化開始高速擴張。我們可說見證了數位產品迅速占領社交、政治、經濟生活的過程。人們開始恐懼法律很快就會被數位代碼取代，由數位代碼掌控複雜的社會和經濟關係秩序。身為資本密碼大師、在資本創造活動中擔任要角的律師，或許已將大半江山拱手讓給了「數位編碼者」。這些編碼者已經在忙著將契約、公司、金錢、知識數位化。資本密碼大師當然也能學習數位編碼知識，有些人早已準備好了，但許多數位編碼者運用新技術的目的與他們不同。

數位代碼會不會取代法律，能不能像許多數位編碼者所相信的，在沒有法律的支撐下運作，以及法律密碼大師會不會退出，將資本編碼工作交給數位編碼者，都還有待觀察。或許法律密碼會繼續占上風，在律師和「老派」國家機器的幫助下，對數位編碼者設下阻礙發展的限制。這一章描述的是數位代碼和法律密碼之間的戰場。首先將要概述，數位版法律編碼模組的最新發展。這些模組可以用在智慧契約、數位財產權上，當然也少不了數位貨幣。

數位世界就像現實世界，也有理想主義者和現實主義者。在社會理想主義者眼中，數位代碼最吸引人的地方在於，可以組成分權化的政府體系，將生活面向的掌控權交至個人手中。用數位代碼取代法律，為承諾和社會關係編碼，並不等於分權化。相反地，數位代碼規模可大可小，讓少數超級編碼者得以建立起，所有人都要遵循的遊戲規則。但數位科技在某些方面的進展，開拓出分權治理的可能性，最顯著的一項技術，就是區塊鏈技術。

區塊鏈是一種具有防偽機制（tamper-proof）的帳本，完整記錄交易中各種狀態變動。②智慧契約是各個用來執行區塊鏈的代碼。由於區塊鏈的活動都會自動記錄下來，區塊鏈智慧契約蒐集的數據，具有前所未見的分散度、完整度、信賴度。一般來說區塊鏈只能寫入，不能修改。因為區塊鏈不允許參與者退出當前承諾，所以寫入區塊鏈的智慧契約，甚至比法律合約更有約束力。透過區塊鏈智慧契約進行交易，參與者同意電腦根據決定性演算法，執行一套編碼規則。

因此，人們不再需要政府的力量或法律，世界終於像許多經濟學家長久以來想像的那樣均質。當數位代碼取代了法律密碼，人與人之間的承諾就定型了，連有權有勢的人都無法輕易擺脫。國家和法律可能已經逐漸式微，只不過，情況並非如馬克思學派所預料。恩格斯（F. Engels）更是差得遠了。③

事實上，就連最理想化的數位編碼者都不反市場，一點也不。④他們相信，數位代碼能創造出符合完美市場的條件，一如標準經濟學基礎教科書所描述：在這個世界裡，交易成本和資訊成本為零，幾乎不需要制度，例如契約、財產或公司法，來達到自治和管理他人的目標，即使人們有時可能會為自利濫用權力也不例外。

儘管數位理想主義者的目標是徹底改變人際交流結構，但他們認為並不需要公開挑戰現有權力架構。他們幾近輕蔑地指出，政府與政府監管機關、大型金融中介機構，以及其他知名的現存規範執行機構，只不過是「既存機構」，還預言這些機構即將告終，沒有必要推翻，一旦數位代碼成為主流，就會丟入歷史的垃圾桶。革命過程必定伴隨的暴力不會產生，因為數位代碼和法律密碼不同，數位代碼既不仰仗權力，也不具地理或司法管轄區的疆界。它將世界各地有意願的使用者連結起來，納入希望加入的平臺，追求各種欲達成的目標。一旦他們同意加入，就受數位代碼的規範限制，代碼本身就能執行權利義務。數位代碼是否真能跳脫階級架構和權力，當然有待商榷，不是沒有質疑的理由。一定要有人去撰寫代碼、監督和修正錯誤。還要有人決定，代碼要符合誰的利益，或應該符合誰的利益。其實，有些編碼者已經承認，數位世界需要類似財產權的制度，並針對打造制度提出看法。但階級架構最主要的源頭，很有可能就是編碼者。他們為自己一手打造的數位平臺，以及數位契約、財產權、數位貨幣，訂立出一套規則。數位代碼或許是一種選賢與能的制度，但賢能本身就是階級架構，由能力強的人制訂他人必須遵循的規定。即使創造數位代碼的不只一個人，也很難讓所有編碼者擁有一樣的權利。在編碼協作計畫裡，反而會先選出一名主要編碼者，其他團隊成員聽其號令。之後可能會有人改掉原始碼，但這個時候，通常有人成為領導者，換成其他人追隨他。追隨者人數必須夠多，新的數位冒險才會成功。

階級架構不只可以從編碼者之間的關係看出端倪，這個痕跡也存在於編碼者以及代碼使用者之間。畢竟，編碼者創造代碼，並藉此建立遊戲規則。除此之外，編碼者往往會保留修改代碼時在體制外運作的權力，類似法律制度中的緊急處分權。數位編碼者對數位代碼的掌握權力，簡直可說，比歷來所有律師對資本密碼的掌握權力，都還要來得更大。律師一步步取得資本密碼大師的資格，必須在滿足客戶需求，和讓政府承認編碼策略之間，時時小心拿捏分寸。相反地，數位編碼者創造數位代碼，並不需要考量既有法律和規定。數位代碼輕易地，在地域和司法管轄區裡縱橫穿梭，不僅不理會國內法律，也不將政府放在眼裡。光憑這點不就證明，數位代碼既不需要政府，也不需要政府的法律嗎？

儘管如此，數位代碼也避不開掌控法律密碼的力量。已經有人開始替數位代碼編製法律密碼。抱持務實觀點的數位編碼者，似乎也將賭注押在這裡。他們和政府主管機關交涉，運用智慧財產權法圍圈數位世界，好符合自身利益。勝負尚未分曉，但若要我下個賭注，我會把賭注押在一群「既存」菁英分子上。這群人會不擇手段，用法律納數位代碼為己有，不留多少空間給數位理想主義者。

智慧契約

智慧契約是用數位代碼編寫而成的合約。編寫數位法律合約的通用電腦程式，就是最簡單的智慧契約。但區塊鏈技術又更進一步，不需要法律制度和執法單位，就能讓人遵守約定。區塊鏈裡的合約叫做防偽數位帳本，它不只是一種承諾機制，更是一種**承諾**。[5]數位代碼會執行承諾，雙方都不能干預。當然，要有控制和遞送商品的代碼才能辦到，但我們先假設有這些東西，如此一來，就不需要像原本那樣，讓法院去解釋和執行法律。

有些經濟學家始終感嘆契約不完整、締約方經常無法遵守許下的承諾，對他們來說，數位契約等於美夢成真。[6]智慧契約不像法律合約，它可以自動執行承諾。一旦達成協議，數位代碼就會執行，完全沒有介入、偏離、違反的餘地。羅馬法中的「條約必須遵守原則」（pacta sunt servanda），似乎終於可以實現——並非遙不可及的理想規範，而是透過數位真正實踐。

在現實世界，只有同時交換商品和金錢（現貨交易），才能比較貼近這樣的理想。不論出貨、付款，只要某一方延遲到未來某天實現承諾，就有一方要承受他人違反義務的風險。先前討論過，用法律為權利編碼，能提高對方履行相關義務的機率。因為契約法規定，曝險的一方可以索取對方抵押的資產——可以是一塊土地、一項有價值的物品，或銀行帳戶裡的錢——扣押並變賣資產，償還債務人違約造成的損失。萬不得已，受騙方還能向政府的強制執法單位求助。編碼後法律明確性提高了，卻不能取代經濟表現。若債權人索賠時，債務人沒有資產，或資產變得沒有價值，法律便再無其他彌補債權人的方法。

不論智慧契約如何吸引人，總還是有人批評，有些人甚至說，智慧契約是非常「愚蠢的點子」。⑦自動執行承諾的數位契約有個明顯缺點：縱使是不可變動的代碼，也不可能完全不變。⑧變化可能來自外界，即經濟模型中知名的外生衝擊（exogenous shock）。若沒有一方預測到世界的變化，他們很有可能會想重新談判，或找調解人來釐清各自的損失。改變也有可能，來自原始碼本身的瑕疵（程式錯誤）或疏漏，編碼者並未預測到，程式碼的一切可能用途或遭濫用的方式。法律契約理論學者早已承認，沒有所謂的完整契約。契約創造出來本就不完整，締約方根本無法預料未來的偶發事件，預測成本高得不划算。⑨

數位編碼者將命運賭在分權化的區塊鏈制度上，面對這些問題，他們似乎大都不為所動。故障的代碼（甚至當機）對他們來說，只是下一次要修正的「程式錯誤」，面對不確定的未來，這些並不構成基本問題，不會妨礙他們繼續打造具約束力的承諾。⑩事實上，傳統數位編碼者認為數位代碼神聖不可侵犯，比律師心目中的法律密碼更有約束力。竄改程式碼是種失德的行為，除非彼此同意，否則不能這麼做。沒錯，有的代碼運作順暢，有的代碼會失靈。但數位代碼存在根本的不確定性，完全是另一回事；不確定意味著，人無法擺脫「未知的未知事物」，我們最多只能大略估算可能的結果。有些契約或許不費工夫就能編為不可變分類帳（immutable ledger），但有些契約一定要能隨未來變化修正。

任何事物都要綜觀全局，而契約要看的就是細目。許多契約內容很單純，可以自動執行，或編為不可變動分類帳。例如，自動販賣機可以自動執行簡單的買賣契約。把錢投進去，機器送出零食或飲料，不太需要蹉商談判。現在在證券交易所裡，數學演算法控制了公司的股份交易，有些金融交易（例如交換）已經納入區塊鏈裡。數位代碼在到期日存取必須付款的分類帳（前提是帳戶中有足夠的錢），契約會以全自動的方式執行。

以法律編碼的契約則是開放的，雙方僅同意在未來某天互相配合，這趟共同研究發展的過程，結果如何要到當天才會明朗。⑪對他們來說，數位編碼可以用於特定用途，但主要還是繼續仰賴法律密碼。其實，有些法律事務所已經在和實驗室一起實驗，將數位契約結合以法律密碼編成的協議。⑫順帶一提，從這件事可以看出，資本密碼大師並未作壁上觀，他們注意到數位代碼對律師執業形成挑戰，並正面迎擊。

我們知道，法律密碼的可塑性很高。簽契約有遵循的義務，沒錯，但契約並不完整，而且締約方會在情況徹底改變時，重新談判協議條件。大部分的法律制度甚至正式納入退出機制，設立不必遵循契約的例外原則，或列為強制規定。⑬智慧契約如果想在這個層面與法律契約匹敵，就要有能力去適應未來的變化。有些數位編碼者已經開始這麼做了，對象包括區塊鏈智慧契約。既要不可改變，又要回應未可知的變化，為了解決這個大難題，編碼者以上古神使為樣板，重新發明出一套解決辦法。人類掌握醫學和科學知識以前，若有不明白的問題，會告訴神使（大家通常稱他們為神的代言人），向神使尋求答案。數位代碼也有類似機制，可以參考外部人員，也就是神使的意見。外部人員會在交易後續階段，介入代碼的運作。神使可以在智慧契約加入基準價格（例如利率或匯率）和價格變化，也可以要求外部仲裁人裁量。選擇適合的神使，重要性自然不在話下，錯誤的選擇會附著在不可改變的區塊鏈裡，難以修正。

法律密碼並非完全沒有神使的影子。以倫敦銀行同業拆款利率（以下簡稱LIBOR）為例，全世界有數兆美元的債務合約以LIBOR為基準，做為合約的參考利率。有些信託銀行以LIBOR做為呈報借款成本的基準。問題在於，他們不見得會一五一十呈報。二〇〇八年金融危機過後，證據顯示LIBOR受到人為操弄，刻意讓借款成本低於實際利率。⑭監管機構已經強力要求金融中介機構逐步取消LIBOR，改採不得竄改的參考值，預計二〇二一年就會取代LIBOR，只是細節尚未規劃出來。⑮從一種外部準則改成另一種外部準則成本很高，而且，蒙受損失的人很有可能會拒絕改變。但即便是有利可圖的人，近來都面臨到明確性極低的法律規定。

改變數位世界的神使更不容易，因為數位代碼具有不可改變的特性。雖然這項特色有許多優點，但它僵化難變，很可能只看重現況。[16]一定會和現實世界的變化發生衝突，在瞬息萬變的地方更是如此，金融界就是最佳例子。為金融資產撰寫法律合約讓我們學到非常重要的一課。二〇〇七年，債務人罔顧資產價格全面崩跌時，保障債權人取得現金的法律權益（例如融資追繳令或擔保品追繳通知），差點將金融體系推入萬丈深淵。隔年，雷曼兄弟就引爆了幾乎要使金融界斷送性命的心臟病。

擔保契約「信用違約交換」（以下簡稱ＣＤＳ）能為締約的一方提供保障，為該方並未持有的金融資產保留價值，ＣＤＳ的命運就是最好的例子。[17]根據ＣＤＳ合約，若保證人擔保的資產價值跌過基準值，保證人就要支付現金給受擔保方（擔保品追繳通知）。[18]沒有人料想到，資產價值永遠不會跌過基準值，即使會，也只會發生在特定資產上。在跌破眼鏡的情況下，資產價格全面崩跌了，ＣＤＳ擔保的主要賣方——跨國保險公司美國國際集團（American International Group，以下簡稱ＡＩＧ）的子公司——面臨到排山倒海而來的擔保品追繳通知。ＡＩＧ子公司質疑擔保品追繳的額度，但他們發現，他們和受保人陷入無法從合約下手來解決問題的困境。他們簽下的契約規定，要求追繳的一方有權依照公開市值計算損失。可是就在締約雙方最需要市場的時候，市場已不復存在。幾乎沒有經紀人在市場上從事交易，所以也沒有可參考價格。現在，他們只能估算市值，想當然，估算結果落差很大。⑲所以大家只好在「體制外」，一件一件案子協商CDS賣方欠買方多少金額，因而進入金融危機延長賽，緩緩地爆發開來。⑳智慧契約或許也沒那麼聰明。

數位財產權

對大部分的數位編碼者來說，契約就是一切，不會馬上想到財產權。這與經濟學家對財產權的看法彼此呼應。經濟學家認為，財產權是**剩餘**權益，具體契約義務之外的剩餘價值。從法律角度來看會發現一個問題，那就是，最初究竟是什麼賦予人們權利，可以締結合約，要求對方履行義務？換言之，用剩餘權益來解釋財產權，等於用假設帶過應該加以說明的地方。在數位世界裡，締結合約的權利取決於資產轉移歷程。如果交易方透過有效交易取得資產，便有權將資產轉手。沒有交易證明，就不能執行下一步交易。因為數位代碼會驗證每一筆交易，所以不會有尋找持有者產生的剩餘權益。至少，若忽略首名交易者如何驗證這件事，智慧契約或許代表著財產權的終結。

但有些數位編碼者發現，用剩餘權益來解釋財產的概念，大致說明了在法律上財產權能辨到哪些事。第一章討論過，財產權有一項重要特徵，就是能對全世界執行的優先權。加密貨幣世界的重量級人物尼克・薩博（Nick Szabo）最為人所知的應該是他對數位契約的貢獻，他曾經研究過如何在數位世界創造財產權。[21]根據他的解釋，「不管在命名空間或實體空間」，財產權都是「經過定義的空間」，代表所有者能夠執行控制權的範圍。一旦初始分配編成數位代碼，哪些人擁有哪些東西，便不再是問題，因為所有權益都會編成不可竄改的數位代碼。這件事證明了，如羅納德・寇斯一百年前所言，財產權的初始分配極其重要。[22]薩博重新詮釋寇斯的遠見，強調必須「共同認定空間的簡單屬性，或共同認定子空間的控制權」。[23]唯有經過這樣的初始分配交易才會發生，區塊鏈（或類似）技術才能用來驗證每一筆後續交易。

又回到那個「根本問題」上：數位世界的財產權一開始究竟如何分配、由誰主導？為了回答問題，薩博提出三項策略。第一項策略是「數位版社會契約」。現存的各個社群，應共同認定各自的財產權範圍。[24]欲達此目的，必須釐清誰是社群中的一員，有權參與談判。集體決策必須要有一套管理流程，例如投票規定和爭議解決管理規定。最後，不但要保障簽訂社會契約的人，還要能對抗財產權分配方式不同、針對相同空間提出所有權主張的外部人士。簡而言之，必須要有人出面決定哪些是無主資產，人們可以主張擁有資產財產權，以及哪些資產已經有主人了。第二章討論過，當初公地使用者向地主抗議，移居者質疑原住民，都提出了相同的問題。最後，人們建立法律上的所有權，在政府的強制力背書下，解決了這些糾紛。

薩博提出的第二項策略是，將財產權的描述留給數位市場。數位平臺的參與者都可以主張擁有某個數位空間。主張的效力取決於追隨者的人數多寡，若無人追隨，「樹根」會死亡。所以技巧在累積仿效的人。「若樹根能讓追隨者獲得更多資產，或實際運用機制保護資產，從這些根基生長出來的樹會更受尊崇」，如此一來「這棵樹就會產生聚合效果」。㉕擁有足夠資源打點潛在追隨者、率先採取行動的人，會成為這場競賽的贏家，問題在於，錢打哪來呢？更重要的是，我們不清楚，這種以市場為導向的過程，會不會帶來有意義的權利分配結果。主張擁有財產權的人多，追隨的人少，界定數位空間的努力就會白費。

最後薩博提出，決定財產權範圍和初始分配，這項工作可以交給「財產俱樂部」。為了避免有人認為，這樣依舊表示數位世界需要公權力和國家法律，薩博堅持，「財產俱樂部」只發揮「與政府息息相關的幾項少數功能」。㉖但是這樣，實在把現代法律制度中，各類財產權的重要性，說得太輕描淡寫。創造、執行、維護優於所有人的財產權主張，可說是政府最重要的工作——僅次於安內攘外。薩博承認財產俱樂部的存在有其必要性，等於大力認同，要由權威機構表明哪些主張應該升格為財產權，以及該由誰掌握這類權利。這個決定一旦交到編碼者組成的財產俱樂部，他們就成了實質上的政府。

從零開始塑造財產權，絕對是一項艱難的任務。但是，就算只把數位代碼當成優先權、耐久性、可轉換性、普遍效力等法律屬性的轉譯工具，可以將法律密碼變成數位代碼，還是會遇到一個大問題，就是究竟是怎麼發生的——怎麼從界線往往不太清楚的法律主張，變成數位世界裡的二元變數。經驗告訴我們，要將現有主張格式化，**都會**改變現有權利的疆界，即使不刻意去做也會改變。所以，劃分土地和主張擁有土地，向來都是兵家必爭之地。德索托主張只要聽「會叫的狗」的就行了，意思是，在實際做法上，最有力量的社群成員會取得排除其他人的正式所有權。[27]其他社群成員幾十或幾百年下來，或許有權（只是暫時地）進出或使用土地，但他們的權利主張較難納入新密碼，又或者，他們無法證明，他們的做法也是社群規範架構下的一環——我們幾乎可以斷言，這群人的狗一定不大。

總而言之，要將原本就存在的權利格式化，這個過程會讓能讀寫文字、程式腳本或數位代碼的人占上風，讓那些資源比較少的人居於劣勢。舉例來說，許多文獻記錄顯示，實行土地所有權登記時，往往會由家戶中的男性成員取得土地所有權，在犧牲女性成員權益的情況下，正式釐清土地關係。為了實現私有財產權，集體使用權經常被排除在外，讓少數的人有機會將資產為了個人利益貨幣化。[28]我們沒有理由相信，權利主張數位化會有所不同——而這些數位化的權利，將會因為不可改變的代碼而擁有不死之身。

我們現在已經清楚，數位空間並非均質的空間。只要出現新的數位平臺，就會有針對「定義空間」分配存取權和控制權的需求。因此，數位編碼者面臨的挑戰，法律規範下的社會對抗數百年的挑戰，兩者並無二致。

數位自治組織

數位化公司又稱數位自治組織（digital autonomous organization，縮寫DAO，後文的The DAO機構名稱由此而來），這些公司代表不可改變的數位編碼近來又向前邁進一步。[29]二〇一六年，首間數位金融中介機構「The DAO」大張旗鼓開業。編碼者想要重新發明一個只有代碼的金融中介機構，但The DAO的運作並非完全無涉法律。代幣或數位創投公司貨幣公開發行，又稱為「首次公開發行貨幣」（簡稱ICO，名稱得自行之有年的股票或債券「首次公開上市」，即IPO），熱潮出現後，美國證券交易委員會開始介入。美國證券交易委員會確認，ICO符合「證券」的特徵，必須遵守標準註冊規定，但這項決定直到The DAO解散了才產生影響。[30]

The DAO是以太坊（Ethereum）區塊鏈為基礎的創投基金，組織架構中沒有董事會，也沒有任何辦公人員。投資人有投票權，可透過投票，直接參與投資策略發展，向公司提出新的投資建議。多數投資人投票贊成，就會用數位代碼直接進行投資，這是一個所有人都看得到的開放原始碼，但不是所有人都能改寫。

The DAO相當自豪，認為他們比依法成立的公司還要更民主、透明。法人需要自然人代表他們行動，所以公司會出現代理人的問題。經理人的實權往往會大過法律上的權利，而在股東這邊，欠缺能有效限制經理人的主見和資源。[31]結果就是嚴重浪費資源。所以，將公司運作搬到不需要代理人的數位平臺上，似乎是合理的做法。

The DAO的創辦人甚至更進一步，堅持這間公司沒有負責人，只有約聘人員、策劃人和代幣持有人。代幣持有人透過以太坊區塊鏈（以太幣）購買首次公開發行的代幣。代幣持有人可以提出投資建議，由多數成員投票選出投資方案，交給約聘人員執行，而約聘人員則由策劃人挑選。這個架構很符合公司只是一系列契約的想法。[32]直接參與取代了現代商業公司的代理架構。假如代幣持有人的投資方案遭到否決，他們有權和原本的公司分割，轉去進行其他投資。[33]分割投資的模式讓加密貨幣以太幣可以回到市場上，轉投資新的公司。假如The DAO能活得久一點，這件事很有可能讓The DAO發生撤資。這個問題，早在五百年前荷蘭東印度公司發明股東鎖定時，公司法就已經加以克服了。[34]但The DAO自有它（不小心）毀滅的原因，就寫在The DAO的數位代碼裡。

用不可改變的代碼打造和經營金融中介機構，不用擔心發生管理階層疏忽或濫權，這個點子很快就吸引投資人上門。他們付了一億六千八百萬以太幣，收購The DAO的代幣，令The DAO首次公開發行貨幣成為當時最成功的一次群眾募資創投事業。[35]可惜，The DAO成立沒幾個星期就失敗了：有人發現代碼中的漏洞，利用漏洞讓五千萬美元的以太幣——將近The DAO三分之一資本——流入The DAO無法存取的帳戶。[36]駭客的招數是成立一間數位子公司（也就是母公司的孩子），並從駭客的帳戶直接付款給子公司。「駭客會在資產負債表調整前，重複要求分割資金，以此欺騙The DAO，讓The DAO付出高於駭客帳戶餘額的資金。」[37]所幸，駭客不能立刻取用偷來的東西，連The DAO也不能取用。

駭客並未打破任何一扇窗戶或破壞封條，程式碼本身就有可利用的漏洞。這起事件的因應之道，讓以太坊社群論戰好幾天。有些人認為，這麼做明顯違反數位代碼的規定，就算沒有，也違反了數位代碼的精神。他們主張應該還原代碼，將投資人的代幣還給投資人，實際清算The DAO。有人則是堅持遵守「程式碼即法律」、視同書面規範的原則。如果程式碼有可利用的漏洞，應該要在將來用改寫的方式修正錯誤。用還原的方式改變代碼，違背了數位代碼不可改變的基本特性。數位代碼可以取代政府和國內法的自由裁量權，這樣的地位會因此受到威脅。

The DAO用多數決的方式做出決定，最終由務實派勝出。他們還原The DAO，將以太幣還給大部分的代幣持有人。少數人繼續使用原本的代碼，稱為「以太經典」（Ethereum Classic, ETC），以新數位資產之姿，與改變過的原始以太幣（ETH）互相競爭。[38]

The DAO的故事說的是，編碼決定論如何在無法預料的世界裡運作。這個故事有警示作用，也讓我們清楚認識代碼的發展過程，有法律世界的代碼，也有數位代碼。The DAO的務實派代幣持有人，決定將公司的命運交到人類的手中。如果你認同代碼是人類創造的產物，如果你重視人類的自主權，勝於抽象的不可改變原則，那這麼做就是明智的。可是，務實派改變代碼等於是用靈魂和魔鬼交易。他們承認數位代碼有可塑性，總還是有人類介入和裁量的空間。這個開端會在將來如何變化還有待觀察。抱持社會理想主義的數位編碼者，可以借鏡資本的法律規範史，小心那些居主導地位的編碼者，仔細觀察他們和掌握豐富資源的老派投資人之間，存在著什麼樣的關係。

加密貨幣

究竟要如何變出很多很多的錢，這件事永遠困擾著想要發大財的人，連加密貨幣的編碼者也不例外。以區塊鏈技術為基礎的數位加密貨幣比特幣，在二〇一七年成為當紅炸子雞。二〇〇九年時，不以國家為後盾的新型貨幣比特幣問世，受到加密無政府主義者的熱烈支持，他們希望打造一個超越金融巨擘、沒有公權力貪腐的新世界。過沒多久，便掀起一股挖礦熱，洗錢的人、賭博的人、想要發大財的人，甚至連高額金融業務從事者，各行各業的人紛紛投入這股熱潮。而二〇一七年初，只要九百美元就能對換一枚比特幣，到了同年十二月，報價來到兩萬美元。從那時起，比特幣就開始走貶，二〇一八年秋天，一枚比特幣約當六千美元，跌幅超過三分之二——其他加密貨幣的狀況也好不到哪裡去。㊴

沒有人知道究竟是誰發明比特幣。官方資料顯示，發明比特幣的是一位化名中本聰（Satoshi Nakamoto）的數位編碼者。有人認為發明智慧契約和數位財產權的功臣尼克・薩博是比特幣之父，但薩博否認過這件事。另外一名可能的對象是克雷格・賴特（Craig Wright）。公開承認賭徒身分的賴特自稱化名中本聰，但不是所有人都相信他的說詞。㊵儘管如此，比特幣實現了加密無政府主義者去除政府的夢想，但比特幣也為傳統執法者帶來恐懼，他們擔心會無法掌控非法交易金流。

大家常說比特幣是數位貨幣。㊶不過，說比特幣是另外一種型態的私幣，或許更恰當：這種私下編碼的資產，在短期到中期，能為持有者帶來可觀的財富，但少了政府做後盾，這種資產遲早會崩盤。有些人注意到比特幣的設計中具有這種落後的特質。有位金融分析師曾說：「『區塊鏈金融』有一大部分其實是讓**不記名資產**用加密形態復辟的政治計畫。」㊷這些不記名資產，包括我們先前討論過的債券證書、一般票據、匯票。紙本證明（或代表英國王室主權債的木條）不僅僅是一種證明，也是權利的體現。轉讓紙本證明，同時也轉讓證書代表的權利；沒有證書，就不能要求相對方付款。匯票和比特幣一樣，可以用來代替實體貨幣、金幣或銀幣，之所以有這種需求，是因為長途運送實體貨幣有困難度和風險性。但一般票據和匯票還有別的功用：藉由信用創造出新的錢。買家開立票據或為匯票背書，代表買家並未持有貨幣，但買家預期將來某天會取得貨幣。有時候，債務人擁有資產，但該項資產流動性不佳，無法輕易換成國幣，導致債務人不得不延遲付款。回想一下，我們在第四章曾經提過莎翁名劇《威尼斯商人》裡，安東尼奧面臨到商船沒有準時到港的困境。就像那樣，不怕一萬，只怕萬一。而且，其實大部分的商船往往都會遲到。

不過，比特幣至少在一件事情上和其他私幣不同。比特幣的設計排除信用交易：沒有人可以在拿不出持有證明的情況下支付比特幣。㊸帶來不祥之兆的中本聰曾經出版《比特幣宣言》（*Bitcoin Manifesto*），表示解決「雙重支付問題」是他發明比特幣的重要動機。㊹但無論如何，支付未持有貨幣是資本主義的核心特色。人們也會將其他形式的私幣，例如一般的票據、匯票、資產擔保證券等，當做借據讓與他人或拿來進行交易，希望可以在需要時兌換國幣，甚至賺點錢。並非所有借據都一定能兌換國幣，但兌換承諾使這些資產有吸引力，可以找到買家。

金融中介機構的工作就是發掘利用他人賺錢的機會，他們利用未來收益做為從事生意的槓桿。從前商業銀行會在收取匯票時將面額打折扣，之後再向債務人或任何替匯票背書的人，要求支付與面額相當的實體貨幣，用這個方式賺錢。銀行顯然要承擔風險，這就是他們要將面額打折的原因，但只要多數未償債務都能完全回收，這就還是一門有賺頭的生意。現在則有經銷銀行，從事各種資產的金融中介業務，買進資產並高價賣出。由於他們承兌各種資產，所以能以強勢貨幣的形式為市場提供流動性。嚴格說來，老商業銀行和現代大型經銷銀行中權力最大的，一直都是有辦法取得國幣的銀行。否則，一旦資產的私人需求枯竭，他們就會萬劫不復。

理論上，加密貨幣能比國幣或私幣更純粹，但現實中，影響現實世界貨幣的要素，也就是信用、不穩定性、權力，同樣也深深影響著加密貨幣。前面提過，比特幣交易完成前，交易者必須證明持有足夠的資金，而且經過驗證的完整交易鏈會記錄在不可改變的數位帳本裡。儘管如此，沒有人能防止投資人用信用交易的方式購買比特幣，之後再以國幣支付債務到期時的比特幣價格。比特幣在芝加哥商品交易所推出期貨交易後，做為加密貨幣的純粹性也受到了影響。㊺在期貨交易中，交易方比的是未來價格變動的預測能力，但不管是否賠錢，雙方都要實踐承諾。簡單來說，從事期貨交易也是支付尚未持有的貨幣。

事實證明，用欠款方式購買投機性資產，當然能為幸運的少數人在短期內賺進高額報酬，其他人則是在市場風向轉變時學到教訓，要是來不及就逃不掉了。比特幣和類似加密貨幣的持有人，總有一天會發現，自己在這場遊戲中究竟是贏家還是輸家。否則就只能完全拋棄私人信用交易了。但這麼做無異於揚棄資本主義。在這種情況下，我們要不選擇將投資的主力交到政府手中，要不就是堅持投資只能用股權的方式進行——換言之，手上必須要有資源，不能是債務。㊻這就是激進的比特幣烏托邦，但我們要知道，這是遙不可及的夢：在這個世界裡，公私部門的前景都會黯淡許多。

分權化的比特幣烏托邦還有一項特徵，就是比特幣的持有人（並非某些高層的主管機構），要在所謂「挖礦」的過程中負責驗證貨幣。㊼礦工提供電腦運算空間和處理運算需要的電力，藉此賺取額外的比特幣。事實上，這種分權化的挖礦過程會消耗極大量能源。這也意味著，挖礦與「加密」的理想境界背道而馳，並非所有礦工都是平等的。電腦功能強大、能砸大錢付電費帳單的礦工，比其他人更有優勢。㊽有相關數據可以佐證。二〇一七年十二月，僅「四間挖礦公司就掌控了五成的比特幣網絡，其中兩間挖礦公司掌控超過五成的以太幣」。㊾就連最分權化的數位平臺，都屈服於階級的力量。

最後一點，比特幣不像法定貨幣那樣可以無限量發行，比特幣最多只能發行兩千一百萬枚。創造稀少性是為了提升貨幣價值，防止發行機構受到誘惑，用通貨膨脹去討好有權勢的交易者。但供應數額限制似乎也在式微。只要在原本的協定中創造「硬分叉」（hard fork），就可以用原本的加密貨幣打造新的變化版本。新的貨幣或許無法跟原本的比特幣一模一樣，但同樣可以賺錢。你甚至可以買到分割後的比特幣，這種做法讓人有把餅做大的錯覺，但唯一改變的其實只有每塊餅的大小。

回到比特幣是不是錢的問題上，比特幣的確顯示出，人為的稀少性加上沒有幾種資產像它一樣能帶來高報酬（即便時間很短暫），可以創造出對這種加密貨幣的需求。但光是這樣，並不足以讓比特幣成為真正的貨幣。古典貨幣理論主張，貨幣必須具有三種功能：價值儲存、交易手段、計算單位。㊿比特幣最多具備前兩項功能：比特幣的價值短暫來到史上高點——但價格變化速度極快，顯示比特幣是很糟糕的價值儲存工具。而且雖然現在有許多銀行、零售商、私人機構接受以比特幣進行交易，但他們仍然用美元做為參考價格，大部分的投資人還是跟所有的私人資產持有者一樣，希望比特幣可以自由選擇兌換美元（或其他強勢貨幣）。不管發明比特幣的人是誰，他都希望將來這種新的私幣，可以與國幣平分秋色，甚至可以替代國幣。對其他人來說，即使不做投機性投資，比特幣仍然是一種可以投資的資產。既然沒有人規定他們不能拿自己手中的國幣或是借錢去買比特幣，他們也就理所當然這麼做了。

要讓比特幣發展成跟國幣一樣的貨幣，還得從本質上進行大改造：一定要有人願意和有能力去保障比特幣的價值。少了這種防護網機制，比特幣和類似的加密貨幣總有一天會崩盤。從一般票據到匯票，到資產擔保證券和衍生性商品等各式各樣的債務工具，只要是私幣，都不得不遵從這樣的邏輯。我們沒有理由相信數位貨幣不存在相同邏輯。當然，我們可以選擇不用有強大後盾保障票面價值的貨幣，但是我們從歷史學到這樣會發生什麼事：十九世紀美國處在自由銀行的時代，經常發生金融上的動盪，而現在，動盪規模一定會比先前更大。

但事情總有好的一面。有數位編碼技術的幫忙，應該更能好好檢查貨幣的階層制度。我在書中多次提及，只有國家能夠有效撐起貨幣，因為只有政府有權力單方面對他人施加權利義務。但數位代碼取而代之。將來若是發生金融危機，所有從數位資產獲利（例如比特幣）的人，都得在資產面臨存亡關頭時慷慨解囊，這就是在數位代碼的世界裡，可能要付出的代價。簡單來說，不可改變的數位代碼中存在共同防護網的機制，在這樣的機制裡，損失必須共同承擔。

「應急可轉債」（CoCo）也有類似的概念，這種公司債會在某些事件發生時自動轉換成股權。二〇〇八年金融危機後，有人發明了應急可轉債，在危險訊號出現時，將債權人變成股東，強迫債權人吸收經濟衰退的損失，以穩定陷入危機的金融體系。51 債權人可以執行法定權利，拿光公司的資源，但股東只能在公司獲利時分紅。應急可轉債通常能自由交易，持有者可以透過賣出的方式轉移義務。起初，投資人一知道將來有可能失去權益，都很想丟掉這些新工具。52

俗話說，最後一個留下來的人要承擔一切。數位編碼者能否上緊螺絲，用更有效的方式將損失分攤給所有數位貨幣持有人，這點還有待觀察——或許要根據他們為持有人帶來的利益加以調整。若能成功，全世界的私債金融區缺陷就有真正的創新解決辦法了——這個缺陷就是：金融危機爆發時，利益受到保護的往往是少數人，其餘的人卻要耗費社會資源承擔損失，而且提供保障的不是看不見的手，而是國家的指引之手。

數位代碼與法律密碼

我們正在為這個世界編碼，但是這一次用的不是法律密碼，而是數位代碼。數位代碼隱含各式各樣的承諾。成千上萬無法使用可靠支付體系的人，可以透過數位代碼改善困境。數位代碼可以大幅減少詐欺，並降低締結和執行契約的成本，而且數位代碼可以用很低的成本達成上述目標。然而，數位代碼也有可能被人用來鞏固少數人的利益。最大的威脅在於，數位代碼結合法律密碼，為已經用法律編碼成資本的資產服務。53

已有確切跡象顯示，就像先前的自然界密碼，數位代碼也被人相中想要納為己有，派上用場的法律模組就是智慧財產權。近幾年來，數位貨幣開始大量申請專利。二〇一六年七月，加密貨幣新聞網「換幣檯」（Coindesk）報導，專利申請案每年約七十到一百六十件。54 到了二〇一八年七月，美國專利局審核中的專利申請案有超過一千件提及「區塊鏈」，當中還不包括想要保護其他金融數位改良的專利案件。55 此外，先前專利申請案多由個人或小公司提出，現在則由大型上市公司主導。56 金融界巨擘強力施壓，要將數位金礦透過法律據為己有。舉例來說，高盛在二〇一七年取得新錢幣的專利，許多國家的貨幣主要都是用這種錢幣進行證券結算。萬事達卡在二〇一八年為快速加密支付系統取得專利。同一時間，巴克萊銀行（Barclays）也為區塊鏈銀行服務申請專利。57

除此之外，大型既存銀行與科技公司聯合經營，發揮數位代碼的力量，包括團體成員專屬的區塊鏈技術。他們使用開放原始碼，卻不一定會公開給社會大眾。58 既存「金融業龍頭」發現了數位代碼的力量，正在用數位代碼為自己牟利。他們還利用法律密碼，保護委聘技術專家為他們打造的數位技術。59 他們能將多少數位公共空間據為己有，主要取決於專利法和營業祕密法的走向。我們在第五章討論過，智慧財產權的長期走向是擴大範圍，屈從於私部門想要將公共空間據為己有和賺錢的欲望。

數位代碼和法律密碼之間的戰爭已經開打，各自有其強項和弱點。經證明，法律密碼可塑性高、能順應變化，但從中得利的大都是能請到優秀律師的人。相反地，數位代碼的包容性比較強，但前提是，這種新技術的數位代碼，要能用來降低資產和編碼工具的取用成本。我們還不確定誰會勝出，但種種指標顯示，判定這場戰爭孰勝孰敗的將會是「老派」機構：本身就是法律產物的法院和立法機關。這是一項強力指標，似乎可以預見，數位代碼和法律密碼誰會拿下勝利。

9 你以為的「依法治國」其實是「資本治國」

當既得利益者以合法手段巧取豪奪

資本有支配的力量，它透過法律支配這個世界。① 資本的財富創造能力來自法律編碼模組，並以國家權力為後盾。資本之所以能在金融危機發生後捲土重來，歸功於法律上的資產防禦手段，以及國家願意向資本伸出援手，保護資本主義以及維持社會穩定，同時也默默保護了國家自己。簡單來說，資本絕對和法律、國家權力脫不了干係，因為少了國家權力，其他人就不會重視資本的法律特權。

特權曾經是法律認可的社會和政治地位表徵。封建制度下，貴族比農人享有更多特權。本地商人經常監督甚至掌控某些交易，外國商人可以在做生意的地方，跟市鎮主管機關商議交易特權。男性比女性有更多權利，甚至可以擁有女性，就跟殖民和蓄奴時代，白人擁有有色人種是同樣的情形。縱使目前偏見依然存在，但多數法律體系不再如此不加遮掩地，根據地位或個人特質實施差別待遇。多數法律體系贊同法律之前人人平等。但是法律往往對某些人較好，對某些人較差。

社會學家律師馬克斯．韋伯對權力結構觀察敏銳，沒有人比他更清楚這種狀況。韋伯主張資本主義若要欣欣向榮，必須要有「合理」、「可預測」的法律制度，經常有人引用這個論點。②韋伯表示，用可以預測的法律取代命令，能讓創業家針對不可知的未來擘劃藍圖和投資。但韋伯也指出，民族國家建立全國通用的法律制度後，過沒多久新的「現代特殊主義」就誕生了。③這個詞令人想起中世紀獨有的特殊主義法律規範，不管是封地、同業公會，還是市鎮，都有自己的律法和法庭。韋伯直指商業活動，認為這是推動現代特殊主義的力量。提倡商業活動的人會解釋，擁有自己的特殊律法、獨立於規範所有人的普通法之外，是一種「權宜之計」——雖然涉及的理論很廣，但這麼做的目的卻很簡單。擁護者主張，若特殊待遇能帶來商業利益，那麼特殊待遇給得就有價值。他們的論調大概是說，畢竟，只要生意能賺錢，人人都能分一杯羹，餅會做大，而看不見的手會確保大家至少能分到一點屑屑。

但資產持有者對分享戰利品不感興趣，只要有法律保障措施，他們就會採取措施保護自己，而且如果外國有這些措施，他們沒有道理回到國內——如亞當．斯密所說，只要回國，他們就得或多或少要和國人分享利益。他們甚至對法律本身也不感興趣，只關心能提升利益的法律。才剛發起法律戰爭，想要完整保障私人權益的資產持有者，經常會在發現這些法律也可以拿來對付他們時，試圖規避法律。

例子不勝枚舉。回想一下，英國地主先是主張他們有公地使用者所沒有的優先權，在有效排擠公地使用者之後，再利用所有權將土地抵押給債權人舉債融通。但是當債權人想要扣押資產，彌補借貸損失時，地主又出聲抗議，找律師和法院幫忙他們。律師用信託這層法律面紗，幫地主守住家族財富，讓家族成員的債權人不能把手伸進來。法院認可並實施新的限制，阻止債權人對家族財產要求索賠。因為這樣，接下來有幾十年的時間，土地成為了最重要的財富來源。④直到經濟蕭條發生，人們才重新安排這些法律上的限制，讓債權人有權力對抵押在他們名下的資產執行完整的權益。

債權人很快就學到相同的把戲。他們積極遊說政府制訂保障債權人權益的破產法，讓擔保債權人擁有比無擔保債權人優先索賠的權利，只不過，此舉遭到創業家反彈，他們說服英國國會破產並不代表他們行為不當，只是運氣不好罷了。事實上，在破產法裡具有「商人」資格的人有特殊待遇。無力償債的窮人必須入監服刑，但破產制度為這些商人提供了淨化的過程，讓商人擺脫過去的責任義務。⑤

近來大力提倡債務融通的當代衍生性商品交易者，也提出了類似要求，得以自外於破產規則，確保自己能隨時重新部署資產組合，罔顧其他債權人要承擔的風險。債權人最不想落入爭奪債務人資產的境地，除非排在第一順位——破產法避風港的重點就在這裡。破產法避風港讓特殊資產債權人，能在其他債權人（包括擔保債權人）取得屬於他們的賠償份額之前，先行結算權益淨額，徒留其他債權人不得不遵守自動延後求償的規定。⑥

我們不難了解，資產持有者會想要擁有這些法律特權的原因。畢竟，如此一來，在累積和保護財富方面，他們就會比其他競爭者更有優勢。令人摸不透的是，為何政府會上他們的當，更何況，資本資產持有者已經享有基本法律模組賦予的特權了，政府為何還經常為他們另闢出路。在某些人心中答案呼之欲出。馬克思學派認為，權力和規範的問題必定與階級鬥爭、階級支配脫不了干係。只要中產階級掌控國家和國內的立法機構，他們必然會藉此鞏固自身權力。在光譜的另外一端，理性選擇學派則是在分析中捨棄社會階級，轉向個人因素，不談階級鬥爭，只看談判力。在他們看來，關鍵在稀少性，永遠沒有絕對的權力，因為沒有人能掌控維持權力所需的一切要素。他們主張，施展權力的人之所以一定要和其他施展權力的人談判，原因就在這裡。⑦馬克思學派認為法律主要是一種行使權力的工具，理性選擇學派則認為，法律既是對權力的限制，也是權力的展現，兩者在談判過程取得平衡。

兩邊陣營都舉出許多證據支持各自的主張。我的目的不是要和他們爭論，而是想提出兩種理論都存在的類似盲點。他們都忽略了法律在資本生成扮演的核心角色，以及法律對私人財富的保障。從本書提供的分析角度出發，或許不必像馬克思學派，非得要從階級認同的框架出發，也不必像理性選擇學派，誇大假定人是理性的個體，就可以解釋資本主義下的政治經濟。

要了解權力的基礎及其衍生的財富分配，關鍵反而在於特定資產得到法律保障的過程，還有，這是私人的選擇，而非社會大眾的選擇。沒錯，政府有時候會和有錢人談判，政府代表也有可能會收下疏通費，直接從中圖利。也有時候，我們會看見，有權力的私人利益直接掌控政府，但這些偶發的事件比較像是副現象（epiphenomena）。資產的挑選絕非偶然，重點在於，有權有勢的人不需要和國家談利益，只要請來精通資本密碼的優秀律師就行了。

資本能夠透過法律支配世界，有深遠的根源，包括現代私權的興起，這些權利仰仗國家權力，國家的公民創造它們，它們卻脫離了公民的社會偏好。如德國哲學家孟柯（Christoph Menke）在近期撰著的《權利批判》（*Critique of Rights*）一書所說，現代權利的核心不在權利的內容，而在形式上，它們是屬於個人、主觀的權利。⑧不論自主法（autonomous law）的內涵為何，自主法都已經成為「權利法」。至於，為何某些權益有法律權威加持，某些權益卻沒有，這個問題，不是沒有人試著解釋。在西方法律傳統中，有一種先於法律秩序的自然狀態，這種世界的自然狀態說明了一切。設想中的自然狀態，納入了法律，本來該是自然的東西，變成了主觀權利，不論造成何種社會效應，都能加以執行。

這些權利變成經濟和政治秩序的新基礎。孟柯表示：「主觀權利若是少了法律的外觀，那麼資本主義便不復存在。」⑨維持資本主義的政治秩序，主觀權利被莊嚴地納入憲法制度、直接受國家權力保障的政治秩序，同樣不復存在。

換言之，私部門的法律秩序裡有一部分或許是法律模組，但私法與憲法制度重疊，將主觀權利提升為基本原則。⑩公法和私法彼此交織，一起組成我們口中的資本主義體系。以下章節將更清楚地討論，用私法編碼和再編碼資本的過程，為何會與私法的公法基礎有所關聯。

私人密碼

法律是裁出資本的布料，能讓資本資產持有者擁有排他使用權，以及獲取未來報酬的權利——資本不是憑藉武力，而是用法律支配世界。這塊布由私法交織而成，包含契約、財產權、信託、公司、破產法，都是資本的編碼模組。資本具有活力，型態經常改變，從土地到公司，再到債務，然後演變到想法點子，原因在於，用法律編碼資本的是私部門，而非公部門。資產持有者追求高報酬和可觀財富，在他們的大力推動下，資本的編碼模組會去適應日新月異的資產類型，但是資產持有者需要律師代勞，真的。資產持有者和他們的律師並沒有偷走法律，也沒有將法律用銀盤呈給資產持有者。資產持有者的利益，一方面來自私法的不確定性和可塑性，另一方面來自管理權利執行的程序法中含有先行者優勢（first mover advantage）。

經濟學家早就發現契約並不完整。⑪締約方完全無法預料未來的各種可能性，想要處理每一個可能影響雙方關係的事件，並將方法納入契約，成本實在太高，根本是天方夜譚，因為在簽訂契約的當下沒有人能預知未來。假如說締約者沒辦法寫出完整的契約，那麼律師顯然也沒辦法寫出完美無瑕的法律。立法機關的工作，難度可以說更高，法律可不是只用來判一件案子，而是要在不確定的未來，用在許多類似的案件上。基於這個原因，制定法通常會刻意寫得很籠統，不會一板一眼，所以制定法一定會很不完整。⑫

立法機關還是會想辦法控制不明確的程度。通常會納入範例或說明，讓法規比較明確，將一體適用的「標準」變成具體的「規定」。⑬但範例會衍生出其他範例，即使羅列出偶發事件，還是能區分出新的些微差異。若行為A和B受到禁止，或許可以採取交易方式D。若X和Y是明文規定可從事的行為，一定有例子可以證明，與X、Y相近的Z仍然落在法律許可範圍。⑭區分事件的模式或規則，為新的編碼策略開拓空間，或是用類推的方式，將某項規定的適用範圍延伸到新的事件模式，是法官和律師在解釋、運用「法律」時，成天使用的尋常工具。這樣沒有什麼害處，因為這是一個變化萬千的世界，即便是精心設計的法令或判例法，永遠都不夠完整。

法律本身就不完整，正因如此，才能造就無邊無際、富含創意和想像力的法律世界。律師可以將編碼模組套用到原本並不適用的新資產上，或是重新安排既存資產的結構，確保資產可以避開用來限縮舊編碼策略的規定。這些策略以編碼模組來規避限制，卻依然得到國內法律的背書。有國內法律背書非常重要，如果沒有優先權、耐久性、普遍效力、可轉換性等，幫忙將單純資產轉化成資本資產的法律特質，資本資產就無法繼續存在，一切努力都會白費。

大部分的時候，編碼模組會一步一步漸漸演變。如果法律模組（例如信託），可以用來保護土地不受債權人索討，或許也能用來保護其他資產（例如公債或公司股份），最後，也用來保護房貸組合或相關衍生商品（例如擔保債務憑證）。這是信託法的簡史，從封建時代的原始版本，一直演變到現代的影子銀行。同理可證，既然公債交換可以當做破產避風港，何不將此特權用於交換和其他私人資產的衍生性商品，而且不僅用於狹義的衍生性商品，也用於附買回協議。再來，為什麼只能用在單一國家，何不遊說全世界的立法機關，打造適合全球衍生性市場的條件，不用去管會進一步侵蝕其他債權人的權益，妨礙他們索賠。這場法律上的質變，從一九七八年進行到二〇〇五年。再說了，如果專利能保障人為發現或發明，即便所謂的創新，只不過是將自然法則略做改變，為何不向專利主管機關施壓許可呢？當美國最高法院在一九八〇年確立自然密碼的**一部分**可以申請專利，⑮ 等於為生技公司拉開閘門，讓他們可以和專利局、下級法院重新談判為自然密碼進行法律編碼的界線。三十年後，美國最高法院不得不回答一個問題，就是屬於自然界的基因密碼，究竟能不能用法律密碼納為己有。

當新資產被編為資本，或是編碼手段超過既定範疇，每一小步，資產持有者和身為資本密碼大師的律師，都斤斤計較、討價還價。他們往往會對自己造成的社會影響視而不見，彷彿他們主張的權利，來自一種內容與形式分家的法律制度——重要的不是權利的本質、目的，而是權利的形式，以及法律編碼技巧。律師用法律編碼技巧擴大運用資本的法律屬性，將其轉移至另外一種使人獲利的權利主張。做為資本主義法律秩序的基礎，個人主觀權利的自主性創造條件，有助於擴大私人權益的範圍。

將法律特權賦予某些人、犧牲某些人的權益，如此演變與私法的兩項特質息息相關：不完整（不明確）和可塑性。不明確讓人能在法律上動手腳，私法不僅不明確，可塑空間還很大，所以更加容易下手。

契約法向來被視為私人自治原則的體現，雙方可以由簽約進一步提升利益，法律執行契約時，不會留意談判能力的實際落差。國家的法律則會嚴密守護財產權。政府會事先給予有效承諾，保障財產權不受競爭。多數國家會主張，領土以內的資產受國家法律管轄。儘管如此政府無法掌控不具實際位置的資產，例如金融資產。但政府也密謀參與法律的外包過程，政府配合私人自治原則，改變自己的排除衝突法則，私部門則把握機會，在提供最多選項的司法管轄區打造資產。現在無形資本（例如專利）或許還需要國家權力的保障，但人們精心規劃的法律編碼策略，已經對法令和判例法從前設下的限制做出反擊。有一位教智慧財產權的老師回想這段侵蝕過程：

> 我每年更新智慧財產課程的授課大綱，正好可以顯示發生什麼情況。我會抱著懷舊的

心情回顧五年前的大綱，我在上面很有把握地列出智慧財產權不能涵蓋的事物——這些特權劃分出智慧財產權的範圍，以及禁止社會大眾使用的期限。每件案子，涵蓋限制都被侵蝕一些。[16]

私法的不完整和可塑空間，讓編碼模組變成想改就改的工具，可以拿來順應法律和規範上的新挑戰，以及經濟或社會環境的變化。律師為了確保客戶能合法達成目標，在交易活動中開創新的做法。他們擴大現有法律的疆界，藉由法律推理的力量，去捍衛新措施與法院認可措施的相似處，或是區分當前交易與禁止交易的差異。這麼做並非每次都會成功，但不成功也能維護基本主張。藉由不斷挑戰法律規定的整體界線，以及擴大編碼模組的適用範圍，讓模組能套用在日新又新的資產類別，律師將客戶的各種資產轉化成資本。有時候，他們可能會違反法律精神，但法律制度將自由與主觀權利、私人自治畫上等號，律師還是會在形式上遵從法律制度的規定。

私法秩序遭破壞時如何維護，這個問題進一步顯示，私法具有編碼資本的力量：私法秩序不由國家，而由私部門維護。違反契約、侵犯財產權或股東權益，如果只是普通程度，公家機構不會特別監督管理。雖然有警察、檢察官、監管人員，但國家只會介入涉及竊盜、詐欺、侵占的案件——就連這樣的基準，也一直受到挑戰。輕罪的受害者要自己循法律救濟途徑處理，而且往往要自己負擔成本。⑰因此資源豐富的一方享有處置上的自由，而在經濟和法律能力上弱勢的一方，經常不得不將權利拱手讓給資源豐富的人。

我們已經從書中的例子看見，比較能使用法律編碼策略的人，在權利主張上比某些人更有優勢。地主將公地用籬笆圍起來以後，公地使用者先是破壞圍籬、挖開羊圈或經濟作物種植地，以此反擊。但他們很快就明白，長期下來，一定要告上法院才能贏得戰爭，於是他們提出告訴，但好幾件案子最後都輸了。同樣地，巨數公司案的原告，對巨數主張擁有BRCA基因的排他財產權（參見第五章）提出告訴，極力維持自然密碼可供「公眾」取用的特性。他們被迫一路告上美國最高法院。這件案子他們告贏了，但並不表示類似的專利都不再有問題。想要挑戰其他專利的人，都要打類似的仗。一件專利，一場戰爭。

潛在告訴人還要面臨其他障礙。法律基於合理原因，並未允許所有人向法院提告。一般來說，只有遭違約的一方、財產受到損害的所有權人、非法行為的受害者，才有上法院提告的「資格」。否則只要想報復任何人都可以提告，讓別人不得不花錢打官司，法院也因此人滿為患。但是對有資格提告的人來說，自己提告來維護秩序，成本大過提告的好處。許多受害者發現，雖然蒙受損失，讓他們符合提告資格，但想要獲得補償卻為時已晚。訴訟法規將他們阻擋在外，原因可能是超過時效，也可能是難以取得成案證據。重重阻礙加起來，使資本編碼者擁有先行者優勢。剛開始，某種做法可能侵害到他人權益，但因為先行者優勢的關係，在有人循法律途徑質疑前，做法可能早就發展成新的行為標準。畢竟，大家都在這麼做，應該不會錯吧。法院甚至有可能當做新的行為準則許可做法。

先行者優勢在結構上對告訴人不利，若要克服這項不利因素，可以賦予可能提告的人某些強大的工具，例如集體訴訟，至少，在理論上可行。提高賠償、改由被告負舉證責任，都是廣為人知的策略，能夠在以個人身分進入司法程序的原告與被告之間，重新平衡雙方的法律力量。不過可以料想，資本持有者對重新取得平衡的做法展開反擊。他們在經常採行集體訴訟的國家，遊說政府限制集體訴訟，然後在較少發生集體訴訟的國家，阻擋集體訴訟。⑱他們運用自己的談判力，強迫簽訂契約的另一方（可能是消費者）用仲裁的方式解決爭端，不採法律訴訟途徑，而且他們不接受集體仲裁。資本持有者大都能擺脫爭議，法院在法律秩序中尋求解決之道，但法律支持私人自治原則（即便會讓其他人負擔成本也不例外），⑲而且立法機關費盡心思擴大私人自治範疇，希望能藉此讓經濟持續運轉。人民代表看不見，或是不想去看，他們額外大量賦予資本的好處，主要是對個別的資本持有者有利，而非社會大眾。

維護私法的界線是一場永無止境的戰爭，而且所費不貲。誰能請來精通資本密碼的律師，誰就能擴大法律模組的現行疆界，讓其他專門知識的權利，長期享有優先權，可以抵禦整個世界。他們賭自己不會受到挑戰，至少，挑戰不會來得太快。時間站在他們那邊，因為就算將來他們無法說服法院支持某項資本編碼策略，他們還是有可能在此期間大飽私囊。先行者可以宣稱擁有某項權利，然後靜觀其變。這個模式跟明顯需要國家介入打造的法律權利有些許不同，專利和商標就是需要國家介入的例子。這類權利，資產持有者可不能浪費時間空等，而是必須先向專利局申請，若遭專利局拒絕，再向法院提起訴訟。一旦取得專利或商標，想要挑戰的人必須自己提出質疑。

歸根究柢，資本密碼的優勢來自法律的不確定性，來自讓法律元素掌握在精通此道的律師手中，使私人自治原則擁有極高的可塑性，也來自野心勃勃的編碼者可以積極進攻，利用先行者優勢。種種條件加起來，資產持有者沒有理由像理性選擇學派說的那樣去和政府商量，他們只要請來精通資本編碼技巧的律師就行了。而且也不必像馬克思學派說的，要強襲巴士底監獄行使權力，只要把律師放在全國資本制度的重要十字路口上，讓他們去管理交通號誌，一路綠燈就沒問題了。

私人密碼與公權力

公權力是確保法律屬性受到認可、得以執行的關鍵。締約雙方可以同意簽約，並遵守契約上的條款，但要防止其他人干涉雙方的約定，還要具備其他條件。任何人都可以將實體資產實際掌握在自己手中，主張自始至終擁有資產。但用這種方式保護資產，必須提高警覺和耗費資源。如果能把保障法律權益的工作交給政府，將這些成本社會化，那麼資產持有者便能省下可觀的成本。更重要的是，他們可以用其他人不能使用的方式運用資產。他們不必實際掌控資產，就可以擁有資產。甚至可以擁有只存在於法律密碼中、觸摸不到的無形資本，還可以將資產放入法律的外殼，防止債權人索討，留下紙本記錄就能抵押資產，甚至二次抵押。這些活動都要有法可循，還要有國家權力的支持。

人們經常將私權力與公權力相提並論，描述兩者不斷協商、彼此尋求幫助。至少，公共選擇理論如此形容公部門、私部門、政府和市場的關係。⑳馬克思學派認為，區分公、私部門沒有太大意義，因為在他們看來，統治階級會利用政府和國家法律，來達到自己的目的。統治階級擁有政府，所以不需要和政府談判。兩種觀點都不能完全解釋本書提及的現象。公權力和私權力公開談判，這種情況少之又少。資本編碼多半在監管機構睜一隻眼閉一隻眼、偶爾進入法律程序的情況下，經由私人交易活動，一點一滴累積形成。顯然大家不太想在眾目睽睽下編碼資本。傾向將這件工作交給私人律師，而非立法的公家機關；交給私人仲裁人，而非國家的法院。除非沒有其他方式可以提出新的編碼策略，或將策略擴大到新的資產類別，大家才會遊說政府公開修改法律。

國家和政府代理人、法院、主管機關通常扮演被動的角色。有時候他們會主動拆除阻礙新策略的屏障，或合法額外補貼資本持有者——通常會採法令豁免或優惠稅制的方式。但多數情況，私部門為了保護，甚至擴張，資本持有者的利益，而用法規打造相應的權利，政府只要許可和執行這些權利就好。這並不表示政府總是站在資本那邊。國家也想辦法用公共利益去平衡強大的私有財產權，徵收私有財產便是形式之一，只不過，要有適當補償才能徵收。有些法律體制創造出強大的勞動權益，或者，當法律體制傾向為某些人創造可觀財富，卻讓其他人自力更生，政府會透過保障社會權益，以及其他向國家索賠的方式，將「新財產權」賦予體制中的弱勢公民。㉑法律模組不只形成資本，也形成其他權利。哪些資產應該擁有特殊的法律地位，最終決定是一種社會選擇。總的來說，私下編碼的資本在今日屢屢占居上風；但偶爾會失去控制，讓立法機關不得不出手重新平衡各方角力的賽場，或至少想辦法，替未受良好保障的個體消弭損失。

事實上孟柯主張，一方是只關心私權的自由法律秩序派，一方主張用法律提振社會目標，兩派之間的衝突，就建立在資本主義法律秩序的結構上。打造私權，而不考慮執行權利會影響其他人，法律秩序以這種方式將社會領域與政治脫鉤，發生危機的機率很高。如此一來會引發「權力徹底重新部署」，從內部威脅整個體系。㉒所以國家必須反擊法律密碼中過度膨脹的私權，至少在危機發生時一定要出手。

這就帶出一個問題：私權力和公權力之間、私法和公法之間，具體關係從何而來？沒錯，這個關係偶爾會在變革過程自動浮現，最著名的例子就是法國大革命，從封建特權徹底轉向私有財產制。財產變成了私權，享受政府提供保護。有些人認為，這件事標示公、私領域分家。㉓法國大革命發生後，許多舊制財產當然都正式廢除了。㉔但許多從前的特權，卻悄悄潛入新的法律秩序。新的法律制訂者著手進行大規模財產權改革，將資產分為法律上不承認的資產，以及仍具法律效力的資產，而新社會菁英可以收購後者。這種資產分類方式顯示，法律制訂者很清楚不同的資產具有不同的經濟潛力。㉕儘管發生大革命，比起大膽的革命宣言，法國財產權的變化卻是漸進而持續的過程。

我們在英國近距離觀察到類似的動力，國王對領土的絕對權利與私部門的絕對財產權發生衝突，這場衝突在判例法和法律條約中搬演數百年之久。國王和私人財產持有者不可能同時擁有絕對權利，最後由私部門勝出，可以終身保有不動產，但他們只能一次透過一個例子，一點一點侵蝕國王的優先權利。新的憲法秩序逐漸從這場戰爭崛起，掌控法院的不再是王室依案件給予的臨時特權，而是法律。㉖但我們現在應該很清楚，只要控制法律編碼程序，就有很多方法可以創造法律特權。

十八世紀末興起的國家法律，為私人自治、契約和財產權的神聖性背書，讓這些個人權利勝過其他權利；勝過公地使用者的權利，讓他們被趕出家園；在十九世紀時，勝過欠債窮人的權利，讓他們在還不起債務的時候只能入獄服刑——即便生活較寬裕的商人逃過了這樣的命運，而想要藉組織提升談判力的工人，例如美國的勞工，在組織工會時，卻受到了反托拉斯法的打壓。

政府的弱勢權益加強措施總是招來猜疑，被描述成可能侵害私權的手段，說這些手段是政府賦予的權利，而非法律上的權益。權利不但帶來優越性，也會造成本質上的差異，因為權利是天賦、與生俱來的，可以用有效運用資源當做理由。全球化更是進一步鞏固資本的力量，現在資本能在各式各樣的法律制度中，挑選最符合自身利益的制度。資本持有者沒有什麼理由回到根據地，所以也沒有理由，在自身和他人對法律支持的要求之間求取平衡。一旦資本持有者取得法律保障，他們一定會帶來逆流效應，這些財富或許會在全球新興資產持有者之間平行流動，卻不一定會產生任何向下的涓滴效應。

遊動資本

現在大家喜歡把統治者和政府形容成強盜。查爾斯・提利（Charles Tilly）認為，早期現代歐洲國家的建國過程可比組織犯罪。㉗暴徒剛開始先是爭奪領土，然後其中一名暴徒，掌控了被征服地區的邊界，有能力抵禦外敵進犯。為了穩定統治，這名勝出者也要維護地區內部安定，所以他會結盟和花錢打點同伴的委託人，在這些人的幫助下，從其他人那邊奪取資源，再用這些資金安內攘外。曼瑟爾・奧爾森（Mancur Olson）也將非傳統政治體制描述為，由四處遊走或只待在一地的暴徒所統治的體制。㉘四處遊走的暴徒採取焦土策略，他們從一個地方掠奪到另一個地方，當地資源一耗竭，他們就會到其他地方打劫。相反地，只待在一地的暴徒學會為他們征服的人留下足夠資源，這樣才能長期掠奪。他們會拿走最精華的部分，但會留下一些，好讓他們仰賴的資源生生不息。只待在一地的統治者也是暴徒，但是比起四處遊走的同類，他們比較有利經濟成長和發展。

將奧爾森對政府的想像轉移到資本上，我們或許可以說，亞當・斯密描繪看不見的手時，資本基本上只會待在一個地方。資本會流向國外套利，但最終還是要回到母國，享受當地制度的好處，如此一來，資產持有者便不得不和根據地分享他們的利潤。相較之下，現在的資本則四處遊走，不需要也沒有（實體）根據地，而是到處尋找新的機會。因為資本要有法律才能生生不息，所以資本多少得受到拘束，故而資本還是需要國家的幫忙——只不過重點在於，幫忙的不一定要是母國，任何認可和執行資本法律密碼的國家都能代勞。

國家打破法律障礙、擴大資本持有者的私人自治權，在靜置資本轉化成遊動資本的過程中積極作為。國家允許私部門選擇管理資產的法律，同時享有強制執法的保障，為境內外商業活動的外國資本提供本國法律，甚至當做回報，答應其他國家承認外國資本在境內交易。波蘭尼曾在一九四〇年代撰文解釋歐洲大國發生法律和社會秩序瓦解的現象，他認為，在國家的幫忙下，遠距交易讓社會不得不屈從市場原則。全球化可說為這個過程遞上最後一塊拼圖。全球化擁護者忽視波蘭尼的警告，沒有考慮到激烈的轉型過程，是造成二十世紀初共產主義和法西斯主義崛起的根本原因。[29]

事實上，全球化來自於資本編碼者的選擇大幅擴張。競爭有利創新和改變（包括法律和規範競爭），理應欣然接受。[30]舉例來說，中世紀法律秩序多元化，至少有些利害關係人能選擇遵從哪套秩序，正是透過法律競爭檢驗國家權力、形成法治的關鍵。[31]想接受法律保護的人可從不同的法律制度選擇，有助於在貪腐和巧取豪奪盛行的社會達到統治的功效。但法律競爭和商品、服務的競爭是兩回事，原因在於前者爭奪的對象是法律——一種治理社會或社會自治的手段。

除此之外，法律和規範競爭並非人人都能參與。艾伯特．赫緒曼（Albert Hirschman）在闡述公司、協會、政府等組織的權力變動時表示，這類組織的成員都有三種選擇：出走、發聲、效忠。[32]組織成員可以發表意見，也可以用退出表達立場；假如兩種都不行，那就只剩效忠組織了。這就是退場機制至關重要的原因。但不是每個人都能選擇退出。實際退出要耗費資源，法律上的退出則仰賴法律和好律師。現行的全球法律秩序允許資產持有者享盡法律和規範競爭的好處，自然人卻被限制在母國。法人能輕易地遊走全世界，讓負責人變得有錢，資本持有者能尋找為資本提供最佳保障的法律制度。相反地，自然人只能在國內活動，若想出國，要有簽證才行。要是某些人可以選擇退出，他們就可以將退出變成一種談判籌碼，甚至變成商業策略。

如果他們不能在某個國家達到目的，就拿離開要脅，可以是實際離開該國，也可以用成本較低的做法，用其他國家的法律來為資本編碼。對遊動資本來說，某個國家的法律只不過是其中一個選項，唯有該國法律承諾的財富，勝過他國法律，此時資本持有者和資本密碼大師才會採納。

管理密碼

每個社會都會面臨自治問題，不僅要在民主和獨裁、議會制和總統制、憲法權力和投票制度之中做出選擇，還要選擇如何創造和分配財富——這就牽涉到為資本編碼的法律工具。

若像我在書中反覆提及，創造和保障私人財富的能力是以法律編碼而成，那麼社會財富的分配關鍵，就在控制資本編碼的力量。比這件事還要重要，卻很少有人質疑的一點在於，誰來決定什麼資產或權利主張應該編為財產，或受到等同財產權的保障。做出這個選擇的通常是私部門，大部分是當前的資本持有者，或可能持有資本的人。

私人選擇沒有什麼錯，但不能對其他人造成負擔，或利用國家權力施加負擔，否則會有道德風險和效率低落的可能。[33]但資本編碼不像其他國家提供的特權或補貼，經常不受監督。擁有資產是掌握財富的前奏，而法律是資產的外生條件，本來就會產生影響。人們會因為法律而接受他人主張的「合法」行為，也接受這是屬於他們的權益。權威的光環讓法律對財富的保障不受政治監督。私人利益合法化將自治的關鍵問題與政治脫鉤。

人們通常會對補貼和其他「行使權」報以強烈質疑，因為人們認為補貼和行使權會扭曲市場，導致無效率甚至貪腐。但其實，法律對資本的保障，堪稱各種補貼的源頭。少了資本的法律編碼模組，或隨心所欲塑造模組的可能性，資本和資本主義都不會存在。資本的法律編碼模組是現成的，然其力量取決於大家是否預期，必要時政府會以公權力執行。資本密碼大師了解如何為資本編碼，又不失去政府執法的保障。他們不需要事先徵得政府同意，又能選擇透過私人仲裁或和解的方式，讓私人編碼策略（不只是爭議中的私人利益）不會受到守護法律的法院監督。但資本需要政府和國家權力的地方不止於此。資本持有者在危機爆發時也會仰賴國家權力，此時唯有政府介入，才能防止資產價值崩盤，而政府之所以出手，原因是害怕拖垮整個金融體系。「封建的算計」在這些零星的救援行動中公然支配政府；㉞但話說回來，資本及其持有者享受各種豁免權和特殊待遇，沒有一項不是封建的算計。㉟

這種封建的算計，對以法律為集體自治主要工具的民主政體，造成直接的拉扯。在現行的權利和法律制度中，這項工具對資本言聽計從。當法律秩序全面優待某些人的資產，卻不優待其他資產，日益嚴重的不平等也是必然的結果。在全球化的世界裡更是不能例外，如果弱勢方要出手干預，只要撤資就能對付他們。結果當然就是世界愈來愈不公平，讓我們這些民主國家的選民（也就是「人民」），在該不該以及如何用法律只保障某些人的決定過程中，被剝奪了公民的權利。

連鮮少有人指控偏袒社會主義的《金融時報》（*Financial Times*），近來都呼籲重新打造資本和社會的契約。㊱提出這項呼籲，表示他們認為社會結構仍然健全，可與資本匹敵，而且遊動資本願意與社會達成共識，但在法律幫助下，根本不需要這麼做。事實上，編碼完善的遊動資本面對的，是分散在不同政體裡、有如一盤散沙的社會大眾，在這樣的世界，即便資本仰賴社會契約才能存在，也不可能達成社會契約。

因此，不滿的選民起身反抗國內領袖，逼他們認真看待數十年來被政策遺忘的一群人，這群普通人沒有資產或法律特別保障的資產，國家政策不保障他們的工作，讓他們對未來期待降低。選民發現，他們無法用理應得到的工具——立法機關通過的法律、法院判決的案子——來掌控自己的命運。真正的贏家就這麼大剌剌地站在他們之中，用法律打造屬於他們的資本；而發生這種情況，怪罪其他國家，怪罪歐盟之類的國際機構，或是去怪罪沒有或只有外國護照的自然人（人們最容易怪罪的對象），根本不是解決辦法。

要讓民主在資本主義體系中勝出，國家政體必須重新掌握法律這個唯一的自治工具，而所謂掌握法律，自然包含了資本的編碼模組。至少至少，也一定要撤回資本從編碼模組獲得的諸多法律特權。除非再次爆發金融危機，歷經無法預料的後續過程，否則不太可能從根本上重新建構支撐資本主義的法律制度。有太多因素牽扯其中，「一切合法」是強大而且可能要付出高昂代價的一項因素。畢竟，目前的資產持有者享有財產權或類似的行使權，要是削減他們的法律權益，他們可是會要求就沒收的部分進行補償。由於財產權、擔保、信託、公司法牽扯到的財富非常可觀，想要和平地或用負擔得起的方式重新建構權利，極有可能是天方夜譚。

儘管如此，資本仰賴國家的法律，仰賴國家執行私人契約和私人作為，給了法律制訂者、立法機關、法院、監管機關一個施力點。如果他們能敞開心胸，不必非得將資本視為（或在實際情況中當成）金融工具，或許就能進一步推動民主自治。基本任務是要限制律師為資本編碼可採行的選項，並將法律特殊保障賦予從前受忽略的資產（及其持有者），藉此從當前資產持有者及其律師手中，收回他們對資本密碼的掌控。

「明確原則」（bright-line rule）是朝此方向發展的第一步，不能讓資本擁有超過基本編碼模組的法律特權。想要適用新的豁免權、特殊規範、優惠稅制，答案是統統不行。如果有人主張，這麼做會讓一些人失去把餅做大、為眾人謀福利的機會，我們應該要報以懷疑，因為過往經驗顯示，就算做出大餅，通常也會遭到獨吞，或是只有受邀的人才能享受。誰主張私人利得能提升社會福祉，誰就要負責證明，怎樣的機制可以實現這個雄心壯志。別再把那隻看不見的手掛在嘴邊了。如本書所指，法律基礎設施長久以來，允許智慧資產的持有者做出自私行為，將隨之產生的利益盡數收割。我們不需要童話故事，而是需要實質的論點和證明，顯示資助法律密碼的社會大眾能分一杯羹。

其次，選擇對自己最方便的法律，這件事應該要變得困難一點。有些人可能會指控這是保護主義。但事實上，這個做法來自基本的民主自治原則。民主政體依法自治，逃避法律管束的漏洞愈多，自治就愈是不見成效。國家之間應該要有空間相互承認各自的法律，避免發生重複監管，但要大量減少資產持有者橫掃利益的機會。為了達到這個目的，國與國之間最好彼此合作，但合作並非絕對的必要條件。促進資本流動的排除衝突法則是國內法律秩序的一環，但國際條約大都並未納入排除衝突法則，如此一來只要衝突發生，各國便有可能撤回相關規定。[37]外國投資人也許會怒不可遏，國內資本持有者也許會威脅退場，但對許多投資人和資本持有者來說，退場代價非常高昂。即便真的發生，撤資對經濟可能造成的影響，也會因為維護自治帶來社會與政治利益而抵銷。順帶一提，取消設立地選擇權，應該也是對付避稅手段的強大武器，比將提供優惠稅率的國家列入黑名單還有效。如果成立公司，只是把它當做可以避稅或接受法規套利的法律外殼，為何還要承認它的法人身分？[38]

第三，仲裁或私人爭端解決機制，對談判力差不多的人、不會影響其他人的議題，或許是排除爭端的一種好辦法。請私人仲裁人排除契約糾紛是一回事，但當私人仲裁人插手社會議題（投資人與地主國爭端中的私人仲裁人），涉入重大政策議題（例如反托拉斯法或其他規範領域），或糾紛雙方談判力落差很大（例如與消費者有關的糾紛），又是另外一回事了。

第四，資本經常會將代價高昂的外部經濟效應施加於他者，尤其是在資產持有者誤解法律明確性，以為精心設計的資本編碼策略必當有利可圖的時候。將財富建立在這類錯誤的假設上，後果通常不只令人傷心難過，還會引發由許多人承擔代價的危機，承擔代價的，不單單是有特權的資產持有者。所有負面外部效應都必須積極防範，這樣的外部性也不能例外。資產持有者會尋找各種法律漏洞和模糊地帶，想辦法不負擔法規成本，卻能同時享受他們需要的法律保障，因而衍生社會成本，但從來沒有證據顯示，資產持有者會將成本完全內化。相反地，他們會盡可能拿走一切，當危機即將爆發，他們會掉頭離開或將資產轉換成賣權來自保，要不然就是賭整個體系會向內自爆——此時，政府通常很難見死不救。等待危機爆發，而非事先防範，不就是想要政府紓困？因為政府總是會「想盡辦法」穩定體系，否則政權也會受影響。

第五，規定不能自由選擇將單純的資產轉變成資本資產的法律模組，這類限縮選擇的法律和規範，以及其他限制資本持有者對他人施加外部效應的規定，在資本從險境抽離的那一刻（通常政府會出手幫助，但不見得是資本的所在地政府），必定會遭受攻擊。資本會想重新掌控立法和監管體系，新的機制要讓在危機中損失最慘重的人有話語權，才能與資本的力量抗衡。做法包括讓受影響的一方有權在事後尋求損失補償，補償金額要能產生威嚇效果。㊴法院一直都有三倍損害賠償、懲罰性損害賠償、集體訴訟、禁令救濟等維持公平競爭的法律措施，並不需要多此一舉另找辦法。並非每一種機制都適用於所有法律體系，一定要細心量身打造，但顯然只有政府主管機關監督資本並不足夠。從資本的歷史可知，資產持有者（包括他們的律師）採取行動往往太遲、太少，還會將舊資本編碼策略的成本轉嫁給社會。

第六，由來已久卻已廢除的資本編碼限制，應該要重新啟用。剛開始可以先規定純投機性質的合約（或賭注），不能透過法院執行。長久以來許多人主張，這麼做會無法區分好的資本和壞的資本，但禁止法院執行這類合約含義很深。也有人主張，美國在二〇〇〇年通過《商品期貨現代化法》（Commodity Futures Modernization Act），大力促成衍生性金融商品的興起，其中許多只是投機性質的衍生性商品。㊵有人可能會拿信用衍生商品當做避險工具，舉證責任應該要落在這些人身上，而非社會大眾，而且沒道理再賦予其他特權，例如，為這些資產提供破產避風港。這個做法呼應我提出的第一項原則：享有法律密碼特權的資產，不再另外賦予法律特權。㊶

第七，民主政體聯手實行這些策略，避免發生規範競爭，能帶來許多好處。並不是一定要一起整合法律，這麼做速度太慢，而且很有可能會受特殊利害關係影響。只要有足夠的國家，按照上述原則做出一些改變，就能收到成效。原則上，支撐全球金融重要法律制度的國家——美國（或從紐約州開始）以及英國——應該帶頭以身作則，但是儘管英美兩國眼下都發生嚴重的政治反彈，仍然不太可能辦到。英國選民逼迫政府脫歐（他們誤以為是布魯塞爾，而非「金融重鎮倫敦」，造成他們的困境）。在美國，川普總統巧妙利用了部分選民自認失去對未來掌控所產生的焦慮。可惜他沒有用支持者的忠誠去矯正錯誤，而是四處對阻礙他建立美國強權的國內和國際機構，點燃零星戰火。對全世界來說，最佳情況就是：兩國的內部紛擾能開拓新的契機，讓遊動資本都不得不承認，若全球資本主義體系沒有可靠的政府，它們也占不到便宜，進而願意在資本和其他社會目標之間重新取得平衡。希望這樣就不會發生大規模的金融危機，讓波蘭尼必須出面對社會顛覆提出警告，要大家提防，終有一天社會大眾會起身反抗市場原則。

最後，還有律師，也就是資本密碼大師這一塊。不是所有律師都會參與資本的法律編碼，即使後來參與其中，律師在念法學院的時候，也很少以此為目標。但年輕律師的市場、法律事務所的薪資結構，以及招募客戶才能成為合夥人的長期壓力，讓律師們只想在資本上發揮創意。除此之外，尤其是在美國，就讀法學院的花費很高，求學過程讓他們欠下債務，對許多律師來說，除了先為資本服務，沒有其他更實際的做法。有些法學院針對從事低薪工作的畢業校友，例如在非政府或人權組織工作的校友，實施退還一部分在學學費的政策。但顯然，倘若學生都做這類工作，便沒有幾間法學院撐得下去。㊷如果律師想完全不受資本影響，我們需要重新深入思考法學教育的資金來源，以及法律事務所的薪資結構。少了這些結構性的改變，就算讓律師接受更多道德訓練，也很有可能枉費工夫。

這些抑制策略，或許有些讀者並不樂見。但是資本編碼讓我們學習到很重要的一課，就是持之以恆、漸進實施的做法，提高了資本持有者的利益。我認為，持之以恆、漸進實施，同樣可以用在反擊上，確保民主政體依法自治。

當法律除去資本？

沒有資本不需要法律，只有法律能讓資產具備優先權、耐久性、可轉換性和普遍效力，而使資產持有者擁有特權。資本主義之所以能夠存在，是因為現代法律制度建立在個人的主觀權利上，由國家負責保障。即使這些權利對國家有害，人們也已經順理成章，依此要求國家保護資產不受他人侵犯，包括其他公民在內。[43]人們用這些有害的權利，有效防止政府針對其他利益（非資本持有者自己選定的資產），制訂類似的法律保障措施。以此方式塑造法律制度，資本會繼續支配世界，法律將始終是服務資本的重要工具。所以，像這樣抑制特定資產的法律特權，無法改變局面，只能平衡傾斜的資本賦權結構，讓資本主義生生不息。

資本的支配力來自法律，但反過來卻不一定，換言之，法律無法為其他利益提供與資本同樣的保障。以下舉幾個例子，說明我們可以利用資本密碼及其模組，將權力賦予法律王國內遭遇某些境況的人。比如：（一）在土地、知識、大自然爭奪戰中敗北的人；（二）在裨益前百分之一人口的金融體系中非自願承擔風險的人；（三）無法像股東輕易保障未來收益那樣保障未來所得的受僱者。

我們已經在書中數度談論與此策略相關的例子。回想一下，貝里斯馬雅後裔要求依國內憲法承認，他們與生俱來的使用權乃是一種財產權；倡議團體可以代表一眾科學家和患者，成功挑戰基因專利；以及，在數位世界保護開放原始碼的運動。㊹這些例子發揮創意，用法律密碼的力量來達成各種目的，但大都只能取得短暫的成功。像第二章提到的馬雅例子，貝里斯最高法院承認數百年來使用土地符合財產權的要件，但貝里斯政府卻決定與資本為伍。少了政府支持，財產權也沒什麼用，這就是最佳證明。不能帶來收益的財產權，包括政府稅收，顯然不太能得到政府幫助。

大體來說，讓權利主張擁有數百年來資本享受的法律保障，藉此提升其他權利，並不能改變體系，而是複製體系。若是沒有更好的解決辦法，這麼做或許還可以，但我們還是該好好思考，究竟什麼才是真正的解決之道。目前，我們有兩種徹底解決的辦法。

一種是廢除資本的法律特權，讓經濟和政治體系變成「激進市場」。㊺根據波斯納（E. A. Posner）和威爾（G. Weyl）的定義，激進市場的一切決定（也可以說一切價值）統統取決於價格機制，任何一點政治的痕跡都要去除。兩位作者主張，完全競爭市場下的有效資源分配模式，將形成一個「公平的社會」。㊻在那之後，財產權會被附帶用益權取代。

在這個新世界裡，法律不能用來累積財富或保障財富不受挑戰，只會保障臨時用益權。只要出價超過資產的指定價格，任何人都能對用益權提出挑戰。資產估價會公開登錄，做為財產的課稅基礎。所以，試圖提高財產價值，必須接受課稅的懲罰，而試圖用低估資產價值的方式避稅，則會被想要低價買進資產的人出價挑戰。現行法律制度要求締約的雙方都要同意交易，而這種截然不同的單方出價方式具有約束力。取消合意制，以價格至上的社會規範取代。不接受喊價者視同偷竊。這麼做符合**激進市場**的前提，因為法律只會保障臨時用益權，在出價有效終止使用期限後，拒絕讓出對資產的控制，會構成違法行為。擁有大量資源的個人和實體，原本可以支付高價購買資產，一旦實施這種激進的做法，他們會被迫失去資產，可能因此引發強烈反彈。除非，在實施改革前，大規模重新分配資源——關於這一點，波斯納和威爾並沒有提出任何看法。

打造激進市場聽起來或許很激進，但想將政治審議從經濟生活中去除，並將受資源豐富者掌控的社會治理私有化，這會是一個合理的結論。抑或如孟柯所說：「個體欲取得主觀權利帶來的政治賦權，必須以剝奪政治權力為代價。」㊼

除了將社會市場化，另外一種做法是轉化權利，將社會和經濟生活重新政治化，這一次，不是讓可自行挑選的法律長期擁有特權，而是一種促進改變的臨時賦權。孟柯在《權利批判》中描繪出一套體系藍圖，裡面仍然包含權利與法律，但權利、法律都不能當做維護現狀的利器。他針對以權利為基礎的法律體系，從哲學基礎展開基本批判。孟柯表示，權利與生俱來的法律基礎不但是神話，還是個謊言。現代權利體系已經正式揚棄神和其他法外力量，卻仍然根據法律體系之外的原則，去挑選哪些主張應該當成權利加以保障。依權、依法而不由人治的制度，因為法外主張合法化而受到侵害。總得要由人來決定哪些主張是權利，用法律加以鞏固。

孟柯將對權利的批判轉變成新的法律秩序藍圖，他主張，沒有公民權利永遠神聖而不可侵犯。相反地，所有權利和主張都要評估與他者權利的關係——權利一定要能自反（reflexive）。[48]國家保障權利和法律的強制力量，不該再拿來保障現況，而是應該把權力交給未來。正如波斯納和威爾所描述，權利變得有如曇花一現，只不過，孟柯與他們的看法存在重大差異。激進市場模型預言，改變發生在個體單方進行的所有交易總和，而在孟柯描繪的新秩序中，改變來自開放的政治過程，所有人都可以、卻不一定要參與其中。依照新秩序，權利經過刻意打造，目的在帶來改變，當既定目的已經達成，這些權利就會失去一部分的力量，讓新權利和新目的能夠出線。

兩種解決方式，偏好哪一種，取決於你對人的看法，認為人是會將利益最大化的自利個體，還是能自我反省、集體自治的社會分子。也取決於你對自由抱持的想法——經濟自由只有一個目的，在價格機制的幫助下有效分配資源；還是自由就是：要在公正的社會中當一個自由的個體。[49]這些宏大的哲學辯論，我們無法在這裡提供答案。但比較這兩種模型，有助於說明本書的兩大重點。

首先，法律是現代社會組織的核心，包含市場組織，以及為了市場和在市場交易所創造出來的資產。法律為實現個人和社會抱負創造適合的條件，它有可能是效率不彰時的偏好聚集器，也有可能是審議式政體中的自治個體（在這裡，支配國家的不只是金錢，還有道理）。透過法律，社會致力於維護正式權利，將這些權利與政治爭議隔離，使其服從市場機制，但也有可能將短暫的權利轉化成改變的工具。

其次，缺少了力量，最差的情況下是法律收不到成效；在最好的情況中，執法成果也會稍縱即逝。波斯納和威爾的願景，以及孟柯的藍圖，兩者雖然有別，卻應當同時兼顧，而且至少要能強制威脅，才能辦到。想像一下，如果屋主不是還不出欠款，而是有其他人現身，出價比屋主預估的高、超出屋主的財力範圍，在這種情況下，如果要強制屋主搬離，需要投入多麼大量的資源。回到十六世紀，當時被趕走的公地使用者，是受到剝奪資本的威脅。就算不這麼嚴厲，激進市場還是必須仰賴同樣激進的國家法律。

同樣地，若要如孟柯建議，改變現行的主觀權利體系，一定會引發大規模賠償要求，因為更改現有權利很可能要徵收財產，必須拿出相應的補償，否則會被視為違反憲法。

我們面臨的情況和兩名愛爾蘭農夫的笑話很像。農夫在多尼戈爾（Donegal）的山坡相遇，其中一人問，怎麼去都柏林才是最佳路線。對方回答：「從別的地方開始走。」㊿由此可知，除了前一節描述的務實和漸進解決辦法，應該沒有其他可行方案了，必須一步一步，撤回讓資本比其他競爭主張有優勢的法律特權，並將法律權力賦予股東，而非資本持有者。像過去數百年來編碼資本那樣，仔細謹慎、堅定不移地進行下去，應該就能削弱資本及其持有者對法律的掌握。畢竟，資本的屬性，包括優先權、耐久性、可轉換性、普遍效力，都是相對權利，而非絕對權利。這些屬性讓某些資產優於其他資產，或讓資產持有者比無法取得資產或請來資本密碼大師的人，享有更多特權。也意味著，若有更多資產享受類似特權，那麼資本的相對價值就會減損。

眼下，資本持有者以法律為己用，民主社會的公眾亟欲重掌自身命運，將選票投給許諾還權於民的候選人，我們陷在這樣的困境中，以法律為新的權利編碼，或許是逃脫困境的另一種辦法。如此一來，法律將是決定資產價值的公開和關鍵管道，也能證明，決定法律內涵的這股力量，終究與人民站在同一邊，來自民主主權國家和憲政體制。[51]它不屬於資產持有者，也不屬於身為資本密碼大師的律師。唯有像這樣刻意解決，才有可能真正轉變，而非只是削除某些權利或法律。這麼做不見得能防止編碼落入私人行為者手中，但能強迫私人行為受到更嚴密的監督，確保他們遵循社會透過法律制訂出來的社會目標。

否則只有兩種可能。一種是現有秩序遭受暴力破壞，也就是真正的革命。另一種言簡意賅地說，就是進一步侵蝕法律維護社會秩序的正當性。我們無法徹底排除第一種結果，然而，世界並不如馬克思及其追隨者所預測那般，經常以革命對抗資本主義。而第二種可能性，很遺憾，已經發生了。我們看見，獨立的司法管轄區和自由媒體遭受暴烈的攻擊，攻擊對象不是只有成立未久的民主國家（例如波蘭和匈牙利），就連英國和美國這類民主、法治行之有年的國家，也都無法倖免。如此趨勢若持續下去，一如人類史大半呈現的樣態，赤裸裸的權力將再次支配法律秩序——而我們都將因此更加窮困。

注釋

第一章 法律王國

① Facundo Alvaredo et al., *World Inequality Report 2018* (Creative Commons Licence 4.0-CC-BY-NC-SA 4.0: World Inequality Lab, 2017), fig. E4 at p. 13.（中文版《世界不平等報告2018》，衛城，二〇一八年）這項數據衡量的是全球國民所得，國民所得包含公共所得和私人所得，以及來自現有資源、勞動、未來收益預期價值的所得。

② 請留意，這些人口仍然正好落在全球所得曲線中央區塊，位於第五十至第九十百分位數。

③ 福山在發人深省的論文提及「歷史的終結」，是這個階段的象徵。參見 Francis Fukuyama, *The End of History and the Last Man* (New York: Free Press, 1992)。（中文版《歷史之終結與最後一人》，時報，一九九三年）

④ 舉例來說，可參見 Ellen Meiksins Wood, *The Origin of Capitalism: A Longer View* (London, New York: Verso,

1999)。

⑤ Joseph E. Stiglitz, *Globalization and Its Discontents* (New York, London:Norton,2002); Dani Rodrik, *The Globalization Paradox* (New York: Norton, 2011).（中文舊版《全球化的許諾與失落》，大塊，二〇〇二年）

⑥ Thomas Piketty, *Capital in the 21st Century* (Cambridge, MA: Harvard University Press, 2014).（中文版《二十一世紀資本論》，衛城，二〇一四年）

⑦ Padgett 認為這是制度演進的關鍵問題。參見下開書籍前言：John F. Padgett and W. W. Powell, eds., *The Emergence of Organizations and Markets* (Princeton, NJ: Princeton University Press, 2010)。

⑧ Morgan Ricks, *The Money Problem* (Chicago: University of Chicago Press, 2016).

⑨ 皮凱提在《二十一世紀資本論》表示，若要解決書中提出的不平等現象，全球資本必須課稅，亦即對個人持有的資產課稅。但如緹莉・德干在最近出版的著作所言，由於政治因素，加上許多國家條件不佳，這種全球合作徵稅的做法或許無法實現，參見 Tsilly Dagan, *International Tax Policy: Between Competition and Cooperation* (Cambridge: Cambridge University Press, 2018)。

⑩ 關於跨世紀 GDP 成長量化的浩大工程，參見 Angus Maddison, *The World Economy—Historical Statistics* (Paris: OECD, 2003)。

⑪ 參見 Douglass C. North and Barry R. Weingast, "Constitutions and Commitment: The Evolution of Institutions Governing Public Choice in Seventeenth-Century England," *Journal of Economic History* 49, no. 4 (1989):803–832；以及 David S. Landes, *The Wealth and Poverty of Nations* (New York, London: Norton, 1998)。（中文版《新國富論：人類窮與富的命運》，時報，一九九九年）

⑫ 另參見 Jonathan Nitzan and Shimshon Bichler, "New Imperialism or New Capitalism?," *Review (Fernand Braudel Center)* 29, no. 1 (2006):1–86, esp. p. 26。

⑬ Piketty, *Capital*.

⑭ 該書第三章標題。

⑮ Bernard Rudden, "Things as Things and Things as Wealth," *Oxford Journal of Legal Studies* 14, no. 1 (1994):81–97, pp. 82–83.

⑯ Adam Smith, *The Wealth of Nations* (Chicago: University of Chicago Press,1776), book IV, chapter 2, p. 477.（中文版《原富（上）(下）二冊》，台灣商務，二〇〇九年；《國富論》，先覺，二〇〇〇年；《國富論 II》，先覺，二〇〇五年；《圖解國富論》，海鴿，二〇一三年；《圖解國富論（新版）二〇一九》，華威國際，二〇一九年）

⑰ 同前注，頁四七五。

⑱ 同前注，粗體為另外強調。看不見的手還有一種大家更熟悉的力量。亞當·斯密指出，追求自利的個體將從各種方案中，選出「金錢或物品價值」最高的一種，且行動效益勝過國王、議會、議員。

⑲ 詳情參見第七章。

⑳ 參見「帝國」（empire）條目，出自William Darity Jr., ed., *International Encyclopedia of the Social Sciences*, 2nd ed., vol. 2 (Detroit, MI: Macmillan, 2008)，書中將帝國的概念定義為「統治範圍跨越原始疆界的大範圍政治實體」。

㉑《美國憲法》的知名序言開頭寫道：「**我們**，美利堅合眾國的**人民**，為了組織一個更完善的聯邦，樹立正義，保障國內的安寧，建立共同的國防，增進全民福利和確保我們自己及我們後代能安享自由帶來的幸福，乃為美利堅合眾國制定和確立這一部憲法。」（粗體為另外強調）原文可查詢網頁 http://constitutionus.com/。（中文翻譯出處：https://web-archive-2017.ait.org.tw/zh/us-constitution.html）

㉒ 詳加說明於第六章。

㉓ 另參見 Avi J. Cohen and G. C. Harcourt, "Whatever Happened to the Cambridge Capital Theory Controversies?," *Journal of Economic Perspectives* 17,no. 1 (2003):199–214, p. 200，文中指出資本的定義乃是「各個重大議題裡的待解爭議」。

㉔ Karl Marx, *Das Kapital* (London: Lawrence and Wishart, 1974).（中文版《資本論》，聯經，二〇一七年）

㉕ Fernand Braudel, *Sozialgeschichte des 15.—18. Jahrhunderts: Der Handel (Social History of the 15th—18th centuries: Trade)* (München: Kindler, 1991), p. 248.

㉖ 十九世紀前西方國家一般都有反高利貸規定。最初只有同信仰的人才能進行高利借貸，但律師們開始找出應對方法，相關限制便日漸鬆散。有關高利貸規定與宗教的淵源，簡史參見 Mark Koyama, "Evading the 'Taint of Usury': The Usury Prohibition as a Barrier to Entry," *Explorations in Economic History* 47, no. 4 (2010):420–442。

㉗ Geoffrey M. Hodgson, *Conceptualizing Capitalism: Institutions, Evolution, Future* (Chicago: University of Chicago Press, 2015), chap. 7 at p. 173.

㉘ 同前注，頁一七六，提及亞當・斯密的資本概念。

㉙ Jonathan Haskel and Stian Westlake, *Capitalism without Capital: The Rise of the Intangible Economy* (Princeton, NJ: Princeton University Press, 2018).（中文版《沒有資本的資本主義：無形經濟的崛起》，天下文化，二〇一九年）

㉚ 僅參見 Stiglitz 評論皮凱提著作的文章。Joseph Stiglitz, "New Theoretical Perspectives on the Distribution of Income and Wealth Among Individuals," *NBER Working Paper* (2014).

㉛ Eric Hobsbawm, *The Age of Capital: 1848–1875* (New York: Vintage, 1996).（中文版《資本的年代 1848-1875》，麥田，一九九七年）另外參見 Meiksins Wood, *Origin of Capitalism*. Robert Brenner, *Merchants and Revolution: Commercial Change, Political Conflict, and London's Overseas Traders,1550–1653* (Princeton, NJ: Princeton University Press, 1993)。

㉜ David Harvey, *The Enigma of Capital and the Crisis of Capitalism* (Oxford: Oxford University Press, 2010), p. 40.

㉝ Karl Polanyi, *The Great Transformation: The Political and Economic Origins of Our Time* (Boston: Beacon Press, 1944), p. 72.

㉞ 但可參見 Bruce Carruthers, "Financialization and the Institutional Foundations of the New Capitalism," *Socio-Economic Review* 13, no. 2(2015):379–398，作者似乎是將商品與資本結合，將市場與資本主義結合。

㉟ 參見 Cohen and Harcourt, "Whatever Happened," at p. 201，文中言簡意賅地描述這個方程式的理論和假設。有關資本屏除人力資源的定義，參見 Piketty, *Capital*, p. 46；以及 Hodgson, *Conceptualizing Capitalism*, p. 186，這本書提出人類不能以自己為擔保。

㊱ 參見 Ludovic Hunter-Tilney, "Ludo Ltd: What I've Learnt as a One-Man Corporation," *Financial Times*, April 7, 2017，出處為： www.ft.com (last accessed November 16, 2017)。

㊲ Hodgson, *Conceptualizing Capitalism*, p. 188，書中強調雇傭勞動無法做為擔保。

㊳ Priest 指出美國殖民地南方各州約有百分之三十五・六的財產是奴隸，百分之四十八・六是土地。參見 Claire Priest, "Creating an American Property Law: Alienability and Its Limits in American History," *Harvard Law Review* 120, no. 2(2006):385–459。

㊴ Stephanie McCurry, "The Plunder of Black Life," *Times Literary Supplement*, May 17, 2017.

㊵ Katherine Franke, *Repair: Redeeming the Promise of Abolition* (Chicago: Haymarket Books, forthcoming). 有關美國北方各州金融商業活動與南方奴隸州之間的糾葛，參見 Maeve Glass, "Citizens of the State," *University of Chicago Law Review* 85 no. 4 (2018):865–934, p. 865。

㊶ Geoffrey M. Hodgson, *How Economics Forgot History: The Problem of Historical Specificity in Social Science* (London and New York: Routledge, 2001). 霍奇森等學者始終研究不輟。有關他們對資本概念的貢獻，精闢摘要參見霍奇森著述的 *Conceptualizing Capitalism* 一書第七章。

㊷ Thorstein Veblen, "On the Nature of Capital," *Quarterly Journal of Economics* 22, no. 4 (1908):517–542.

㊸ John R. Commons, *The Legal Foundations of Capitalism* (New York: MacMillan, 1924), p. 28.

㊹ 康門斯的分析對象為知名的屠宰場例子。參見前注，頁一三以及二一，他認為資本主義的「本質」為「生產他人可使用之物，並取物為己用，因此財產和自由的意義，從生產與消費運用擴大至市場上的預期交易」。

㊺ Jonathan Levy, "Capital as Process and the History of Capitalism," *Business History Review* 91 (Autumn 2017):483–510, p. 487.

㊻ 有關「新資本主義」，參見 Nitzen and Bichler, "New Imperialism or New Capitalism?"，以及 Carruthers, "Financialization"。

㊼ 「金融化」（financialization）一詞主要來自Greta A. Krippner, "The Financialization of the American Economy," *Socio-Economic Review* 3, no. 2 (2005):173–208，另外參見Krippner, *Capitalizing on Crisis* (Cambridge, MA: Harvard University Press, 2011)。

㊽ 傳統民法包括契約、財產、家事法、繼承法，而商事法管理生意人之間的契約，包括代理關係以及商業組織法規。法國《民法》於一八〇四年制訂，商事法隨後於一八〇七年制訂。一八七一年德國統一，將近三十年後，德國《民法》才於一九〇〇年制訂通過。

㊾ 請留意，抵押、擔保、擔保權益經常混用，有關這部分在全球資本市場的法律技巧和實務分析，參見Annelise Riles, *Collateral Knowledge: Legal Reasoning in the Global Financial Markets* (Chicago: University of Chicago Press, 2011)。

㊿ 另參見 Hernando De Soto, *The Mystery of Capital: Why Capitalism Triumphs in the West and Fails Everywhere Else* (New York: Basic Books, 2003), p.46，書中主張財產權能將「死的」土地轉變成「活的」資本。

（中文版《資本的祕密》，經濟新潮社，二〇〇五年）

⑤1 這項屬於法人的特徵稱為「資產防禦」（asset shielding）或「資產分割」（asset partitioning）。參見 Henry Hansmann and Reinier Kraakman, "The Essential Role of Organizational Law," *Yale Law Journal* 110, no. 3 (2000):387–475，以及 Henry Hansmann, Reinier Kraakman, and Richard Squire, "Law and the Rise of the Firm," *Harvard Law Review* 119, no. 5 (2006):1333–1403。細節參見第三章。

⑤2 國幣和私幣的差異在於前者能保存貨幣的名目價值。參見 Ricks, *The Money Problem*，以及本書第四章討論內容。

⑤3 私幣的概念說明請見第四章；加密貨幣相關討論請見第八章。

⑤4 例如參見 Bernard S. Black, "Is Corporate Law Trivial?: A Political and Economic Analysis," *Northwestern University Law Review* 84 (1990):542–597。儘管 Black 只討論公司法，然其論述主軸（規範市場參與者並提供動機的市場力量）轉移到了經濟生活的其他面向。其實，法律和經濟學界有少數人想要證明，法律與經濟學無關。僅參見 Robert C. Ellickson, *Order Without Law—How Neighbors Settle Disputes*(Cambridge, MA: Harvard University Press, 1991) 以及 Lisa Bernstein, "Opting Out of the Legal System: Extralegal Contractual Relations in the Diamond Industry," *Journal of Legal Studies* 21, no. 1 (1992):115–157。兩位作者的主張深受海耶克（F. A. Hayek）的思想影響。海耶克的知名論點為法律比政府早存在於世界上，人民可以透過由下而上的過程管理自己。Friedrich A. Hayek, *Law, Legislation and*

Liberty—Rules and Order, vol. 1(Chicago: University of Chicago Press, 1973).

㊺ 參見 Douglas G. Baird, *The Elements of Bankruptcy* (New York: Westbury,1993) 針對破產法的作用說明（以美國為主）。

㊻ Arruñada 稱此為「依序交換」（sequential exchange），必須仰賴公正的主管機關執行財產制度。參見 Benito Arruñada, “Property as sequential exchange: the forgotten limits of private contract,” *Journal of Institutional Economics* 13, no. 4 (2017):753–783 ·，此文論點獲得 Smith 認可，參見 Henry Smith, “Property as Complex Interaction,” *Journal of Institutional Economics* 13, no. 4 (2017):809–814。

㊼ 參見 Avner Greif, *Institutions and the Path to the Modern Economy: Lessons from Medieval Trade (Political Economy of Institutions and Decisions)* (Cambridge: Cambridge University Press, 2006)，作者將摩洛哥商人的經歷以及日內瓦的崛起互相對照，當時的摩洛哥是貿易和貿易法規的重要樞紐。

㊽ Dan Berkowitz, Katharina Pistor, and Jean-Francois Richard, “Economic Development, Legality, and the Transplant Effect,” *European Economic Review* 47, no. 1 (2003):165–195.

㊾ 實證經驗顯示，在法律制度力量薄弱的國家，將錢存在銀行的人相對較少。參見 Christopher Clague et al., “Property and Contract Rights in Autocracies and Democracies,” *Journal of Economic Growth* 1, no. 2 (1996):243–276。

⑥⓪ 欲一覽百家齊鳴的社會科學理論，以及關於國家強制力重要性的有力論述，參見 Geoffrey M. Hodgson, "On the Institutional Foundations of Law: The Insufficiency of Custom and Private Ordering," *Journal of Economic Issues* 43, no. 1 (2009):143–166。另一方面 Hadfield 與 Weingast 針對權威機構公布的規範，指出在規範執行上有行為分權化的現象。參見 Gillian Hadfield and Barry R. Weingast, "What Is Law? A Coordination Model of the Characteristics of Legal Order," *Journal of Legal Analysis* 4, no. 2 (2012):471–515。

⑥① Max Weber, *Economy and Society*, ed. Guenther Roth and Claus Wittich (Berkeley: University of California Press, 1978), Vol. I, ch. 1, p. 314. 另外參見 Hodgson, "On the Institutional Foundations of Law"。

⑥② 關鍵機制在於嚇阻，說明參見 Gary S. Becker, "Crime and Punishment: An Economic Approach," *Journal of Political Economy* 76, no. 2 (1968):169–217。

⑥③ Hayek, *Law, Legislation, and Liberty* 還有 Hadfield and Weingast, "What Is Law?"

⑥④ 這個說法為法國總統季斯卡．德斯坦（Giscard D'Estaing）在提到美元為世界儲備貨幣時所創，其後艾肯格林（Barry Eichengreen）挪做書名，似乎亦符合文中情境。

⑥⑤ 此為效率資本市場假說的預設條件。參見 Eugene Fama, "Efficient Capital Markets: A Review of Theory and Empirical Work," *Journal of Finance* 25, no. 2 (1970):383–417。

⑥⑥ Ronald Gilson and Reinier Kraakman, "The Mechanisms of Market Efficiency," *Virginia Law Review* 70, no. 4

(1984):549–644.

⑰ Polanyi, *Great Transformation*, especially chapters 7 and 8.

⑱ 亞當・斯密同樣認同財產權。參見 Smith, *Wealth of Nations*, p. 232，書中指出：「有鑑於此，欲取得具有價值、涵蓋範圍廣泛之財產，必須建立人民政府。」

⑲ 關於日益嚴重的個人之間不平等情形，參見 Alvaredo et al., *World Inequality Report 2018*。

⑳ 關於法律和不平等之間的關聯性，有力論述另外參見 Robert Hale, *Freedom Through Law: Public Control of Private Governing Power* (New York: Columbia University Press, 1952), especially chap. 2 entitled "The Legal Bases of Economic Inequality," p. 13，書中特別討論財產權造成不平等。

第二章　編碼土地

① Claim Nos. 171 and 172 (Consolidated) *Aurelio Cal et al. v. the Attorney General of Belize and the Minister of Natural Resources and Environment*, October 8, 2007. 參見網頁：http://www.belizejudiciary.org/ (last accessed November 19, 2017)，以下簡稱 *Maya v. Belize*。

② 關於政府與國家全面執行財產權的權力，另外參見 Arrunada, "Property as Sequential Exchange"。

③ Olivier De Schutter, "The Green Rush: The Global Race for Farmland and the Rights of Land Users," *Harvard*

International Law Journal 52, no. 2(2011):504–559.

④ 皮凱提稱此為「資本的形態轉變」；參見 *Capital*, chap. 3, p. 113。

⑤ Andro Linklater, *Owning the Earth: The Transforming History of Land Ownership* (New York and London: Bloomsbury, 2013) 巨細靡遺描述人類與土地的關係。

⑥ 美國許多法學院設有「實習事務所」，讓法學院學生承接請不起律師的客戶，從這些案子學習提供法律建議和訴訟的基本技巧。此案由亞利桑那大學法學院「原住民族法律與政策專案」團隊提供建議。參見 https://law.arizona.edu/indigenous-peoples-law-policy-program (last accessed November 22, 2017)。

⑦ Article 3(d) of the Constitution of Belize (1981)，可查詢網頁：http://www.constitution.org/cons/belize.htm (last accessed November 19, 2017)。

⑧ 同前注，第十七條第一項第 a 款以及第 b 款（ii）。

⑨ 一七九一年生效之《美國憲法》第五修正案，屬於《權利法案》（Bill of Rights）的一部分。憲法內文與修正案可至網頁查看：http://constitutionus.com/。

⑩ 例外為《美國憲法》賦予國會針對智慧財產權制訂法律的權力，進一步討論可見後面的第五章。也請留意，《德國憲法》賦予立法機關定義財產權「意義與範圍」的權力。參見貝里斯《憲

法》第十四條以及該國的《基本法》（Basic Law）。英文翻譯可查詢網頁：https://www.btg-bestellservice.de/pdf/80201000.pdf。

⑪ *Maya v. Belize*, recital 22.

⑫ *Maya v. Belize*, recitals 69ff., especially recital 71.

⑬ 關於國際法的歷史和政治經濟中，投資法和跨國財產權的近期論述，參見 Kate Miles, *The Origins of International Investment Law: Empire, Environment and the Safeguarding of Capital* (Cambridge: Cambridge University Press, 2013)。另外參見 Lorenzo Cotula, "Land, Property and Sovereignty in International Law," *Cardozo Journal of International & Comparative Law* 25, no. 2 (2017):219–286。

⑭ 關於這兩個概念的對比和相關歷史淵源，參見 Morris R. Cohen, "Property and Sovereignty," *Cornell Law Quarterly* 13, no. 1 (1927):8–30。針對這兩個概念，近期重新探討的論文刊登於特別號期刊，出處為 *Journal on Theoretical Inquiries in Law* 18, no. 2 (2017)，可查詢網頁：http://www7.tau.ac.il/ojs/index.php/til/index (last accessed November 22, 2017)。

⑮ *Amodu Tijani v. Secretary of the Southern Provinces*, The Judicial Council of his Majesty's Privy Council, July 11, 1921，可至網頁 http://www.nigeria-law.org (last accessed November 19, 2017)。

⑯ *Maya v. Belize*, recital 67.

⑰ 如前注引述之二〇〇〇年《貝里斯財產法》（Belize Law of Property Act），第二條，參見第九條釋義（粗體為另外強調）。

⑱ 這個鞭辟入裡的觀點出自 Hanoch Dagan, "Lawmaking for Legal Realists," *Theory and Practice of Legislation* 1, no. 1 (2013):187–204.

⑲ 相關文獻著述豐富；參見 Felix Cohen, "The Problem of a Functional Jurisprudence," *Modern Law Review* 1, no. 1 (1937):5–26 可知實際派觀點。另外參考 Duncan Kennedy, "Form and Substance in Private Law Adjudication," *Harvard Law Review* 89, no. 8 (1976):1685–1778，可知批判學派法律研究觀點。

⑳ 馬雅原住民族與部落傳統可參考網頁：https://www.ilo.org/dyn/normlex/en/f ?p=NORMLEXPUB:12100:0::NO::P12100_ILO_CODE:C169。

㉑ C. Ford Runge and Edi Defrancesco, "Exclusion, Inclusion, and Enclosure: Historical Commons and Modern Intellectual Property," *World Development* 34, no.10 (2006):1713–1727.

㉒ 幾乎等於英國國會《圈地法》移轉的土地（百分之二十二）。Gregory Clark and Anthony Clark, "Common Rights to Land in England, 1475–1839," *Journal of Economic History* 61,no. 04 (2002):1009–1036.

㉓ J. Stuart Anderson, "Changing the Nature of Real Property Law," in *The Oxford History of the Laws of England: 1820–1914 Private Law*, ed. William Cornish et al. (Oxford: Oxford University Press, 2010), p. 86; and Claire

Priest, "Creating an American Property Law: Alienability and Its Limits in American History." *Harvard Law Review* 120, no. 2 (2006):385–459, p. 402.

㉔ David J. Seipp, "The Concept of Property in Early Common Law," *Law and History Review* 12, no. 1 (1994):29–60, p. 36.

㉕ 同前注，頁八四（粗體為另外強調）。

㉖ Briony McDonagh, "Making and Breaking Property: Negotiating Enclosure and Common Rights in Sixteenth-Century England," *History Workshop Journal* 2013, no. 76 (2013):32–56, p. 36.

㉗ 參見 Anderson "Changing Nature," pp. 208 and 213。一七八三年普魯士將確認財產權的公共土地登記制度引進歐陸，法國在拿破崙統治時期跟進。此套制度的基礎為早期登記制度，可追溯至羅馬法，主要用於稅收。簡要說明（德國部分）參見 Walter Böhringer, "Geschichte des Grundbuchs," in *Grundbuchrecht*, ed. Georg Meikel and Bestelmeyer (Köln, München: Heymann, 2004)。

㉘ McDonagh, "Making and Breaking Property," p. 38.

㉙ 參見 Lawrence Stone, "Social Mobility in England, 1500–1700," *Past and Present* 33, no. 1 (1966):16–55。同此注釋，在倫敦四法學院接受訓練的律師，有四分之三的人屬於仕紳階級或擁有神職人員的身分。

㉚ 同前注，頁三三。

㉛ G. E. Aylmer, "The Meaning and Definition of "Property" in Seventeenth-Century England," *Past and Present* 86, no. 1 (1980):87–97.

㉜ 同前注，頁九五，引述自李利（John Lilly）於一六四一年提出的訴訟案。

㉝ 關於世界銀行的財產權政策，精闢論述參見 Jeremy Waldron, *The Rule of Law and the Measure of Property*(Cambridge: Cambridge University Press, 2012)。

㉞ John C. Weaver, "Frontiers into Assets: The Social Construction of Property in New Zealand, 1840–65," *Journal of Imperial and Commonwealth History* 27, no. 3 (1999):17–54.

㉟ Lindsay G. Robertson, *Conquest by Law: How the Discovery of America Dispossessed Indigenous Peoples of Their Lands* (Oxford: Oxford University Press, 2005).

㊱ John C. Weaver, "Concepts of Economic Improvement and the Social Construction of Property Rights: Highlights from the English-Speaking World," in *Despotic Dominion*, ed. John McLaren, A. R. Buck, and Nancy E. Wright (Vancouver: UBC Press, 2003), chap. 4. 這些觀點的源頭可能是洛克名聞遐邇的論述，他主張財產權應做為自然法，賦予以勞動成果改良財產的人。關於洛克對財產的論述，評論參見 Jeremy Waldron, *The Right to Private Property* (Oxford: Oxford University Press, 1988)。

㊲ US S.Ct. *Johnson v. M'Intosh*, 21 U.S. (8 Wheat.) 543 (1823), p. 111/2.

㊳ 21st Congress, Sess. I, Ch. 148 (1830), p. 411.

㊴ Robertson, *Conquest by Law*. 參見第五章。

㊵ 漢娜．鄂蘭（Hannah Arendt）曾經提出知名的論點，即只有國家的公民有「擁有權利的權利」，沒有國家的人則沒有這個權利，因此處境非常危險。Hannah Arendt, *The Origins of Totalitarianism* (New York: Harcourt, Brace and World, 1966).（中文版《極權主義的起源》，時報，一九九五年；《極權主義的起源》，左岸文化，二〇〇九年）

㊶ 這個財產理論的簡要說明參見 Harold Demsetz, "Toward a Theory of Property Rights"。

㊷ 所謂的「Black Act 9 Geo. 1. c. 22」之所以制訂，背後原因在於人們抱怨「設計不良、亂無秩序的人，近來打著黑人的名號」，以大規模暴力行為取用曾經也屬於他們自己的土地。

㊸「法律博士」原文裡「法律」以複數呈現，表示要接受兩種主要的法律訓練：英國普通法和羅馬法。時至今日，英國和美國的法學院授予碩士學位時，原文仍然以複數撰寫法律一詞，但學校幾乎沒有教授羅馬法了。

㊹ Stanley Wells and Gary Taylor, eds., *The Oxford Shakespeare: The Complete Works* (Oxford: Oxford University Press, 1998), *The Merchant of Venice*, pp.425, Act IV Scene 1, p. 446.

㊺ 同前注。

㊻ Eileen Spring, "Landowners, Lawyers, and Land Reform in Nineteen-Century England," *American Journal of Legal History* 21, no. 1 (1977):40–59.

㊼ B. L. Anderson, "Law, Finance and Economic Growth in England: Some Long-Term Influences," in *Great Britain and Her World 1750–1914: Essays in Honour of W.O. Henderson*, ed. Barrie M. Ratcliffe (Manchester, UK: Manchester University Press, 1975), p. 101.

㊽ *The Economist*, July 7, 1866, as cited in Spring, "Landowners, Lawyers," p. 42.

㊾ J. Stuart Anderson, "Property Rights in Land: Reforming the Heritage," in *The Oxford History of the Laws of England: Volume XII: 1820–1914 Private Law*, ed. William Cornish et al. (Oxford: Oxford University Press, 2010), p. 47.

㊿ Anderson, "Changing the Nature of Real Property Law," p. 32.

(51) 同前注，頁四九。

(52) 一八九〇年《土地限定繼承法》第十條第二項指出，「不論一八八二年《土地限定繼承法》內容為何，限定繼承之主要宅邸（若有），以及隨附之遊樂場地、公園和土地（若有），如未取得受託人同意或法院判決，在世居住者不得出售、交換、出租」。

㊸ 參見 Spring, "Landowners, Lawyers"; M. R. Chesterman, "Family Settlements on Trust: Landowners and the Rising Bourgeoisie," in *Law, Economy and Society, 1750–1914: Essays in the History of English Law*, ed. Gerry R. Rubin and David Sugarman (Oxford: Oxford University Press, 1984)。

㊹ H. L.(E) in *Lord Henry Bruce et al. v. The Marquess of Ailesbury et al.* [1892]1, ch.506.

㊺ Spring, "Landowners, Lawyers," p. 40.

㊻ Priest, "Creating an American Property Law," p. 421.

㊼ 同前注，頁四三一。

㊽ Anderson, "Property Rights in Land"詳述自一八二〇年代以降，許多英國土地法改革都以失敗告終。

㊾ Joshua Getzler, "Transplantation and Mutation in Anglo-American Trust Law," *Theoretical Inquiries in Law* 10, no. 2 (2009):355–387, p. 359.

㊿ Piketty, *Capital*, p. 292.

61 Lee J. Alston, "Farm Foreclosure Moratorium Legislation: A Lesson from the Past," *American Economic Review* 74, no. 3 (1984):445–457；另外參見 Murray Newton Rothbard, *The Panic of 1819* (New York: Columbia University Press,1962)。

62 Patrick Bolton and Howard Rosenthal, "Political Intervention in Debt Contracts," *Journal of Political Economy*

110, no. 5 (2002):1103–1134.

⑥③ 法院如何解釋這條「契約效力減損條款」，相關評論參見 David Crump, "The Economic Purpose of the Contract Clause," *SMU Law Review* 66, no. 4 (2013):687–709。

⑥④ Rachel Kranton and Anand V. Swamy, "The Hazards of Piecemeal Reform: British Civil Courts and the Credit Market in Colonial India," *Journal of Development Economics* 58 (1999):1–24 簡述了這些改革和相關政治、經濟效應。英國殖民者實施土地改革的長期效應分析，另外參見 Abhijit Banerjee and Lakshmi Iyer, "History, Institutions, and Economic Performance: The Legacy of Colonial Land Tenure Systems in India," *American Economic Review* 95, no. 4 (2005):1190–1213，文中指出，歸給地主的土地，生產率甚至比印度獨立以後還要低。

⑥⑤ Daron Acemoglu, Simon Johson, and James A. Robinson, "The Colonial Origins of Comparative Development: An Empirical Investigation," *American Economic Review* 91, no. 5 (2001):1369–1401.

⑥⑥ Luis Angeles, "Income Inequality and Colonialism," *European Economic Review* 51 (2007):1155–1176.

⑥⑦ 有些法律體系裡發展出類似信託的法律契約，有些以國際公約的形式引進信託。關於信託制度普及的近期論述，參見 Lionel Smith, "Stateless Trusts," in *The Worlds of the Trust*, ed. Lionel Smith (Cambridge: Cambridge University Press, 2013) 以及同號期刊內的論文。

⑥⑧ H. Hansmann and U. Mattei, "The Functions of Trust Law: A Comparative Legal and Economic Analysis," *New York University Law Review* 73, no. 2(1998):434–479.

⑥⑨ 信託發展史的詳述內容，參見 J. Stuart Anderson, "Trusts and Trustees," chap. 6 in *The Oxford History of the Laws of England: Volume XII: 1820–1914 Private Law*, edited by William Cornish et al.(Oxford: Oxford University Press, 2010), 232–295。

⑦⓪ William Fratcher, "Uses of Uses," *Missouri Law Review* 34, no. 1 (1969):39–68, p. 39.

⑦① 1 Rich. 3 c1 (23 January 1483/4). 詳情參見 Fratcher, "Uses of Uses," p. 55。

⑦② A.W.B. Simpson, *An Introduction to the History of the Land Law* (Oxford: Oxford University Press, 1961), p. 179.

⑦③ Anderson, "Trusts and Trustees," p. 234.

⑦④ John Morley, "The Common Law Corporation: The Power of the Trust in Anglo-American Business History," *Columbia Law Review* 116, no. 8(2015):2145–2197.

⑦⑤ 參見 Douglass C. North, *Structure and Change in Economic History*, 1st ed.(New York: Norton, 1981)，書中強調財產權分配在美國舊西部扮演的角色（中文版《經濟史的結構與變遷》，聯經，二〇一六年）；以及 Robert Cooter and Hans-Bernd Schäfer, *Solomon's Knot: How Law Can End the Poverty of Nations* (Princeton, NJ: Princeton University Press, 2011) 指出財產權為深受「雙重信任」問題困擾的人提供

法律保障，有助於解決這個問題。

⑯ Ronald H. Coase, "The Problem of Social Cost," *Journal of Law and Economics* 3 (1960):1–44.

⑰ Adam Smith et al., *Lectures on Jurisprudence*, The Glasgow Edition of the Works and Correspondence of Adam Smith; 5 (Indianapolis: Liberty Classics,1982); Part I: Of Justice, p. 8.

⑱ William Blackstone, *Commentaries on the Laws of England*, vol. 1 (Oxford: Clarendon Press, 1765), Facsimile Vol. 1, Chapter 1, "Of the Absolute Rights of Individuals"（粗體為另外強調）；可至網頁 https://lonang.com/library/reference/blackstone-commentaries-law-england/。

⑲「法治」在本質上是有爭議的概念，相關論述參見 Jeremy Waldron, "Is the Rule of Law Essentially a Contested Concept (in Florida)?," *Law and Philosophy* 21 (2002):137–164。

第三章　複製法人

① Michael C. Jensen and William H. Meckling, "Theory of the Firm: Managerial Behavior, Agency Costs and Ownership Structure," *Journal of Financial Economics* 3, no. 4 (1976):305–360.

② Henry Hansmann and Reinier Kraakman, "The Essential Role of Organizational Law," *Yale Law Journal* 110, no. 3

(2000):387–475.

③ 以制度剖析為方法，比較分析制度與法律，參見 Curtis J. Milhaupt and Katharina Pistor, *Law and Capitalism: What Corporate Crises Reveal about Legal Systems and Economic Development Around the World* (Chicago: University of Chicago Press, 2008), p. 45。

④ 雷曼兄弟剛創立的一百年，相關歷史記載於該公司出版的刊物 *Lehman Brothers 1850—1950* (New York: Lehman Brothers, 1950)。後文所述的歷史摘要取材自這份手冊。

⑤ 奴隸制、棉花產業、美國早期資本主義之間的關聯，近來在學術界受到重視。參見 Kathryn Boodry, "August Belmont and the World the Slaves Made," in *Slavery's Capitalism: A New History of American Economic Development*, ed. Sven Beckert and Seth Rockman (Philadelphia: University of Pennsylvania Press, 2016), p. 163。

⑥ 雷曼兄弟破產事件的詳細分析，參見 Michael J. Fleming and Asani Sarkar, "The Failure Resolution of Lehman Brothers," *FRBNY Economic Policy Review* 20, no. 2 (2014):175–206。

⑦ 子公司詳細清單，可參考二〇〇八年八月二十八日，依照歐盟《公開說明書指令》（Prospectus Directive 2003/71/EC），提交德國金融主管機關 BAFIN 的登記文件。檔案名稱為 dl_Formular28082008.pdf，查詢請至網站：www.bafin.de (last accessed June 23, 2017)。以下簡稱「Lehman's BAFIN Registration」。

⑧ Harold J. Berman, *Law and Revolution* (Cambridge, MA: Harvard University Press, 1983), p. 215. 另外參見 Harold J. Laski, "The Early History of the Corporation in England," *Harvard Law Review* 30, no. 6 (1917):561–588。

⑨ Michael C. Jensen and William H. Meckling, "Theory of the Firm."

⑩ 所在地與設立地主義的相關討論，參見Yitzhak Hadari, "The Choice of National Law Applicable to the Multinational Enterprise and the Nationality of Such Enterprises," *Duke Law Journal* 1974, no. 1 (1974):1–57；歐盟法律具體規定參見Eva-Maria Kieninger, "The Law Applicable to Corporations in the EC," *Rabels Zeitschrift für Ausländisches und Internationales Privatrecht / The Rabel Journal of Comparative and International Private Law* 73,no. 3 (2009):607–628。

⑪ 參見 "Lehman's BAFIN Registration," p. 4。

⑫ Barbara Abatino, Giuseppe Dari-Mattiacci, and Enrico C. Perotti, "Depersonalization of Business in Ancient Rome," *Oxford Journal of Legal Studies* 31, no.2 (2011):365–389.

⑬ 除非持有「可贖回」證券，否則股份股東不得強迫公司將股份轉換成現金。但公司可以從股東手中買回股份，例如為了支撐股價而買回股份。

⑭ 關於公司法的契約性質有何優點，參見 Roberta Romano, "Answering the Wrong Question: The Tenuous Case for Mandatory Corporate Law," *Columbia Law Review* 89, no. 7 (1989):1599–1617；進一步分析參見

John C. Coffee, Jr., “The Mandatory/Enabling Balance in Corporate Law: An Essay on the Judicial Role,” *Columbia Law Review* 89, no.7 (1989):1618–1691。

⑮ 二〇一七年，《財星》（*Fortune*）五百大企業百分之六十六以上設在德拉瓦，首次公開發行股票的公司百分之八十是德拉瓦的公司。參見 https://www.delawareinc.com/blog/new-delaware-companies-2017/。

⑯ Hansmann 和 Kraakman 在論文〈The Essential Role of Organizational Law〉中使用「資產防禦」（entity shielding）一詞，後來改用「實體」（entity）以及「所有權人屏障」（owner shielding）這兩個名詞，前者以法人為掩護，保障公司不受負責人及其個人債權人求償，後者保障股東不受公司債權人求償。

⑰ 包括福特汽車、通用汽車、克萊斯勒。這些公司都有子公司涉足金融服務業並非巧合，金融業子公司為集團裡的製造公司進行交叉補貼，對市場有利，但是也會帶來不利因素。紓困網絡成本概述可查詢網頁：https://www.treasury.gov/initiatives/financial-stability/TARP-Programs/automotive-programs/pages/default.aspx。

⑱ 合夥制度興起的詳細研究參見 John F. Padgett and Paul D. McLean, “Organizational Invention and Elite Transformation: The Birth of Partnership Systems in Renaissance Florence,” *American Journal of Sociology* 112, no. 5 (2006):1463–1568。

⑲ John F. Padgett and Paul D. McLean, "Economic Credit in Renaissance Florence," *Journal of Modern History* 83, no. 1 (2011):1–47, p. 10.

⑳ 另外參見Anthony J. Casey, "The New Corporate Web: Tailored EntityPartitions and Creditors' Selective Enforcement," *Yale Law Journal* 124, no. 8(2015):2680–3203，此文指出現在的大公司廣泛使用資產防禦措施，來擴大信用貸款的取得能力。

㉑ 梅迪奇家族歷經數次興衰，梅迪奇家族叱吒政商的詳細歷史參見 Nicolai Rubinstein, *The Government of Florence under the Medici* (1434 to 1494) (Oxford: Clarendon Press, 1997); Raymond De Roover, *The Rise and Decline of the Medici Bank*, 1397–1494 (New York: Norton, 1966)。

㉒ Raymond De Roover, "The Medici Bank Organization and Management," *Journal of Economic History* 6, no. 1 (1946):24–52.

㉓ 同前注，頁三一。

㉔ 請留意，這麼做接近英美法院針對國內合夥法律所發展出來的雙重優先原則（jingle rule）。根據這項原則，合夥公司和合夥人的債權人，先向與他們締約的合夥人求償，之後才輪到合夥公司的債權人扣押合夥人的資產，或輪到合夥人的債權人扣押合夥公司的資產。

㉕ Hansmann, Kraakman, and Squire, "Law and the Rise of the Firm," p. 1371.

㉖ 金融泡沫快要達到巔峰時（例如二〇〇六年）購屋的人，房屋價值下跌平均高達百分之三十六。參見 Edward Glaeser, "A Nation of Gamblers: Real Estate Speculation and American History," *American Economic Review* 103, no. 3 (2013):1–42，作者提供了美國房地產投機行為的長期歷史觀察資料。

㉗ 參見 Abatino et al., "Depersonalization"。

㉘ Katharina Pistor et al., "The Evolution of Corporate Law: A Cross-Country Comparison," *University of Pennsylvania Journal of International Economic Law* 23, no. 4 (2002):791–871.

㉙ 十八、十九世紀各種商業組織在英國盛行，關於這點，洞察力十足的闡述可見 Ron Harris, *Industrializing English Law: Entrepreneurship and Business Organization, 1720–1844* (Cambridge: Cambridge University Press, 2000)；另外參見 Joshua Getzler and Mike Macnair, "The Firm as an Entity Before the Companies Act," in *Adventures of the Law; Proceedings of the Sixteenth British Legal History Conference*, ed. P. Brand, K. Costello, and W. N. Osborough (Dublin: Four Courts Press, 2006)。

㉚ 十九世紀初以降，幾個主要司法管轄區的公司法核心特徵發展細節，參見 Pistor et al., "The Evolution of Corporate Law"。

㉛ Viral V. Acharya et al., "Dividends and Bank Capital in the Financial Crisisof 2007–2009," *NBER Working Paper Series* 16896 (2011), tables 4a and 4b.

㉜ 美國政府根據「問題資產紓困計畫」（Troubled Asset Relief Program）實施「資本購買計畫」（Capital Purchase Program），這個做法是其中一部分。花旗集團、摩根大通、富國銀行各獲得兩百五十億美元挹注。詳情請參閱美國政府責任署（Government Accountability Office）針對二〇〇八年十二月問題資產紓困計畫所做的報告，可查詢網頁：http://www.gao.gov/new.items/d09161.pdf。

㉝ 雷曼兄弟破產前十二個月的股價圖可查詢網頁：http://www.ino.com/blog/2008/09/looking-back-3-key-signs-to-sell-lehman/#.WWZad9PytBw (last accessed July 12, 2017)。

㉞ Nicholas Kristof, "Need a Job? $17,000 an Hour. No Success Required,"*New York Times*, September 18, 2008，可查詢網頁：http://www.nytimes.com/2008/09/18/opinion/18kristof.html (last accessed July 12, 2017)。

㉟ Fleming and Sarkar, "The Failure Resolution," p. 178.

㊱ 參見 "Lehman's BAFIN Registration"。

㊲ Steven M. Davidoff and David Zaring, "Regulation by Deal: The Government's Response to the Financial Crisis," *Administrative Law Review* 61, no. 3(2009):463–541, p. 476.

㊳ 金融危機詳情以及政府出手救援的想法，其他資料上有詳細記載。關於前聯準會主席柏南克（Ben S. Bernanke）的官方發言參見 *The Courage to Act: A Memoir of a Crisis and Its Aftermath* (New York: Norton, 2015)。（中文版《行動的勇氣：危機與挑戰的回憶錄》，今周刊，二〇一五年）

㊴ 高盛和其他投資銀行在成立公司之前是採取更新合夥關係的策略。參見 Lisa Endlich,*Goldman Sachs: The Culture of Success* (New York: Knopf, 1999)。

㊵ Margaret M. Blair, "Locking in Capital: What Corporate Law Achieved for Business Organizers in the Nineteenth Century," *UCLA Law Review* 51,no. 2 (2003):387–455, and Guiseppe Dari-Matiacci et al., "The Emergence of the Corporate Form," *Journal of Law, Economics and Organization* 33, no. 2(2016):193–236.

㊶ Dari Matiacci et al., "The Emergence of the Corporate Form," p. 211.

㊷ 赫緒曼的知名論述為組織成員有三種選擇：出走、發聲、效忠。其中效忠等於綁在組織裡。參見 Albert O. Hirschman, *Exit, Voice, and Loyalty: Responses to Decline in Firms, Organizations, and States* (Cambridge, MA: Harvard University Press, 1970)。（中文版《叛離、抗議與忠誠》，商周，二〇一八年）

㊸ 參見 Dari-Matiacci et al., "The Emergence of the Corporate Form," p. 22 1with figures 10 and 11, p. 223。

㊹ Modigliani 和 Miller 在一九五八年刊登的重要論文中談論過這個問題。參見 Franco Modigliani and Merton H. Miller, "The Cost of Capital, Corporation Finance and the Theory of Investment," *American Economic Review* 48, no. 3 (1958):261–297。

㊺ 參見 Oliver Williamson, "Transaction-Cost Economics: The Governance of Contractual Relations," *Journal of*

Law and Economics 22, no. 2 (1979):233–261; Sanford J. Grossman and Oliver D. Hart, "The Costs and Benefits of Ownership: A Theory of Vertical and Lateral Integration," *Journal of Political Economy* 94, no. 4 (1986):691–719。

㊻ 經濟學家始終認可稅法的重要性。Modigliani 和 Miller 甚至根據稅法重新提出資本成本定理。他們同樣認為股東保障措施成效有別。不過 Rafael La Porta et al., "Law and Finance," *Journal of Political Economy* 106, no. 6 (1998):1113–1155 對於可能影響公司設立地點、同一間公司成立法人數量的稅制和法律特徵未加著墨。

㊼ *Bank of Augusto v. Earle*, 38 US 519 (1839).

㊽ 後者為技術性用語，多見於採取民法法系的國家。我在書中使用「排除衝突法則」一詞。

㊾ 判例法可追溯至十九世紀。近期重申判例法原則的例子可參見 *CTS Corp. v. Dynamics Corp. of Am.*, 481 U.S. 69, 89。

㊿ 相關案例摘述參見 Eddy Wymeersch, "Centros: A Landmark Decision in European Company Law," in *Corporations, Capital Markets and Business in the Law*, ed. Theodor Baums, Klaus J. Hopt, and Norbert Horn (London, The Hague, New York: Kluwer Law International, 2000); Kieninger," The Law Applicable to Corporations in the EC"。

㊿ 商品、服務、個人（包括自然人和法人）的自由移動根據為《羅馬條約》（Treaty of Rome）；該條約建立了歐洲共同市場，其後歐洲共同市場轉型為歐盟委員會。一九九二年，《馬斯垂克條約》（Maastricht Treaty）建立歐盟，將自由移動原則擴大到資本的自由流通。

㊾ Rafael La Porta, Florencio Lopez-de-Silanes, and Andrei Shleifer, "Corporate Ownership Around the World," *Journal of Finance* 54, no. 2 (1999):471–517.

㊼ 另外參見第四章，有關開曼克萊羅斯的討論內容。

㊽ 參見 Michael Graetz, "Taxing International Income: Inadequate Principles, Outdated Concepts, and Unsatisfactory Policies," in *Follow the Money*, ed. Michael Graetz (New Haven, CT: Lillian Goldman Law Library at Yale Law School, 2016)。

㊿ 參見 https://ec.europa.eu/taxation_customs/business/economic-analysis-taxation/taxation-trends-eu-union_en (last accessed November 26, 2017)。

㊿ 細節參見 EU Commission Decision of August 30, 2016, "On State Aid SA.38373" (2014/NN) (ex 2014/CP), p. 27。

㊿ 根據《ＯＥＣＤ觀察》（OECD Observer），愛爾蘭的國內生產毛額（ＧＤＰ）上升到第五名，但國民所得毛額（ＧＮＩ）卻下降到第十七名。這項發現顯示「利潤和所得大都來自設在當地

的全球企業龍頭，通常超過回流到國內的所得」。參見 Observer No. 246/247, December 2004–January 2005。

㊽ 這些國家想要保護稅基，但並不關心想要吸引企業的低收入國家的權益。關於這種稅法整合上的偏見，參見 Tsilly Dagan, *International Tax Policy*。

㊾ LBIE是LBHI的間接子公司；設立於英國的控股公司 Lehman Holdings Plc (UK)，夾在這兩家公司的中間。

㊿ *In the Matter of Lehman Brothers*, *[2010] EWHC* 2914 (Ch), Recital 215. 以下簡稱「*In the Matter of Lehman*」。

(61) https://www.merriam-webster.com/dictionary/rascal.

(62)《歐盟資本適足指令》至一九九六年始生效，但各界對此早有預期。也請留意，LBF和LBIE在一九九六年簽訂主契約，採用 RASCAL 架構。參見 *In the Matter of Lehman*, recital 113ff.。

(63) Anat Admati and Martin Hellwig, *The Bankers' New Clothes* (Princeton, NJ: Princeton University Press, 2013) 主張將資本適足率提高至百分之三十，可確保銀行在危機發生時有應對的韌性。（中文版《失控的銀行：通膨、失業、衰退，都是銀行失序而產生的連鎖效應。該如何解決？》，好優文化，二〇一四年）。不過 Ricks 指出，金錢索賠對權利人來說有「工具價值」，與「固有」價值（非常低的金錢收益；股權無此特質）不同。他表示，這一點會對融資成本造成巨大的差異。參見 Ricks, *The Money Problem*, Kindle version at Loc. 1914。

⑭ *Pearson & Ors v. Lehman Brothers Finance S.A.* [2011] EWCA Civ 1544(December 21, 2011).

⑮ *In the Matter of Lehman* recitals 295ff., esp. 307，有關ＬＢＦ的部分特別參見：recitals 320ff.。

⑯ 同前注，第三十五條釋義。

⑰ Laws of New York, 34th Session, Chapter LXVIII, p. 151; especially Articles II, III, V.

第四章　創造債務

① Morgan Ricks, *The Money Problem* (Chicago: University of Chicago Press, 2016). 關於這點請另外參見第一章。

② 關於金錢的階級，參見 Perry Mehrling, "The Inherent Hierarchy of Money," in *Social Fairness and Economics: Economic Essays in the Spirit of Duncan Foley*, ed. Thomas Michl, Armon Rezai, and Lance Taylor (New York: Routledge, 2013), chap. 21.

③ FCIC, *The Financial Crisis Inquiry Report* (Washington, DC: US Public Affairs, 2011), especially chapters 7 and 8.

④ 參閱 NC2 公開說明書（以下簡稱「NC2 Prospectus」）等文件，可查詢網頁：http://fcic.law.stanford.edu/ (last accessed January 30, 2017)。

⑤ 依據路易士（Michael Lewis）的著作《大賣空》（*The Big Short*，以及同名電影），避險基金經理 Michael Burry 的有名事蹟就是詳細讀完所有揭露資訊。Michael Lewis, *The Big Short* (New York, London: Norton, 2010)。（最新中文版《大賣空》（電影書衣版），財信，二〇一五年）

⑥ 請留意，評等機構是私人公司，但有好幾間經過美國政府正式認可，而且金融規範指出這些機構的信用風險級別是監管的重要指標。評等機構的發展歷史和功能，參見 John Coffee Jr., *Gatekeepers: The Professions and Corporate Governance* (Oxford: Oxford University Press, 2006)（中文版《專業守門人與公司治理》，新學林，二〇一七年）; Frank Partnoy, "How and Why Credit Rating Agencies Are Not Like Other Gatekeepers," *Legal Studies Research Paper Series: Research Paper No. 07–46* (2006):59–102。

⑦ 參見第二章。

⑧ NC2 Prospectus p. S-60.

⑨ NC2 Prospectus p. S-11.

⑩ FCIC Report (2011), chap. 7, p. 105.

⑪ 關於貨幣市場基金在證券化機制中扮演的核心角色，參見 Zoltan Pozsar, Tobias Adrian, Adam

Ashcraft, and Hayley Boesky, "Shadow Banking," *Federal Reserve Bank of New York Staff Reports* 458, July 2010。

⑫ 請留意，「特殊目的機構」、「特殊投資機構」是常用的金融術語，但在法律，這些工具的結構和我們在第二章就介紹過的信託制度很類似。

⑬ 二〇〇三年，證券化住宅貸款總金額為二十九億八千萬美元，僅一成是次級貸款。二〇〇四年，總金額增加到七十二億，三成四是次級貸款，到二〇〇五年的時候，高達一百八十四億，四成五是次級貸款。

⑭ Adam J. Levitin and Susan M. Wachter, "Explaining the Housing Bubble," *Georgetown Law Journal* 100, no. 4 (2012):1177–1258, p. 1192.

⑮ 二〇〇七年秋季，外國主權財富基金在穩定全球金融體系上發揮的作用，參見 Katharina Pistor, "Global Network Finance: Institutional Innovation in the Global Financial Market Place," *Journal of Comparative Economics* 37, no. 4 (2009):552–567。

⑯ 參見 FCIC, *Financial Crisis Inquiry Report*, p. 116 以及該委員會網站上的文件。

⑰ Sudip Kar-Gupta and Yann Le Guernigou, "BNP freezes $2.2 bln of Funds over Subprime," August 9, 2007，可查詢網頁：www.reuters.com。

⑱ NC2 Prospectus, p. S-9.

⑲ ＮＣ２資產池中最安全的ＡＡＡ級資產占了百分之七十八。風險最高的底層分券占比不到百分之二。參見ＮＣ２的公開說明書。

⑳ NC2 Prospectus, p. S-75.

㉑ Marilyn Blumberg Cane, Adam Shamir, and Thomas Jodar, "Below Investment Grade and Above the Law: A Past, Present and Future Look at the Accountability of Credit Rating Agencies," *Fordham Journal of Corporate & Financial Law* 17, no. 4 (2012):1063–1126, p. 1112ff.; Caleb Deats, "Talk that Isn't Cheap: Does the First Amendment Protect Credit Rating Agencies' Faulty Methodology from Regulation?," *Columbia Law Review* 110 (2010):1818–1864.

㉒ 十九世紀前半，僅土地可以設定信託，政府債券和公司股份後來慢慢加入。可參見第二章。關於這點，亦參見 Kenneth C. Kettering, "Securitization and Its Discontents: The Dynamics of Financial Product Development," *Cardozo Law Review* 29 (2008):1553–1726。

㉓ 參見 Hyman P. Minsky, *Stabilizing an Unstable Economy* (New Haven, CT: Yale University Press, 1986), p. 279，此書以「內生去穩定因子」（endogenous destabilizer）形容授信過程。

㉔ 此為律師口中「善意執票人原則」（holder in due course doctrine）的要素。參見 James Steven Rogers, *The Early History of the Law of Bills and Notes: A Study of the Origins of Anglo-American Commercial law*, Cambridge Studies in English Legal History (Cambridge: Cambridge University Press, 1995), pp. 2–3 and 126。

㉕ James Steven Rogers, *The Early History of the Law of Bills*, p. 218 ；粗體為另外強調。

㉖ 除了 Minsky 之外，Perry Mehrling 也主張債權（相對於債務）為貨幣，將此途徑稱為「貨幣觀」。參見他著述的 *The New Lombard Street: How the Fed Became the Dealer of Last Resort* (Princeton, NJ: Princeton University Press, 2011).（中文版《最後交易者：美國央行力挽金融狂潮的新角色》，經綸天下，二〇一二年）

㉗ 關於反高利貸規定的歷史，參見 Mark Koyama, "Evading the 'Taint of Usury': The Usury Prohibition as a Barrier to Entry," *Explorations in Economic History* 47, no. 4 (2010):420–442，以及 Elaine S. Tan, "An Empty Shell? Rethinking the Usury Laws in Medieval Europe," *Journal of Legal History* 23, no.3 (2002):177–196。

㉘ 參見 Rogers, *The Early History of the Law of Bills and Notes*, p. 73。

㉙ Lynn A. Stout, "Derivatives and the Legal Origin of the 2008 Credit Crisis," *Harvard Business Law Review* 1, no. 1 (2011):1–38，指出賭博和其他投機交易的法律限制，如何在判例中一點一滴受到侵蝕，以及更重要的一點，如何透過立法改變限制。

㉚ 參見 Emily Kadens, "The Myth of the Customary Law Merchant," *Texas Law Review* 90 (2011):1153–1206; Albrecht Cordes, "Lex Mercatoria," in *Handwörterbuch der deutschen Rechtsgeschichte*, ed. Albrecht et al. Cordes (Berlin: Schmidt Verlag, 2015)。

㉛ 城市相繼針對匯票制訂特別規章，包括鹿特丹（一六三五年）、安特衛普（一六六七年）、萊比錫（一六八二年）、漢堡（一七一一年）、布萊梅（一七一二年）、布朗茲維（一七一五年）、奧格斯堡（一七一六年）、法蘭克福（一七三九年）等許多地方。主要貿易中心的市議會裡有很多商人代表，因此推動了這些法令規章。法國一六七三年的《Grand Ordonnance Française du Commerce》替這些法案建立規則，之後法案融入一八〇七年的《Code de Commerce》。在英國法院制訂了判例法的法案管理規章，相關討論參見 Rogers, *The Early History of the Law of Bills and Notes*。

㉜ Convention Providing a Uniform Law for Bills of Exchange and Promissory Notes (Geneva: League of Nations, 1930)，可查詢網頁：https://www.jus.uio.no/lm/bills.of.exchange.and.promissory.notes.convention.1930/doc.html (last accessed August 8, 2018)。

㉝ Ronald J. Mann, "Searching for Negotiability in Payment and Credit Systems," *UCLA Law Review* 44, no. 4 (1997):951–1008.

㉞ 早期銀行歷史，參見 Richard Tilly, "Universal Banking in Historical Perspective." *Journal of Institutional and Theoretical Economics* 154, no. 1(1998): 7–32; Richard Sylla, John B. Legler, and John J. Wallis, "Banks and State Public Finance in the New Republic: The United States, 1790–1860," *Journal of Economic History* 47, no. 2 (1987):391–403；關於早期各種銀行業務設計的長期後續效應，參見 Charles W. Calomiris and

Stephen H. Haber, *Fragile by Design: The Political Origins of Banking Crises and Scarce Credit* (Princeton, NJ: Princeton University Press, 2014)。

㉟ 英文白話翻譯全部出自 D. M. Frederiksen, "Mortgage Banking in Germany," *Quarterly Journal of Economics* 9, no. 1 (1894):47–76。

㊱ 同前注，頁五一。

㊲ 如布靈呈給腓特烈大帝的計畫所言，引述於 Frederiksen, "Mortgage Banking in Germany, p. 48。

㊳ Frederiksen, "Mortgage Banking in Germany," p. 57.

㊴ 美國聯邦住宅金融局（Federal Housing Finance Agency）在二〇〇八年九月六日接管了這兩間政府贊助企業。詳情參見 https://www.fhfa.gov/Conservatorship。

㊵ Urban Institute, *Housing Finance at a Glance* (2018), p. 10.

㊶ REMIC 並非一樣東西，甚至不是法人，而是可以不同形式呈現的管道，包括信託或社團法人，也有可能只是一組資產。只有特定資產（例如證券化房貸）可以組成 REMIC 並適用相關條件，包括要求資產在起始日轉移至 REMIC 且房貸資產內容組合不得變更。REMIC 不須事先取得核准，法律允許 REMIC 發起人在符合條件的情況下自行選擇設立，並對受禁止的資產或交易課徵百分之百的稅率。詳情參見 26 U.S. Code § 860D(a), F(a), and

G(a)。

㊷ *U.S. Bank National Ass'n v. Ibanez*, 458 Mass. 637, also at 941 N.E.2d 40(Mass. 2011)（以下簡稱 *Bank v. Ibanez*）。

㊸ *Bank v. Ibanez* at recital 641.

㊹ 在這個階段司法單位還不會干預：經適當設定程序，抵押權人得取消贖回權，不須事先取得司法機構的許可。

㊺ *Bank v. Ibanez*, recital 640.

㊻ 同前注。

㊼ Riles, *Collateral Knowledge*, pp. 62–63; Vincent Antonin Lepinay, *Codes of Finance: Engineering Derivatives in a Global Bank* (Princeton, NJ: Princeton University Press, 2011), chap. 4, "The Memory of Banking."

㊽ Adam J. Levitin, "The Paper Chase: Securitization, Foreclosure, and the Uncertainty of Mortgage Title," *Duke Law Journal* 63, no. 637–734 (2013).

㊾ 主要銀行設立一間控股公司，接著再設立一間稱為MERS的有限責任公司。類似一九六八年美國國會創立集保機構「Deposit Trust Corporation」，做為公開上市公司股份正式持有人；金融中介機構必須參加並接受私法安排，例如代理法（agency law），制度才能順利運作。細節參

見 Levitin, "The Paper Chase," p. 677。

㊿ Miguel Segoviano et al., "Securitization: Lessons Learned and the RoadAhead," *IMF Working Paper* 2013, no. 255 (2013), p. 38.

51 參見 Levitin, "The Paper Chase," p. 705。

52 但請留意，與此類似的擔保債務憑證、抵押貸款憑證已經興起，因此有些觀察家預言，這類憑證遲早會帶來金融危機。參見 Matt Philipps, "Wall Street Loves These Risky Loans. The Rest of Us Should Be Wary," October 19, 2018，可查詢網頁：www.nytimes.com。

53 FCIC Report, p. 129. 二〇〇四年，擔保債務憑證的證券約有半數以房貸為擔保品。參見注釋52，頁一三〇。

54 同前注，頁一三一。

55 英國是重要的例外國家。擁有土地的菁英階級抗拒稀釋金幣的成分，因為他們收取金幣當做租金。參見Christine Desan, "Beyond Commodification: Contract and the Credit-Based World of Modern Capitalism," in *Transformations in American Legal History: Law, Ideology, and Methods: Essays in Honor of Morton J. Horwitz*, ed. Daniel W. Hamilton and Alfred L. Brophy (Cambridge, MA: Harvard University Press, 2010)。

56. Reuters Staff, "IMF projects Venezuela inflation will hit 1,000,000 percent in 2018,"Reuters Business News, July 23, 2018，可查詢網頁：www.reuters.com (last accessed August 8, 2018)。

57. Kim Oosterlinck, "Sovereign Debt Defaults: Insights from History," *Oxford Review of Economic Policy* 29, no. 4 (2013):697–714；另外參見 Carmen Reinhart and Kenneth S. Rogoff, *This Time Is Different: Eight Centuries of Financial Folly* (Princeton, NJ: Princeton University Press, 2009)。（最新中文版《這次不一樣：８００年金融危機史》，大牌，二〇一五年）

58. M. Aycard, *Credit Mobilier* (Brussels, Leipzig, Livourne: A. Lacroix, Verboeckhoven & Cie, 1867).

59. 莫頓的話引述自 McKinsey Global Institute, "Mapping Global Capital Markets" (New York: McKinsey Global Institute, 2008), p. 136。

60. 此結構是 Minsky 後來稱為「龐氏融資」（Ponzi finance）的例子——由來是一九二〇年代，有一位姓龐茲的人士，成功運作有史以來最大膽的龐氏騙局。參見 Minsky, *Stabilizing an Unstable Economy*, pp. 230–232，作者在書中比較避險基金、投機交易、龐氏融資。

61. Johann Plenge, *Gründung und Geschichte des Crédit Mobilier* (Tübingen: Verlag der H. Laupp'schen Buchhandlung, 1903)；書中有介紹銀行設立的章節內容。

62. 龐氏騙局的簡短定義和說明，參見 https://www.investopedia.com/terms/p/ponzischeme.asp (last accessed

August 8, 2018)。

⑥③ Robert Lenzner, "Bernie Madoff 's $50 Billion Ponzi Scheme," December 12, 2008，可查詢網頁：www.forbes.com。

⑥④ Karl Marx, "Crédit Mobilier," *New York Daily Tribune*, part III, July 11,1856. 可查詢網頁：http://marxengels.public-archive.net/en/ME0978en.html (last accessed August 28, 2018)。

⑥⑤ 同前注。

⑥⑥ 希臘和葡萄牙也可以算在裡面。但這兩個國家的問題有一部分是因為政府過度舉債。關於全球金融危機下的歐元危機，深具啟發性的新論述可參見 Adam Tooze, *Crashed: How a Decade of Financial Crises Changed the World* (New York: Viking, 2018), Part III, pp. 319ff.。

⑥⑦ 選擇權訂價理論的發展歷史詳述，可見於：Donald MacKenzie, *An Engine, Not a Camera: How Financial Models Shape Markets* (Cambridge, MA: MIT Press, 2006)。

⑥⑧ Franklin R. Edwards, "Hedge-Funds and the Collapse of Long Term Capital Management," *Journal of Economic Perspectives* 13, no. 2 (1999):189–210, p. 199.

⑥⑨ Perry Mehrling, "Minsky and Modern Finance: The Case of Long-Term Capital Management," *Journal of Portfolio Management* Winter 2000(2000):81–89.

⑰ 參與救援的銀行包括高盛、美林、J．P．摩根、摩根士丹利、添惠（Dean Witter）、旅行家集團（Travelers Group）、瑞士聯合銀行（Union Bank of Switzerland）、巴克萊、信孚銀行（Bankers Trust）、大通銀行、瑞士信貸第一波士頓銀行（Credit Suisse First Boston）、德意志銀行、雷曼兄弟、法國巴黎銀行、法國興業銀行。參見 Edwards, "Hedge-Funds," p. 200。

⑱ 近期資料顯示，美國年金領取者申請個人破產的案件有增加的趨勢，進而導致健康醫療成本增加。參見 Tara Siegel Bernard, "Too Little, Too Late: Bankruptcy Booms among Older Americans," *New York Times*, August 5, 2018，可查詢網頁：www.nytimes.com (last accessed August 8, 2018)。

⑲ 包括聯準會在內，有些國家的中央銀行肩負穩定物價和完全就業的雙重使命。參見《聯邦準備法》（Federal Reserve Act）第 2A 條，可查詢網頁：https://www.federalreserve.gov/aboutthefed/section2a.htm。

⑳ 關於美國監管改革的範疇，實用概述參見 Viral V. Acharya et al., *Regulating Wall Street: The Dodd-Frank Act and the New Architecture of Global Finance* (Hoboken, NJ: Wiley, 2011)。針對監管人員的裁量權，評論參見 David A. Skeel, *The New Financial Deal* (Hoboken, NJ: Wiley, 2011)；至於《陶德法蘭克法》（Dodd-Frank Act）對金融體系重塑造成的缺點，參見 Arthur E. Wilmarth, Jr., "Turning a Blind Eye: Why Washington Keeps Giving in to Wall Street," *University of Cincinnati Law Review* 81, no. 4 (2013):1283–1446。

第五章　納自然法則為己有

① James Watson and Francis Crick, "A Structure for Deoxyribose Nucleic Acid," *Nature* 171 (1953):737–738.

② https://www.genome.gov/10001772/all-about-the—human-genome-project-hgp/.

③ 一九五二年《專利法》恢復，這段立法的歷史摘述於 *Diamond v. Chakrabarty,* US Supreme Court, March 17, 1980, 447 U.S. 303。

④ *Int'l News Serv. v. Associated Press*, 248 U.S. 215, 250 (1918) (Brandeis, J., dissenting, p. 248ff.).

⑤ James Boyle, "The Second Enclosure Movement," *Renewal: A Journal of Labour Politics* 15, no. 4 (2007):17–24.

⑥ *Diamond v. Chakrabarty*, p. 313.

⑦ *Association for Molecular Pathology v. Myriad Genetics, Inc.*, 569 U.S. 576（以下簡稱 *Molecular Pathology v. Myriad*）。

⑧ 35 U.S.C. § 101.

⑨ *Molecular Pathology v. Myriad*, p. 590.

⑩ 引述自 *Molecular Pathology v. Myriad*, p. 595。

⑪ *Molecular Pathology v. Myriad*, p. 596.

⑫ Angelina Jolie, "My Medical Choice," May 14, 2013，可查詢網站：www.nytimes.com。

⑬ Jacob S. Sherkow and Christopher Scott, "Myriad Stands Alone," *Nature Biotechnology* 32, no. 7 (2014):620.

⑭ 有許多學者撰文指出，第一次和「第二次圈地運動」之間有明顯的相似之處。參見 Boyle, "The Second Enclosure Movement"; Ford C. Runge and Edi Defrancesco, "Exclusion, Inclusion, and Enclosure: Historical Commons and Modern Intellectual Property," *World Development* 34, no. 10 (2006):1713–1727。

⑮ 後文摘述的事件可見於地方法院的判決：*Association for Molecular Pathology v. United States PTO*, 702 F. Supp. 2d 181。

⑯ 此公司設在德拉瓦。關於公司可以自行選擇設立地點這件事，參見第四章。

⑰ Jeff M. Hall et al., "Lineage of Early-Onset Familial Breast Cancer to Chromosome 17q21," *Science* 250, no. 4988 (1990):1684–1689.

⑱《專利法》第二八二條推定，專利核准生效後由主張無效之一方負舉證責任。

⑲ Philippe Aghion et al., "The Public and Private Sectors in the Process of Innovation: Theory and Evidence from the Mouse Genetics Revolution," *American Economic Review*100, no. 2 (2010):153–158.

⑳ Sherkow and Scott, "Myriad Stands Alone," p. 620.

㉑ Myriad Genetics Corporation, Annual Report for the Financial Year Ending in June 2017，可查詢網頁：http://

investor.myriad.com/annuals-proxies.cfm。

㉒《美國憲法》第一條第八項第八款。

㉓ 最明顯的就是美國著作權發展歷程。美國著作權法規演進史詳述，參見 Jessica Litman, "Copyright Legislation and Technological Change," *Oregon Law Review* 68, no. 2 (1989):275–362。Litman 指出著作權法是業界和顧客「透過獨立的雙方和三方協議組織而成的網絡」，原創人也在網絡中，卻往往沒有參與協商過程。同前注，頁三六一。

㉔ 參見美國專利局的專利統計數據，可查詢網頁：https://www.uspto.gov/web/offices/ac/ido/oeip/taf/apat.htm#PartA1_1b。

㉕ Haskel and Westlake, *Capitalism without Capital* (Princeton, NJ: Princeton University Press, 2018).（中文版《沒有資本的資本主義：無形經濟的崛起》，天下文化，二〇一九年）

㉖ 同前注，表 3.1，頁四四。

㉗ *Molecular Pathology v. Myriad*, p. 596.

㉘ 參見第一章討論內容。

㉙ 但參見 Ugo Pagano, "The Crisis of Intellectual Monopoly Capitalism," *Cambridge Journal of Economics* 38, no. 6 (2014):1409–1429，作者強調法律獨占對屬於資產類型的知識極為重要。

㉚ 引述自 Carol Corrado, Charles Hulton, and Daniel Sichel, "Intangible Capital and U.S. Economic Growth," *The Review of Income and Wealth* 55,no. 3 (2009):661–686, p. 661。

㉛ 這句話的出處有幾個不同的版本，包括商業經濟學家彼得・杜拉克（Peter Drucker）、數學統計學家皮爾森（Karl Pearson）、孟蓀（Thomas Monson）。

㉜ Corrado et al., "Intangible Capital," p. 683. Leonard I. Nakamura, "Intangible Assets and National Income Accounting," *Review of Income and Wealth* 56,no. S1 (2010):S135–S155. 關於這份文獻資料的摘述，另外參見 Saskia Clausen and Stefan Hirth, "Measuring the Value of Intangibles," *Journal of Corporate Finance* 40 (2016):110–127。

㉝ Haskel and Westlake, *Capitalism without Capital,* figures 2.1 and 2.2, pp.24–25.

㉞ 同前注，第五章，頁九一。

㉟ Pagano, "The Crisis of Intellectual Monopoly Capitalism," p. 1419. 關於長期停滯另外參見 Lawrence H. Summers, "U.S. Economic Prospects: Secular Stagnation, Hysteresis, and the Zero Lower Bound," *Business Economics* 49, no. 2 (2014):65–73。

㊱ Pagano, "The Crisis of Intellectual Monopoly Capitalism," p. 1420.

㊲ 參見 Joseph A. Schumpeter, *Capitalism, Socialism and Democracy* (New York: Harper & Row, 1942), p. 82–83。

㊳ P. J. Frederico, "Origin and Early History of Patents," *Journal of the Patent Office Society* 11 (1929):292–305.

㊴ 同前注，頁二九三。

㊵ Jeremy Phillips, "The English Patent as a Reward for Invention: The Importation of an Idea," *Journal of Legal History* 3, no. 1 (1982):71–79，文中附有這項威尼斯法令的英文翻譯，頁七五－七六。

㊶ 引述自 Phillips, "English Patent," pp. 75–76。

㊷ Daron Acemoglu and James A. Robinson, *Why Nations Fail*, chap. 7,p. 182，作者在書中描述，有一名自動紡織機發明人欲申請專利，遭到伊莉莎白一世與後來的繼承者拒絕。（中文版《國家為什麼會失敗：權力、富裕與貧困的根源》，衛城，二〇一三年）

㊸《專賣條例》內文可查詢網頁：http://www.legislation.gov.uk/aep/Ja1/21/3 (last accessed August 28, 2018)。

㊹ Susan Sell and Christopher May, "Moments in Law: Contestation and Settlement in the History of Intellectual Property," *Review of International Political Economy* 8, no. 3 (2001):467–500, p. 484.

㊺ 同前注。

㊻ Susan K. Sell, *Private Power, Public Law: The Globalization of Intellectual Property Rights* (Cambridge: Cambridge University Press, 2003), chap. 4 on the "domestic origins of a trade-based approach to intellectual property," p. 75.

㊼ 參見一九七四年《貿易法》，《美國法典》第十九卷第十二章，第三〇一條。

㊽ 關於更名後的貿易政策暨談判諮詢委員會（Advisory Committee for Trade Policies and Negotiations），現任成員名單可查詢網頁：https://ustr.gov/about-us/advisory-committees/advisory-committee-trade-policy-and-negotiations-actpn。唯一不具執行長或公司負責人身分的成員在小型商會擔任主席。

㊾ John Braithwaite and Peter Drahos, *Global Business Regulation* (Cambridge: Cambridge University Press, 2000), p. 467.

㊿ 同前注。另外參見Michael A. Heller and Rebecca S. Eisenberg, "Can Patents Deter Innovation? The Anticommons in Biomedical Research," *Science, New Series* 280, no. 5364 (1998):698–701。

(51) Amy Kapczynski, "Harmonization and Its Discontents: A Case Study of TRIPS Implementation in India's Pharmaceutical Sector," *California Law Review* 97 (2009):1571.

(52) 參見第六章有關以國際公約為手段的討論內容。

(53) Tim Büthe and Walter Mattli, *The New Global Rulers: The Privatization of Regulation in the World Economy* (Princeton, NJ: Princeton University Press, 2011).

(54) Braithwaite and Drahos, *Global Business Regulation*, p. 96.

(55) Peter Drahos, "Global Property Rights in Information: The Story of TRIPS and the GATT," *Prometheus* 13, no. 1 (1995):6–13, p. 12.

(56) 引述自 Sell, *Private Power, Public Law*, p. 94。

㊼ Joseph Stiglitz, *Making Globalization Work* (London: Norton, 2006)（中文版《世界的另一種可能：破解全球化難題的經濟預告》，天下文化，二〇〇七年）；另外參見 Dani Rodrik, "The Global Governance of Trade: As If Development Really Mattered," *United Nations Development Programme (UNDP) background paper* (2001)。

㊽ Drahos, "Global Property Rights."

㊾ 程序摘要參見 https://www.wto.org/english/tratop_e/dispu_e/disp_settlement_cbt_e/c6s1p1_e.htm。

㊿ 參見 Sell, *Private Power, Public Law*, p. 114。

(61) 營業祕密法的歷史可追溯至十七世紀早期，成為同業公會用以規範及獨占技術的核心手段。參見 Sean Bottomley, "The Origins of Trade Secrecy Law in England, 1600–1851," *Journal of Legal History* 38, no. 3 (2017):254–281。

(62) Brenda M. Simon and Ted Sichelman, "Data-Generating Patents," *Northwestern University Law Review* 111, no. 2 (2017):377–439.

(63) 同前注。

(64) 這段歷史背景轉述自地方法院對本案的判決；參見 *Ass'n for Molecular Pathology v. Uspto,* 702 F. Supp. 2d 181, p. 201。

⑥⑤ Simon and Sichelman, "Data-Generating Patents," p. 377.

⑥⑥ 同前注。

⑥⑦ Sean Bottomley, "The Origins of Trade Secrecy Law."

⑥⑧ 參見第二章。

⑥⑨ Bottomley, "The Origins of Trade Secrecy Law," p. 261.

⑦⓪ 有些商業組織以類似公會的方式組成俱樂部，證明了組織能有效運用這些機制。參見 Lisa Bernstein, "Opting Out of the Legal System: Extralegal Contractual Relations in the Diamond Industry," *Journal of Legal Studies* 21, no. 1 (1992):115–157。

⑦① Karl Polanyi, The *Great Transformation*, esp. chap. 5, pp. 56ff. and 65.

⑦② 同前注，第十九章。

⑦③ Catherine F. Fisk, "Working Knowledge: Trade Secrets, Restrictive Covenants in Employment and the Rise of Corporate Intellectual Property, 1800–1920," *Hastings Law Journal* 52, no. 2 (2001):451–535, p. 451.

⑦④ 關於杜邦當時的詳細做法，參見注釋⑦③，頁四六八以下。

⑦⑤ John Duffy, "The Death of Google's Patents?," *Patently-o Pat. Law Journal2* (2008):3–7，可查詢網頁：https://patentlyo.com/media/docs/2008/07/googlepatents101.pdf。

⑯ Christine MacLeod, *Inventing the Industrial Revolution: The English Patent System, 1660–1800* (Cambridge: Cambridge University Press, 1988).

⑰ 至少近來判例法是朝這個方向發展。參見 *Mayo v. Prometheus*, 566 U.S. 66 (2012) 以及最近的 *Alice Corp v. CLS Bank Int'l*, 573 U.S. 134 (2014)。

⑱ AnnaLee Saxenian, *Regional Advantage: Culture and Competition in Silicon Valley and Route 128* (Cambridge, MA: Harvard University Press, 1994).（中文版《區域優勢：矽谷與一二八公路的文化與競爭》，天下文化，一九九九年）

⑲ *Waymo LLC v. Uber Techs Inc.* 一案於二〇一七年申告，但進入審理程序後沒幾天，就在二〇一八年二月達成和解。Uber 將價值兩億四千五百萬美元的股權（百分之零．三四）讓與 Waymo，並且承諾不將 Waymo 技術用於自駕車。Daisuke Wakabayashi, "Uber and Waymo settle Trade Secrecy Suit over Driverless Car," February 9, 2018，可查詢網站：www.nytimes.com。

⑳ Charles Duhigg, "Stop Thief," *New Yorker*, October 22, 2018, 50–61, p.61，引述 Google 子公司 Waymo 的發言人：「我們遵循執法機關的規定，一切按照有效的法律程序進行，這件案子也不例外。」

㉑ 以美國二〇一六年《保護營業祕密法》（Defend Trade Secrets Act）為例，可查詢網頁：https://www.congress.gov/bill/114th-congress/senate-bill/1890/text。

第六章　全球法則

① Mary Beard, *SPQR* (New York: Norton, 2015), p. 465.

② 西方法律體系的擴散模式摘要可見於 Berkowitz, Pistor, and Richard, "Transplant Effect"。

③ 日本法律簡史參見 Hiroshi Oda, *Japanese Law*, 2nd ed. (London, Dublin, Edinburgh: Butterworths, 1999)；另外參見 *John Haley, Authority without Power: Law and the Japanese Paradox* (Oxford: Oxford University Press, 1994)，書中針對西方法律移植如何在具高度差異的文化運作做出評論。第二次世界大戰以後美國占領日本，並將某些法律移植過去，有的成功，有的失敗。

④ Alan Watson, *Legal Transplants: An Approach to Comparative Law* (Edinburgh: Scottish Academic Press; London: distributed by Chatto and Windus, 1974).

⑤ Katharina Pistor et al., "Legal Evolution and the Transplant Effect," *World Bank Research Observer* 18, no. 1 (2003):89–112.

⑥ 公約內文可見網頁：https://www.hcch.net/en/instruments/conventions/full-text/?cid=72。

⑦ Bradley Crawford, "The Hague 'Prima' Convention: Choice of Law to Govern Recognition of Dispositions of Book-Based Securities in Cross Border Transactions," *Canadian Business Law Journal* 38, no. 2 (2003):157–206.

⑧ 根據美國《統一商法典》（US Uniform Commercial Code, UCC），金融資產的相關準據法可由所發行之私法管轄區決定，亦可由資產所有權人和證券中介機構協議決定。參見 Sec. 8–110.e UCC，可查詢網頁：https://www.law.cornell.edu/ucc/8/8–110。

⑨ Julian Arato, "Corporations as Lawmakers," *Harvard Journal of International Law* 56, no. 2 (2015):229–295; Lise Johnson, "A Fundamental Shift in Power: Permitting International Investors to Convert Their Economic Expectations into Rights," *UCLA Law Review Discourse* 65 (2018):106–123.

⑩ Lucian Arye Bebchuk, "Ex Ante Costs of Violating Absolute Priority in Bankruptcy," *Journal of Finance* 57 (2002):445–460.

⑪ Christoph Kaserer, "Der Fall der Herstatt-Bank 25 Jahre danach. Überlegungen zur Rationalität regulierungspolitischer Reaktionen unter besonderer Berücksichtigung der Einlagensicherung," *VSWG: Vierteljahrschrift für Sozialund Wirtschaftsgeschichte* 87, no. 2 (2000):166–192.

⑫ 二〇一八年初，歐元區成員國以及大型銀行受歐洲中央銀行監督的國家，共同成立一個新的單一清算委員會。詳情參見 https://europa.eu/european-union/about-eu/agencies/srb_en。

⑬ 但請留意，歐盟有標準的銀行清算法規。參見歐盟二〇一四年五月十五日《銀行復蘇與清算指令》（Bank Recovery and Resolution Directive, BRRD），可查詢網頁：https://eur-lex.europa.eu/legal-content/EN/TXT/?uri=celex:32014L0059。此外，符合資格的歐元區成員國建立了新的單一清算機制。參見二〇一四年七月十五日《歐盟單一清算機制》（Regulation on the Single Resolution Mechanism），可查詢網頁：https://eur-lex.europa.eu/legal-content/EN/TXT/?uri=CELEX:32014R0806。

⑭ Morris R. Cohen, "Property and Sovereignty," *Cornell Law Quarterly* 13,no. 1 (1927):8–30, p. 8.

⑮ 同前注，頁二九。

⑯ 參見 Cynthia M. Ho, "Sovereignty under Siege: Corporate Challenges to Domestic Intellectual Property Decisions," *Berkeley Technology Law Journal* 30, no. 1 (2015):215–304。

⑰ *Eli Lilly & Co. v. Government of Canada*, Case UNCT 14/2 of March 16, 2017，可查詢網頁：http://icsidfiles.worldbank.org/icsid/ICSIDBLOBS/OnlineAwards/C3544/DC10133_En.pdf，第六十五條釋義，法令內文轉述後的意思是，發明係指「任何新的實用藝術、流程、器械、工藝品、物品組成，或任何新的或實用的改良」。以下簡稱「*Eli Lilly v. Canada*」。

⑱ 加拿大最高法院駁回移審(certiorari）；移審令屬於上訴程序，決定了高等法院是否審理案件。

⑲ 案件細節和經過可見於：*Eli Lilly v. Canada*。

⑳ NAFTA簡介和協議內文可查詢NAFTA祕書處網頁：https://www.nafta-sec-alena.org/Home/Welcome。新版USMCA可查詢網頁：https://ustr.gov/trade-agreements/free-trade-agreements/united-states-mexico-canada-agreement/united-states-mexico。

㉑ 所有國際人權法庭都要求必須先訴諸國內救濟途徑，僅能在救濟途徑都行不通之後才能提告。請留意，馬雅後裔不必先循國內救濟途徑，就可以在ＩＡＣＨＲ舉行聽證會，原因是國內法院完全拒絕為他們辦聽證會，ＩＡＣＨＲ將此舉視為拒絕司法。ＩＡＣＨＲ針對馬雅後裔訴貝里斯托雷多（Toledo）地區一案的決議可參見網頁：http://www.cidh.oas.org/annualrep/2004eng/Belize.12053eng.htm。

㉒ 投資人與地主國爭端解決機制最新統計數據參見UNCTAD, "Special Update on Investor-State Dispute Settlement: Facts and Figures," November 2017，可查詢網站：www.unctad.org。

㉓ 參見《加拿大專利法》第六十條，可查詢網站：http://laws-lois.justice.gc.ca/。

㉔ *Metalclad Corporation v. United States*, CASE No. ARB(AF)/97/1, 30 August 2000，可查詢網頁：https://www.italaw.com/cases/671。

㉕ 參見 *Eli Lilly v. Canada*, recital 223。

㉖ 同前注，第二十五條釋義。

㉗ 同前注，第三三一條釋義。仲裁費用（含相關費用與支出）共七十五萬美元；雙方的律師費金額共五百三十萬美元。*Eli Lilly v. Canada*, p. 143.

㉘ Bankruptcy Act of 1705, 4&5 Anne c 17.

㉙ Markham V. Lester, *Victorian Insolvency* (Oxford: Clarendon Press, 1995).

㉚ 一八二〇年至一九一四年英國破產法發展概述，參見 Michael Lobban, "Bankruptcy and Insolvency," in *The Oxford History of the Laws of England: 1820–1914 Private law*, ed. William Cornish, et al.(Oxford: Oxford University Press, 2010)。

㉛ ＩＳＤＡ相關資訊可查詢協會網站：www.isda.org。欲了解ＩＳＤＡ的歷史，參見 Glenn Morgan, "Market formation and governance in international financial markets: The case of OTC derivatives," *Human Relations* 61, no. 5 (2008):637–660。

㉜ 其他組織包括針對跨國發行的債券提供規範文件的國際資本市場協會（International Capital Market Association），以及針對跨國轉讓的貸款提供規範文件的貸款市場公會（Loan Market Association）。貸款市場公會契約文件與衍生性商品和債券的發行文件不同，主要參考法國和德國的法律。參見 Agasha Mugasha, "International Financial Law: Is the Law Really 'International' and Is It 'Law' Anyway?," *Banking and Financial Law Review* 26, no. 3 (2011):381–450。

㉝ 標準化和流通性之間的關聯，參見 Bruce Carruthers and Arthur L. Stinchcombe, "The Social Structure of Liquidity: Flexibility, Markets, and States," *Theory and Society* 28, no. 3 (1999):353–382。

㉞ 參見 https://www.isda.org/membership/。

㉟ Joanne Braithwaite, "Standard Form Contracts as Transnational Law: Evidence from the Derivatives Markets," *Modern Law Review* 75, no. 5 (2012):779–805, and Bruce Carruthers, "Diverging Derivatives: Law, Governance, and Modern Financial Markets," *Journal of Comparative Economics* 41, no. 2 (2013):386–400.

㊱ 參見國際清算銀行近期彙編的全球店頭衍生性金融商品統計數據：http://www.bis.org/statistics/d5_1.pdf. 但是，並非所有衍生性商品都能做到失而復得。

㊲ 但參見Jeffrey Golden, "Interpreting ISDA Terms: When Market Practice Is Relevant, as of When Is It Relevant?," *Capital Markets Law Journal* 9,no. 3 (2014):299–307，文中稱ＩＳＤＡ主契約為「關係契約」（relational contract）。

㊳ J. P. Braithwaite, "OTC derivatives, the courts and regulatory reform," *Capital Markets Law Journal* 7, no. 4 (2012):364–385 文中指出，金融危機發生前幾年訴訟案不到一百件。

㊴ 專家小組的官方網站為：www.primefinancedisputes.org。

㊵ 參見二〇〇二年主契約第六條。

㊶ 不同司法管轄區的破產程序規範差別很大。例如，英國法律允許破產人的債權人不須遵守自動等待期，即可相互抵銷債務。關於破產程序中的債務抵銷和清算，簡要概述參見 Matthias

Haentjens and Bob Wessels, *Research Handbook on Crisis Management in the Banking Sector* (Cheltenham, UK: Edward Elgar, 2015), p. 331。

㊷ 關於美國破產法的評論分析，參見 Edward R. Morrison and Joerg Riegel, "Financial Contracts and the New Bankruptcy Code: Insulating Markets from Bankrupt Debtors and Bankruptcy Judges," *American Bankruptcy Institute Law Review* 13, no. 2 (2005):641–664。

㊸ Morgan, "Market Formation," p. 650.

㊹ Morrison and Riegel, "Financial Contracts" 討論了美國破產避風港的演進。

㊺ 附買回協議的運作方式是將資產的所有權從一方移轉給另一方，再移轉回來。所以如果對方違約，財產權人可以取走資產。但是許多國家的法院視附買回協議為擔保交易，因為財產權人只能對資產索賠，而不能主張擁有資產。然而實際上，附買回協議經常重複設定，所以有變成無擔保債權人的風險。細節參見 Edward R. Morrison, Mark J. Roe, and Christopher S. Sontchi, "Rolling Back the Repo Safe Harbors," *Business Law Journal* 69 (2014):1016–1047。

㊻ 定義參見 Sec. 101, 11 USC, subsection 53 A (ii)。

㊼ ISDA, "Collateral Arrangements in the European Financial Markets, The Need for National Law Reform," (London: ISD, 2000). 可查詢網頁：https://www.isda.org/book/collateral-arrangements-in-the-european-financialmarkets/。

㊽ 參見 Directive 2002/47/EC of the European Parliament and of the Council of June 6, 2002 on financial collateral arrangements. *Official Journal L 168,27/06/2002 P. 0043–0050*。請留意，根據歐盟《條約法》（Treaty law），歐洲高峰會（European Council）有權施行次級法，對歐盟成員國具有約束效力。這項指令對英國擔保法的影響，相關評論參見 Louise Gullifer, "What Should We Do about Financial Collateral?," *Current Legal Problems* (2012):1–34。

㊾ 許多研究記載了衍生性商品破產避風港和相關市場興起的關聯。舉例來說，可參見 Franklin R. Edwards and Edward R. Morrison, "Derivatives and the Bankruptcy Code: Why the Special Treatment?," *Yale Journal on Regulation* 22, no. 1(2005):91–122。

㊿ Braithwaite, "Standard Form Contracts," p. 789.

(51) CPSS, "OTC Derivatives: Settlement Procedures and Counterparty Risk Management," *BIS Report* (1998).

(52) 金融穩定委員會發展簡史可見於網頁：http://www.fsb.org/about/。

(53) David Geen et al., "A Step Closer to Ending Too-Big-to-Fail: The ISDA Resolution-Stay Protocol and Contractual Recognition of Cross-Border Resolution," *Futures and Derivatives Law Report* 35, no. 3 (2015):1–17, p. 7.

(54) 二〇一四年十一月簽訂的原始協議，於二〇一五年十一月重啟。最新內容參見：http://assets.

isda.org/media/ac6b533f-3/5a7c32f8-pdf/。

55 細節參見 US Federal Reserves, 12 CFR Parts 217, 249, and 252，請查詢網頁：https://www.gpo.gov/fdsys/pkg/FR-2017-09-12/pdf/2017–19053.pdf。

56 卡多索法官對信託責任的定義為：「行為標準上不僅誠實，尚須謹守高尚品德。培養出不妥協與頑強的傳統。」*Meinhard v. Salmon*, 249 NY 458, p. 464. 德拉瓦州和其他地方的後續判例法放寬了這項標準。

57 例如，參見透明國際貪污查探指標（Transparency International's Corruption Perception Index），加拿大在一百八十個國家中排名第八，資料查詢可至網頁：https://www.transparency.org/；另外還有世界銀行公布的全球治理指標（Worldwide Governance Indicators），加拿大在這項指標同樣名列前茅，參見網頁：http://info.worldbank.org/governance/wgi/index.aspx#home。

58 討論「私人規範」興起的文獻資料非常多，可見私人機構常對其他私人機構發揮管理作用。僅參見 Fabrizio Cafaggi, "New Foundations of Transnational Private Regulation," *Journal of Law and Society* 38, no. 1 (2011):20–49。

59 公約全稱為「外國仲裁判斷認可執行公約」（The Convention on the Recognition and Enforcement of Foreign Arbitral Awards）。內文可查詢網站：http://www.newyorkconvention.org/。

⑥⓪ Choudhury Barnali, "Recapturing Public Power: Is Investment Arbitration's Engagement of the Public Interest Contributing to the Democratic Deficit?," *Vanderbilt Journal of Transnational Law* 41, no. 3 (2008):775–832.

⑥① https://icsid.worldbank.org/en/.

⑥② 參見Arts. 50–52 of the ICSID Convention，可查詢網頁：http://icsidfiles.worldbank.org/icsid/icsid/staticfiles/basicdoc/partA.htm。

⑥③ 會員國完整名單可查詢網頁：https://icsid.worldbank.org/en/Pages/about/Database-of-Member-States.aspx (last accessed August 28, 2018)。

⑥④ 可查詢網頁：https://treaties.un.org/doc/publication/unts/volume%201155/volume-1155-i-18232-english.pdf。

⑥⑤ 請留意，美國從未批准《維也納條約法公約》，但大致上遵循這項公約的原則，將其視為國家之間的國內普通法（ius commune）。

⑥⑥ Anthea Roberts, "Clash of Paradigms: Actors and Analogies Shaping the Investment Treaty System," *American Journal of International Law* 107, no. 1(2013):45–94.

⑥⑦ 歐盟積極要求成員國放棄各自的雙邊投資協定，改為在歐盟成員國事務和歐盟與他人簽訂的條約上支持歐盟法規。歐盟設有一項特殊規範，要求成員國在協商此類條約時通知歐盟委員會，並與委員會合作。參見歐盟的「雙邊投資協定規範」（Bilateral Investment Agreement

Regulation），請查詢網頁：https://eur-lex.europa.eu/legal-content/EN/TXT/?uri=CELEX:32012R1219。

⑥⑧ 雖然本書提出的論點，有些可以理解成支持私人權益由國家自治，但不代表支持國族主義復辟。

⑥⑨ 二〇一六年十月二十七日加拿大與歐盟及歐盟成員國簽訂《全面經濟貿易協定》（CETA），可查詢網頁：http://data.consilium.europa.eu/doc/document/ST-13541–2016-INIT/en/pdf, p. 5。CETA條文於二〇一七年九月二十一日生效。

⑦⓪ 參見 Art. 8.27 CETA Treaty，可查詢網頁：http://ec.europa.eu/trade/policy/in-focus/ceta/ceta-chapter-by-chapter/。協定內文規定，仲裁庭成員必須具備多元背景，包含來自加拿大、歐盟以及其他國家的專家小組成員，五年為一任。

第七章　資本密碼大師

① 引述自 Eileen Spring. "Landowners, Lawyers," p. 58。

② Thomas Merrill and Henry Smith, "Optimal Standardization in the Law of Property: The Numerus Clausus Principle," *Yale Law Review* 110 (2000):1–70.

③ 二〇〇六年《華爾街日報》報導，律師費已高達時薪一千五百美元。參見 Sara Randazzo and Jacqueline Parlank, "Legal Fees Cross New Mark: $1500 an Hour," *Wall Street Journal,* February 9, 2016，可查詢網站：www.wsj.com。James Fontanella-Kahn, Sujeet Indap, and Barney Thompson, "The Dawn of the Superstar Lawyer," *Financial Times,* April 8, 2018，可查詢網站：www.ft.com。

④ 關於這些做法的嚴厲批判，僅參見紐約州南區地方法院對野村控股（Nomura Holding America）的判決：*FHA v. Nomura,* December 18, 2014, 11cv6201-DLC。

⑤ 舉例來說，Milberg & Weiss 法律事務所在二〇〇六年遭控，在證券相關案件付給原告回扣。參見 Julie Creswell, "Milberg Weiss is charged with Bribery and Fraud," *New York Times,* May 18, 2006，可查詢網站：www.nytimes.com；但這件案子最後裁定駁回。

⑥ Rande W. Kostal, *Law and English Railway Capitalism* (Oxford: Clarendon Press, 1994), p. 46.

⑦ 美國法律事務所的內部組織有詳盡的文獻資料。尤其可參見 Marc Galanter and William Henderson, "The Elastic Tournament: A Second Transformation of the Big Law Firm," *Stanford Law Review* 60, no. 6 (2008):1867–1929。關於全球法律專業及其在英國的起源，另外參見 Marc Galanter and Simon Roberts, "From Kinship to Magic Circle: The London Commercial Law Firm in the Twentieth Century," *International Journal of the Legal Profession* 15, no. 3 (2009):143–178。

⑧ Maureen Cain, "The Symbol Traders," in *Lawyers in a Postmodern World*, ed. Maureen Cain and Christine B. Harrington (New York: New York University Press, 1994)，文中提及韋伯等人研究了法律與資本的關係。

⑨ 關於美國法律事務所的興起，另外參見 Anthony T. Kronman, *The Lost Lawyer: Failing Ideals of the Legal Profession* (Cambridge, MA and London: Belknap Press of Harvard University Press, 1993)。

⑩ William D. Henderson and Arthur S. Alderson, "The Changing Economic Geography of Large U.S. Law Firms," *ssrn.com abstract* 1134223 (2008) table 2, p. 8.

⑪ Stacey Zaretsky, "The Largest Law Firm in the United States," *Above the Law*, April 16, 2018，可查詢網頁：https://abovethelaw.com/2018/04/the-largest-law-firm-in-the-united-states/ (last accessed August 29, 2018)。

⑫ 同前注。

⑬ Ronald J. Gilson, "The Lawyer as Transaction Cost Engineer," in *Palgrave Encyclopedia of Law and Economics*, ed. Peter Newman (New York: Stockton Press, 1998), 508–514.

⑭ Ronald J. Gilson, "Value Creation by Business Lawyers: Legal Skills and Asset Pricing," *Yale Law Journal* 94, no. 2 (1984):239–313, p. 297.

⑮ 這種手法直到一九八〇年代中期才出現。毒丸策略的歷史和詳細法律架構，參見 Marcel Kahan

and Edward B. Rock, "How I Learned to Stop Worrying and Love the Pill: Adaptive Responses to Takeover Law," *University of Chicago Law Review* 69, no. 3 (2002):871–915。

⑯ 利普頓是紐約律師事務所「Wachtell, Lipton, Rosen and Katz」的資深合夥人。參見 http://www.wlrk.com/。

⑰ 二〇〇〇年代初期，超過六成美國公開上市公司設有毒丸條款。之後比例下降，《財星》五百大企業中不到一成有此條款。每年數據更新參見 www.sharprepellent.net。

⑱ Elisabeth de Fontenay, "Law Firm Selection and the Value of Transactional Lawyering," *Journal of Corporation Law* 41, no. 2 (2015):394–430, p. 397.

⑲ Stephen Magee, "How Many Lawyers Ruin an Economy?," *Wall Street Journal,* September 24, 1992, Op-ed page.

⑳ 參見 Charles Epp, "Do Lawyers Impair Economic Growth?," *Law and Social Inquiry* 16 (1992):585–623；接著有 Stephen P. Magee, "The Optimal Number of Lawyers: A Reply to Epp," *Law and Social Inquiry* 17, no. 4(1992):667–693，爾後 Charles Epp 再撰文論戰。

㉑ 參見 Piketty, *Capital,* especially chap. 5; Alvaredo et al., *World Inequality Report*。

㉒ Alvaredo et al., *World Inequality Report,* p. 19 and 69；另外參見報告中的 fig. 2.3.2a,"Top 1% vs. Bottom 50% National Income Shares in the United States and Western Europe, 1980–2016," p. 70。

㉓ Carol Silver, "States Side Story: Career Paths of International LLM Students, or I Like to Be in America," *Fordham Law Review* 80 (2012):2383–2437；如Silver說明，資料取得有其難度，但國際教育機構(International Education Institute）的統計數據顯示，法律學系的外國留學生從一九八五年的三千五百人，增加到二〇〇九年的近九千人（同前注，頁二三二）。Silver也指出，參加紐約律師執照考試的人有將近三成曾經在海外學習過法律（同前注，頁二三二）。

㉔「舊比較經濟學」比較的是資本主義和社會主義。社會主義傾頹後，開始比較不同的資本主義體系，焦點則放在法律和法律制度上。參見Simeon Djankov, Edward Glaeser, Rafael La Porta, Florencio Lopez-de-Silanes, and Andrei Shleifer, "The New Comparative Economics," *Journal of Comparative Economics* 31, no. 4 (2003):595–619。

㉕ Rafael La Porta, Francesco Lopez-de-Silanes, Andrei Shleifer, and Robert Vishny, "Law and Finance."

㉖ 作者在十週年論文中強調，他們的研究發現重點不在成長，而在金融市場發展；換言之，研究發現主要反映私有資產價值大幅提高，卻不見得會帶動世界經濟。參見Rafael La Porta, Francesco Lopez-de-Silanes, and Andrei Shleifer, "The Economic Consequences of Legal Origin," *Journal of Economic Literature* 46, no. 2 (2008):285–332。

㉗ Holger Spamann, "The 'Antidirector Rights Index' Revisited," *Review of Financial Studies* 23, no. 2 (2010):467–

486·，以及將焦點放在金融市場發展歷史數據的 Raghuram G. Rajan and Luigi Zingales, "The Great Reversals: The Politics of Financial Development in the 20th Century," *Journal of Financial Economics* 69 (2003):5–50。

㉘ 引述自 Benjamin R. Twiss, *Lawyers and the Constitution: How Laissez Faire Came to the Supreme Court* (Princeton, NJ: Princeton University Press,1942)。

㉙ Paul Brand, "The Origins of the English Legal Profession," *Law and History Review* (1987):31–50 esp. p. 35.

㉚ Harry Cohen, "The Divided Legal Profession in England and Wales—Can Barristers and Solicitors Ever Be Fused'?," *Journal of the Legal Profession* 12(1987):7–27.

㉛ 同前注，頁一一。

㉜ 發現的確切時間和地點存在爭議，但不影響我們的討論。

㉝ 參見 Peter Stein, *Roman Law in European History* (Cambridge: Cambridge University Press, 1999)。

㉞ Lucien Karpik, *French Lawyers: A Study in Collective Action 1274–1991*(Oxford: Clarendon Press, 1999), p. 16. 另外參見 David Bell, "Barristers, Politics and the Failure of Civil Society in the Old Regime," in *Lawyers and the Rise of Western Political Liberalism*, ed. Terence C. Halliday and Lucien Karpik (Oxford: Clarendon Press, 1997), 65–100。

㉟ Karpik, *French Lawyers*, p. 33.

㊱ 同前注，頁五九，作者描述十八世紀出現的典型出庭律師是「投身自由運動的法律和政治行動人士」。但另外參見 Bell, "Barristers, Politics"，作者主張律師不僅投身政治，而且「律師和政治相輔相成」（頁一〇〇），進而鞏固了律師為國家服務的傳統。另外參見 Bell, p. 86。

㊲ 此條款的正式英文翻譯為「In the cases that are referred to them, judges are forbidden to pronounce judgments by way of general and regulatory dispositions」（若案件遞交法官，法官不得透過一般處分和規制性處分做出裁決），可查詢網站：https://www.legifrance.gouv.fr/Traductions/en-English/Legifrance-translations。

㊳ 德國至一八七一年才成為統一國家。關於德國經濟相對衰退的情形，參見 Alexander Gerschenkron, *Economic Backwardness in Historical Perspective* (Cambridge, MA: Harvard University Press, 1962)。

㊴ Dietrich Rueschemeyer, "State, Capitalism, and the Organization of Legal Counsel: Examining an Extreme Case—the Prussian Bar, 1700–1914," in *Lawyers and the Rise of Western Political Liberalism*, ed. Terence C. Halliday and Lucien Karpik (Oxford: Clarendon Press, 1997), pp. 207–228.

㊵ 同前注，頁二〇八；第二句引言出自威斯勒（A. Weissler）。

㊶ Kenneth F. Ledforth, "Lawyers and the Limits of Liberalism: The German Bar in the Weimar Republic," in *Lawyers and the Rise of Western Political Liberalism,* ed. Terence C. Halliday and Lucien Karpik (Oxford: Clarendon Press), p. 228.

㊷ 德國的法官相關法律《Deutsches Richtergesetz》（DRIG）規定，任職法官的基本條件是在大學修完法學學位，並且參加兩項國家考試（DRIG第五條）；而且根據規範法律職業的《Bundesrechtsanwaltsordnung》（BRAO）第四條，法官任職資格的先決條件是職業律師。

㊸ Robert W. Gordon, "The American Legal Profession, 1870–2000," chap.3 in *The Cambridge History of Law in America,* edited by Michael Grossberg and Christopher Tomlins (Cambridge: Cambridge University Press, 2008), 73–126,p. 76. 請留意，幾年後的一八七四年，美國律師協會（American Bar Association）表示律師人數為六萬四千人。此時正規法學教育開始發展，執業律師開始有人數記錄。

㊹ Justin Simard, "The Birth of a Legal Economy: Lawyers and Development of American Commerce," *Buffalo Law Review* 64 (2016):1059–1134. 美國人口規模的歷史數據可查詢網頁：https://www.census.gov/history/www/through_the_decades/fast_facts/1870_fast_facts.html。

㊺ Edward J. Balleisen, "Vulture Capitalism in Antebellum America: The 1841 Federal Bankruptcy Act and the Exploitation of Financial Distress," *Business History Review* 70, no. 4 (1996):473–516.

㊻ Andrew Abbott, *The System of Professions: An Essay on the Division of Expert Labor* (Chicago and London: University of Chicago Press, 1988).

㊼ 美國首位取得州律師資格的女性是一八六九年的曼斯菲爾德（Belle Babb Mansfield）。參見 American Women，請查詢網頁：https://memory.loc.gov/ammem/awhhtml/awlaw3/women_lawyers.html (last accessed August 9, 2017)。哈佛法學院直到一九五〇年才接受女性入學。參見 Robert W. Gordon, *The American Legal Profession*, p. 80。

㊽ 參見 Kronman, *The Lost Lawyer*, pp. 113ff.。

㊾ Gordon, *The American Legal Profession*, p. 74.

㊿ 同前注，頁九九。

51 數據來自《華爾街日報》彙整的歷史資料，刊登於部落格「The Faculty Lounge」，網址為：http://www.thefacultylounge.org/2013/02/historical-data-total-number-of-law-students-1964–2012.html (last accessed November 4, 2017)。

52 這些公開統計數據可於美國律師協會網站取得。參見 https://www.americanbar.org/resources_for_lawyers/profession_statistics.html (last accessed August 29, 2018)。

53 Lincoln Caplan, *Skadden: Power, Money, and the Rise of a Legal Empire*(New York: Farrar Straus Giroux, 1993), p.

126.

54 目前積極執業的律師中有百分之三十六是女性，但包括非裔和拉丁裔在內的少數族裔，人數占比始終只有百分之五。參見ABA統計數據，可查詢網頁：https://www.americanbar.org/resources_for_lawyers/profession_statistics.html。

55 關於公司發展出新形態的歷史，世達律師事務所（Skadden）的崛起就是明顯的例子。參見Caplan, *Skadden*。關於一流法律事務所堅持聘請WASP的流俗，參見Eli Wald, "Big Law Identity Capital: Pink and Blue, Black and White," *Fordham Law Review* 83 (2015):2509–2555。

56 參見Caplan, *Skadden*, pp. 63 and 207。

57 參見Stuart Anderson, "Changing the Nature of Real Property Law," *The Oxford History of the Laws of England: 1820–1914 Private Law*, ed. William Cornish et al. (Oxford: Oxford University Press, 2010), 1–54, p. 30，文中引述了威廉斯（T. S. Williams）一九〇九年說過的話。

58 破產法有一部分例外，因為州法和聯邦法內都有相關的規定。

59 關於塑造出美國銀行業發展史的政治選擇，參見Calomiris and Haber, *Fragile by Design*。

60 美國的公司法競爭情形，相關評論參見Mark Roe, "Delaware's Competition," *Harvard Law Review* 117(2002): 588–624。作者主張，德拉瓦和聯邦政府的競爭也很重要。

⑥① "The Global 100: Firms Ranked by Headcount," *American Lawyer*, September 25, 2017，可查詢網頁：https://www.law.com/americanlawyer/almID/1202798544204/ (last accessed November 4, 2017)。

⑥② 二〇一七年九月，富而德律師事務所（Freshfields Bruckhaus Deringer，總收入排名第十四）也與其他事務所合併了。參見"The Global 100"，可查詢網頁：https://www.law.com/americanlawyer/almID/1202798543572/。

⑥③ GVA衡量的是商品和服務生產過程，每投入一單位所產生的價值。

⑥④ 關於法律服務產業對英國經濟的貢獻，參見The CityUK, "Legal Services," 2016，可查詢網頁：https://www.thecityuk.com/assets/2016/Reports-PDF/UK-Legal-services-2016.pdf (last accessed November 4, 2017)。金融產業對經濟的貢獻數據，可參考House of Commons Library Briefing Paper, "Financial Services, Contribution to the UK Economy," No. 6193, March 2017, p. 5。數據顯示，金融產業的貢獻在二〇〇九年達到高峰，在GVA的占比為百分之九．一。

⑥⑤ 同前注，頁一〇。

⑥⑥ 其他在倫敦設立辦公室的外國事務所，主要來自歐洲大陸和澳洲。參見City UK's "Legal Services," p. 6。

⑥⑦ 同前注，圖14，頁一九。

⑱ Daniel Sokol, "Globalization of Law Firms: A Survey of the Literature and a Research Agenda for Further Study," *Indiana Journal of Global Legal Studies* 14, no. 1 (2007):5–28，尤其是第一〇頁的表 I 以及後文數據出處說明文字。

⑲ 同前注。

⑳ 另參見第六章討論內容。

㉑ 關於美國法律專業轉型（主因不是全球化，而是事務所內部重組），另外參見 Marc Galanter and Thomas Palay, *Tournament of Lawyers: The Transformation of the Big Law Firm* (Chicago and London: University of Chicago Press, 1991)。

㉒ 類似觀點參見 Steven Shavell, "The Fundamental Divergence of Social and Private Benefits of Litigation," *Journal of Legal Studies* 26, no. S2(1997):575–612。

㉓ Florian Griesel, "Competition and Cooperation in International Commercial Arbitration: The Birth of a Transnational Legal Profession," *Law and Society Review* 51, no. 4 (2017):790–824.

㉔ 同前注，頁七九一。

㉕ 例如參見 UNCITRAL Model Law on Arbitration，此法最早於一九八五年通過，二〇〇六年最後一次修訂；可查詢網頁：http://www.uncitral.org/uncitral/en/uncitral_texts/arbitration/1985Model_arbitration.

html。

(76) 詳情參見：https://www.consumerfinance.gov/arbitration-rule/。

第八章 新密碼誕生

① Lawrence Lessig, *Code 2.0* (New York: Basic Books, 2006)（此書於一九九九年初版印行）。

② 關於區塊鏈的運作方式，精采介紹參見 Primavera De Filippi and Aaron Wright, *Blockchain and the Law* (Cambridge, MA; London: Harvard University Press, 2018), especially the introductory chapter。（中文版《區塊鏈與法律：程式碼之治》，元照，二〇一九年）

③ 蘇聯法律理論學家在此概念遭遇瓶頸，因為現在來看，當時他們面對的是必須加以規範、管理的複雜經濟體系。蘇聯法律理論學家 Evgeny Pashukanis 解釋過，破壞舊秩序以後出現「新經濟政策」，在這段期間採行民法會產生矛盾，這是社會主義邁向共產主義的必經歷程。參見 Evgeny Pashukanis, *The Marxist Theory of Law and the Construction of Socialism*, Revoliutsiia prava (1927), no. 3, pp. 3–12，英文翻譯可查詢網頁：https://www.marxists.org/archive/pashukanis/1927/xx/theory.htm。

④ 這些數位編碼者的看法是我和他們在工作坊、會議上的互動總結，包括二〇一七年九月我在

哥倫比亞法學院籌辦的加密貨幣工作坊。

⑤ De Filippi and Wright, *Blockchain and the Law*.

⑥ Oliver Hart and John Moore, “Foundations of Incomplete Contracts,” *Review of Economic Studies* 66, no. 1 (1999):115–138. 另外參見 Cooter and Schäfer, *Solomon's Knot*，作者主張無法確實守約是許多國家擺脫不了貧窮的主因。

⑦ Kieron O'Hara, “Authority Printed Upon Emptiness,” *IEEE Internet Computing* 19, no. 6 (2015):72–76.

⑧ Nick Szabo, “Formalizing and Securing Relationships on Public Networks,” *First Monday*, September 1, 1997，可查詢網頁：https://firstmonday.org/article/view/548。

⑨ Oliver Hart and John Moore, “Foundations,” and Eric Maskin and Jean A.F. Tirole, “Unforeseen Contingencies and Incomplete Contracts,” *Review of Economic Studies* 66, no. 1 (1999):83–114. 另外參見第九章對不完整法律的詳細討論。

⑩ Frank Knight 創造了「根本的不確定性」（fundamental uncertainty）一詞。參見 Frank H. Knight, *Risk, Uncertainty and Profit* (Boston: Houghton Mifflin, 1921), p. 232 and chapter 8, pp. 233ff.。

⑪ 參見 Ronald J. Gilson, Charles F. Sabel, and Robert E. Scott, “Contracting for Innovation: Vertical Disintegration and Interfirm Collaboration,” *Columbia Law Review* 109, no. 3 (2009):431–502. 作者舉例說明，跨公司合作

契約通常不會設計成包山包海，目的在為日後的合意調整預留空間。

⑫ 詳情參見 De Filippi and Wright, *Blockchain and the Law*, at Loc.1626 (Kindle edition)。

⑬ 包括普通法裡的契約「頓挫」(frustration)，以及德國法律裡交易基礎發生根本改變。參見 J. P. Dawson, "Judicial Revision of Frustrated Contracts: Germany," *Boston University Law Review* 63 (1983):1039–1098；以及他撰著的 "Judicial Revision of Frustrated Contracts: The United States," *Boston University Law Review* 64 (1984):1–38。

⑭ Philip Ashton and Brett Christophers, "On Arbitration, Arbitrage and Arbitrariness in Financial Markets and Their Governance: Unpacking LIBOR and the LIBOR Scandal," *Economy and Society* 44, no. 2 (2015):188–217.

⑮ Katie Martin, "Scrapping LIBOR leaves 500bn of Bond Contracts in Limbo," *Financial Times*, October 10, 2018，可查詢網站：www.ft.com。關於新基準遲遲沒有產生，參見 Alex Harris, "LIBOR Refuses to Die, Setting Up $370 billion Benchmark Battle," Bloomberg, May 7, 2018，可查詢網站：www.bloomberg.com (last accessed August 1, 2018)。

⑯ 參見 De Filippi and Wright, *Blockchain and the Law*, Loc. 721 (Kindle edition)。

⑰ 這是很有趣的安排，因為一般的擔保法規禁止擔保未持有的資產。但 CDS 卻巧妙避開法規的監督。非法擔保契約顯然不可能符合契約要件。令人驚訝的是，擔保主管機關居然接受這

個做法。

⑱ CDS契約和相關信貸執行清單，大都採用ISDA的標準範本。細節參見第六章。

⑲ 根據FCIC蒐集的資料，市場主要參與者AIG金融產品公司（AIGFP）不必支付CDS的擔保金以後，高盛要求該公司在短時間內支付十八億美元。參見http://fcic-static.law.stanford.edu/cdn_media/fcic-docs/2007-07-27_Goldman_Sachs_Collateral_Invoice_to_AIG.pdf (last accessed June 21, 2017)。

⑳ 詳情參見第四章。

㉑ Nick Szabo, *Secure Property Titles with Owner Authority*, 1998, publications of the Satoshi Nakamoto Institute，可查詢網頁：https://nakamotoinstitute.org/secure-property-titles/。

㉒ 參見Coase, *Problem of Social Cost*, p. 15。

㉓ Szabo, *Secure Property*.

㉔ 同前注，頁二。

㉕ 同前注。

㉖ 同前注，頁七。

㉗ De Soto, *The Mystery of Capital*, p. 179.

㉘ 關於近年來，開發中國家將財產權正式化可達成的效果，調查內容參見 Klaus Deininger, *Land Policies for Growth and Poverty Reduction*, World Bank Policy Research Reports (Washington, DC: World Bank, 2003)。

㉙ 分權化數位自治組織的概念說明，可見於以太坊網站：https://www.ethereum.org/dao。關於 The DAO 的短暫存在，實用敘述參見 Muhammed Izhar Mehar et al., "Understanding a Revolutionary and Flawed Grand Experiment in Blockchain: The DAO Attack"，可查詢網頁：ssrn.com/abstract=3014782 (2017)。

㉚ 參見二〇一七年七月二十五日的美國證券交易委員會新聞稿，可查詢網頁：https://www.sec.gov/news/press-release/2017-131，證交會調查報告指出，The DAO 這類組織的ＩＣＯ屬於證券，必須受到規範和監督。

㉛ 這是 Berle and Means 所謂「所有權和控制權分開」會造成的基本問題。參見 Adolf Augustus Berle and Gardiner Means, *The Modern Corporation and Private Property* (New York: Council for Research in the Social Sciences, Columbia University, 1932)。

㉜ 前面提過，公司契約理論的核心與 Jensen and Mackling, "Theory of the Firm" 有關；另外也可以參見 Frank H. Easterbrook and Daniel R. Fischel, *The Economic Structure of Corporate Law* (Cambridge, MA: Harvard University Press, 1991)。

㉝ 參見 Mehar et al., "Understanding a Revolutionary and Flawed Grand Experiment," section 3, "The Organization of The DAO"，文中如此描述 The DAO 的特徵：「The DAO 可以分割，新的數位自治組織成立前，若少數使用者不同意投資方案，可以取回自己的以太幣，而同意投資方案的使用者，則可投入資金。」

㉞ 詳細討論參見第三章。

㉟ 例如參見 Nathaniel Popper, "A Venture Fund with Plenty of Virtual Capital, but No Capitalist," *New York Times,* May 21, 2016，可查詢網頁：https://www.nytimes.com/2016/05/22/business/dealbook/crypto-ether-bitcoin-currency.html；"The DAO of Accrue," *The Economist,* May 19, 2016，可查詢網頁：https://www.economist.com/news/finance-and-economics/21699159-new-automated-investment-fund-has-attracted-stacks-digital-money-dao。

㊱ 例如參見 Emin Gun Sirer, "Thoughts on The DAO Hack," *Hacking, Distributed,* June 17, 2016，可查詢網頁：http://hackingdistributed.com/2016/06/17/thoughts-on-the-dao-hack/。

㊲ Mehar et al., "Understanding a Revolutionary and Flawed Grand Experiment in Blockchain," section 4, "Attack on The DAO."

㊳ 同前注。

㊴ Stan Higgins, "From $900 to $20,000: Bitcoin's Historic 2017 Price Run Revisited"，可查詢網頁：https://

www.coindesk.com/900–20000-bitcoins-historic-2017-price-run-revisited/。Hannah Murphy, “The Rise and Fall of Ethereum,” *Financial Times,* October 18, 2018，可查詢網站：www.ft.com。

㊵ “Craig Stephen Wright Claims to Be Satoshi Nakamoto. Is He?” *The Economist,* May 2, 2016，可查詢網站：www.economist.com。

㊶ 貨幣的起源在學界爭論已久。孟格（Carl Menger）等「奧地利」學派學者認為，貨幣是自然成形的，促進貨幣交換的力量由下而上；紙鈔學派（chartalists）則主張，真正的貨幣由政府創造。關於這些貨幣理論的精闢概述，參見 Geoffrey Ingham, *The Nature of Money* (Cambridge: Polity Press, 2004); Christine Desan, *Making Money: Coin, Currency, and the Coming of Capitalism* (Oxford: Oxford University Press, 2015)。另外參見 Roy Kreitner, “Legal History of Money,” *Annual Review of Law and Social Science* 8, no. 1 (2012):415–431。

㊷ Robert Sams, “Blockchain Finance,” a PowerPoint presentation of March 2015，可查詢網頁：https://www.slideshare.net/rmsams/blockchain-finance(last accessed August 31, 2017)。

㊸ 關於從這個角度批判加密貨幣編碼者，參見 Perry Mehrling 的部落格文章〈Cryptos Fear Credit〉，網址為：http://www.perrymehrling.com/2017/09/cryptos-fear-credit/。

㊹ Satoshi Nakamoto, *Bitcoin Manifesto: One CPU One Vote* (Heterodoxa collection edited by Stefano Tombolini, 2014), p. 5.

㊺ 他們於二〇一七年十月取得芝加哥商品交易所許可。參見芝加哥商品交易所新聞稿，網址為：https://www.cmegroup.com/media-room/press-releases/2017/10/31/cme_group_announceslaunchofbitcoinfutures.html。同時期的期貨交易出現攀升，二〇一八年夏季，芝加哥商品交易所的報告指出，期貨交易量提升百分之九十三。

㊻ Minsky 並未提倡銀行統統國有化，但他主張嚴格規定資本適足率、重視政府在穩定經濟上扮演的角色。參見他在《Stabilizing an Unstable Economy》第十二章和第十三章提出的政策原則和改革日程。針對如何穩定本身就不穩定的金融體系，Minsky 的相關思想精采摘述可參見 Mehrling, “Minsky and Modern Finance”。

㊼ 敘述出自：De Filippi and Wright, *Blockchain and the Law,* at Loc. 449(Kindle edition)。

㊽ Gerard, *Attack of the 50 Foot Blockchain: Bitcoin, Blockchain, Ethereum &Smart Contract* (*Creative Commons*, 2017) at Loc 202 (Kindle edition).

㊾ De Filippi and Wright, *Blockchain and the Law,* at Loc. 800 (Kindle edition).

㊿ 另外參見 Desan, *Making Money*，他主張貨幣具有憲法基礎。

51 Mark J. Flannery, “Contingent Capital Instruments for Large Financial Institutions,” *Annual Review of Financial Economics* 6 (2014):225–240.

52 關於 CoCo 如何在壓力下運作，參見 Thomas Hale and Dan McCrum, “Why CoCo Bonds Are Worrying Investors,” *Financial Times,* February 9, 2016，可查詢網站：www.ft.com。

53 查爾斯・提利主張，保護朋友和客戶是緊急狀態的重要特徵。參見 Charles Tilly, “War Making and State Making as Organized Crime,” in *Bringing the State Back In,* ed. Peter Evans, Dieter Rueschemeyer, and Theda Skocpol (Cambridge: Cambridge University Press, 1985), 169–191；另外參見第九章的討論內容。

54 Chuan Tian, “The Rate of Blockchain Patent Applications Has Nearly Doubled in 2017,” July 27, 2017，可查詢網頁：https://www.coindesk.com/rate-blockchain-patent-applications-nearly-doubled-2017/ (last accessed September 1, 2017)。

55 參見 http://appft.uspto.gov/netahtml/PTO/search-bool.html (last accessed August 1, 2018)。

56 Mark A. Chen, Qinxi Wuy, and Baozhong Yang, “How Valuable Is FinTech Innovation,” ssrn.com/abstract=3106892 (2018); see especially figures 4 and 5B.

57 參見 Chuan Tian, “Goldman Sachs Granted ‘SETLcoin’ Cryptocurrency Patent,” July 13, 2017，可查詢網頁：https://www.coindesk.com/goldman-sachs-granted-setlcoin-cryptocurrency-patent/ (last accessed September 1, 2017); Christine Kim, “Barclays Seeks Twin Blockchain Patents for Banking Services,” July 19, 2018; Kim, “Mastercard Wins Patent for Speeding Up Crypto Payments,” July 17, 2018；皆可查詢網站：www.coindesk.

com (last accessed August 1, 2018)。

㊽ 詳情參見：https://www.r3.com/about/。

㊾ Cohen, "Property and Sovereignty"，此文列出業界和金融界的私人企業龍頭，參見前注，頁一三。

第九章　你以為的「依法治國」其實是「資本治國」

① 本章英文標題〈Capital Rules〉取材自 Rawi Abdelal, *Capital Rules* (Cambridge, MA: Harvard University Press, 2007)，不過 Abdelal 講的是銀行審慎監管使用的資本適足規定，《巴塞爾協定》（Basel Accords）也包含在內。

② Max Weber, *General Economic History* (New Brunswick, NJ: Transaction Books, 1981), p. 277.

③ Weber, *Economy and Society*, Vol. II, Chapter 8, p. 880.

④ Adam S. Hofri-Winogradow, "Protection of Family Property from Creditors in the Enlightenment-Era Court of Chancery," ssrn.com 1104385 (2008).

⑤ Michael Lobban, "Bankruptcy and Insolvency," in *The Oxford History of the Laws of England: 1820–1914 Private Law*, ed. William Cornish, J. Stuart Anderson et al. (Oxford: Oxford University Press, 2010), 779–833.

⑥ 詳情參見第四章。

⑦ Margaret Levi, "The Predatory Theory of Rule," *Policy and Society* 10, no.4 (1981):431–465.

⑧ Christoph Menke, *Kritik der Rechte* (Berlin: Suhrkamp, 2015), especially chap. 5.

⑨ 同前注，頁三一一。德文原句為「Daher gilt: Ohne die Form der subjektiven Rechte kein Kapitalismus」。

⑩ 這是英國和美國的情形。其他國家（包括社會福利國家）則用互相競爭的原則，來平衡主觀權利的力量，德國就屬這類例子。但隨著時間演變，會愈來愈傾向主觀權利。

⑪ Sanford J. Grossman and Oliver D. Hart, "The Costs and Benefits of Ownership: A Theory of Vertical and Lateral Integration," *Journal of Political Economy* 94, no. 4 (1986):691–719; Oliver Hart and John Moore, "Property Rights and the Nature of the Firm," *Journal of Political Economy* 98, no. 6 (1990):1119–1158.

⑫ Katharina Pistor and Chenggang Xu, "Incomplete Law," *Journal of International Law and Politics* 35, no. 4 (2003):931–1013.

⑬ 關於規定和標準的辯論，參見 Louis Kaplow, "Rules versus Standards: An Economic Analysis," *Duke Law Journal* 42 (1992):557–629。

⑭ 造成法律不完整的各種根源，詳盡闡述參見 Pistor and Xu, "Incomplete Law"。

⑮ *In Diamond v. Chakrabarty*, 447 U.S. 303 ；另外參見第五章。

⑯ Boyle, "The Second Enclosure Movement and the Construction of thePublic Domain," p. 38.

⑰ 訴訟成本應由誰來承擔，相關規定在不同國家、不同法律領域差異極大。但即便敗訴的人必須支付一切費用，原告全額負擔成本的風險也很高。

⑱ 美國國會最初以哪些做法反對集體訴訟，相關情形參見 Stephen B. Burbank, "The Class Action Fairness Act of 2005 in Historical Context: A Preliminary View," *University of Pennsylvania Law Review* 156 (2008):1439–1551。至於對受害者和脆弱程度的看法出現轉變，可參見 Christine P. Bartholomew, "Redefining Prey and Predator in Class Actions," *Brooklyn Law Review* 80 (2015):743–806。

⑲ 用經濟術語來說這是典型的外部性，但憲法律重點不在管理外部性，而在維護是非曲直。

⑳ Levi, "The Predatory Theory of Rule"；但另外參見 Douglass C. North, John Joseph Wallis, and Barry R. Weingast, *Violence and Social Orders: A Conceptual Framework for Interpreting Recorded Human History* (Cambridge: Cambridge University Press, 2009)，他們主張由法律維繫的公共秩序成為公開給所有人的秩序；公共秩序制訂出遊戲規則，讓私部門追求自己的利益，卻不可思議地，不會影響他人援用公共秩序。

㉑ 關於「新財產權」，參見 Charles A. Reich, "The New Property," *Yale Law Journal* 73, no. 5 (1964):733–787；至於明確針對社會中最脆弱的成員，將概念擴大到「新的新財產權」，這個規範主張參見 David A. Super, "A New New Property," *Columbia Law Review* 113, no. 7 (2013):1773–1896.

㉒ Menke, *Kritik der Rechte*, p. 321.

㉓ 舉例來說，可參見 Rafe Blaufarb, *The Great Demarcation: The French Revolution and the Invention of Modern Property* (Oxford: Oxford University Press, 2016)。

㉔ 巴士底監獄事件爆發不到一個月，法國國民議會便在一七八九年八月四日的會議中，廢止一切封建制度的財產形式，宣布實施以個人權益為基礎的新財產制度。參見 Blaufarb, *The Great Demarcation*, p. 12。

㉕ 實踐方式為透過法律，執行揚棄舊權益的大膽政治宣言。關於這點，洞察力十足的闡述可參見 Horst Welkoborsky, "Die Herausbildung Des Bürgerlichen Eigentumsbegriffs," in *Eigentum Und Recht: Die Entwicklung Des Eigentumsbegriffs Im Kapitalismus*, ed. Wolfgang Däubler (Darmstadt und Neuwied: Luchterhand, 1976), pp. 11–74。

㉖ 參見 Michael P. Fitzsimmons, "Privilege and the Polity in France, 1786–1791," *American Historical Review* 92, no. 2 (1987):269。

㉗ Tilly, "War Making and State Making."

㉘ Mancur Olson, "Dictatorship, Democracy, and Development," *American Political Science Review* 87, no. 03 (1993):567–576.

㉙ 波蘭尼在著作《*The Great Transformation*》一書最後一章（另外參見本書第一章）指出，世界大戰後發生新的大規模秩序轉移，在新的秩序裡社會先於市場。

㉚ 如前所述，熊彼得主張競爭是社會和經濟變化的推動力。參見 Schumpeter, *Capitalism, Socialism and Democracy*, p. 82。

㉛ Harold J. Berman, *Law and Revolution*.

㉜ Albert O. Hirschman, *Exit, Voice, and Loyalty*.

㉝ Harold Demsetz, "Toward a Theory of Property Rights."

㉞ 參見第一章引述魯登的話。

㉟ 金融資本的崛起以及金融資本與實體經濟的關係，重要評論參見 Rana Foroohar, *Makers and Takers: How Wall Street Destroyed Main Street* (New York: Crown Business, 2016)。（中文版《大掠奪：華爾街的擴張和美國企業的沒落》，時報，二〇一七年）

㊱ 參見 *Financial Times*, "A Better Deal between Business and Society," editorial, January 2, 2018，可查詢網站：www.ft.com。

㊲ 歐盟裡有一些例外情況，在契約和侵權法方面，排除衝突法則經過了整合。另外，有一些國際公約，也有促進法律標準化的作用。

㊳ 這也符合緹莉・德干的論述，她認為應該要增加租稅競爭，而非減少。參見她著述的 *International Tax Policy* 一書。

㊴ Gary S. Becker, "Crime and Punishment: An Economic Approach," *Journal of Political Economy* 76, no. 2 (1968):169–217.

㊵ Stout, "Derivatives"。另外參見 Glenn Morgan, "Reforming OTC Markets: The Politics and Economics of Technical Fixes," *European Business Organization Law Review* 13, no. 03 (2012):391–412; Frank Partnoy, "ISDA, NASD, CFMA and SDNY: The Four Horsemen of Derivatives Regulation," in *Brookings-Wharton Papers on Financial Services*, ed. Robert E. Litan and Richard Herrig(Washington, DC: Brookings Institution Press, 2002)。

㊶ Edward R. Morrison, Mark J. Roe, and Christopher S. Sontchi, "Rolling Back."

㊷ 但請留意，有些醫學院取消學費，鼓勵畢業生在選擇高收入的醫師職業外，也能考慮家庭醫學領域，以及其他收入相對較低的醫療工作。參見 David Chen, "Surprise Gift: Free Tuition for All N.Y.U. Medical Students," *New York Times*, August 16, 2018，可查詢網站：www.nytimes.com (last accessed August 29, 2018)。

㊸ 類似觀點參見 Robert L. Hale, *Freedom Through Law*, especially chapters 1 (Economic Liberty and the State) and 2 (The Legal Basis for Economic Inequality)。

㊹ 開放原始碼官方社群代表不久剛慶祝成立二十週年。參見 https://opensource.org/ (last accessed August 28, 2018)。

㊺ Eric A. Posner and Glen Weyl, *Radical Markets* (Princeton, NJ and Oxford: Princeton University Press, 2018).

㊻ *Radical Markets* 一書的副標題為「根除資本主義與民主制度，打造公平社會」(Uprooting Capitalism and Democracy for a Just Society)。

㊼ Menke, *Kritik der Rechte*, p. 265 (in English, *Critique of Rights*)（本書作者暫譯）. 德文原句為「Das Subjekt der bürgerlichen Rechte zahlt für seine politische Ermächtigung den Preis der Entmächtigung der Politik」。

㊽ 另外參見哈諾克・德干對 *Radical Markets* 所做的精闢評論：Hanoch Dagan, "Why Markets? Welfare, Autonomy, and the Just Society," *Michigan Law Review* 117(forthcoming)。

㊾ 後者為 Amartya Sen 的看法。參見 Amartya K. Sen, *Development as Freedom*, 1st ed. (New York: Random House, 1999)。（中文版《經濟發展與自由》，先覺，二〇〇一年）

㊿ 這個玩笑在前社會主義國家廣為流傳，當時這些社會主義國家想要用新秩序來取代舊秩序。

51 參見 Jean L. Cohen, *Globalization and Sovereignty: Rethinking Legality, Legitimacy and Constitutionalism* (Cambridge: Cambridge University Press, 2012) 了解全球化時代國家主權的嶄新論述。

國家圖書館出版品預行編目 (CIP) 資料

財富背後的法律密碼：法律如何創造財富與不平等／卡塔琳娜・皮斯托 (Katharina Pistor) 著 ; 趙盛慈譯 . -- 初版 . -- 臺北市 : 大塊文化 , 2019.11
384 面；14.8x21 公分 . -- (from ; 129)
譯自 : The Code of Capital : How the Law Creates Wealth and Inequality

ISBN 978-986-5406-23-3(平裝)

1. 資本市場　　2. 法律

561.76　　108016910

LOCUS

LOCUS

LOCUS

L O C U S